Computer Arch

컴퓨터 구조

프로그래밍 관점에서
바라보는
컴퓨터 구조

정기철 지음

YD 연두에디션
Edition

프로그래밍 관점에서 바라보는

컴퓨터 구조
Computer Architectures

발행일 2018년 2월 15일 초판 1쇄
        2022년 2월 25일 초판 2쇄
지은이 정기철
펴낸이 심규남
기 획 염의섭 · 이정선
펴낸곳 연두에디션
주 소 경기도 고양시 일산동구 동국로 32 동국대학교 산학협력관 608호
등 록 2015년 12월 15일 (제2015-000242호)
전 화 031-932-9896
팩 스 070-8220-5528
ISBN 979-11-8883-102-9
정 가 21,000원

PREFACE

'컴퓨터 구조'라는 과목은 컴퓨터 분야의 아주 중요한 과목이다. 그런데, '컴퓨터 구조'를 이야기하기 전에 '컴퓨터'가 무엇인가를 먼저 정해야 할 것 같다. 그 이유는 기술이 발전함에 따라 '컴퓨터'를 바라보는 관점이 달라지고, 이에 따라 그 해답도 달라질 수 있기 때문이다.

컴퓨터 기술이 급속도로 발전하고 대중화 됨에 따라, 점점 컴퓨터의 의미가 '가정 에서의 TV', '손 안의 장난감'이 되어가고 있다. TV의 개발/사용 초기에는 TV의 제작 기술이 가장 중요한 이슈였지만, 지금은 대부분의 사람들이 TV의 구조에 대해서는 관심이 없고, TV를 통해 제공되는 콘텐츠에 더 관심이 많은 것처럼, '컴퓨터 구조' 또한 이미 기술적 관심의 대상에서 조금씩 멀어져 가고 있다고 생각한다. 즉, 이제는 조금 더 많은 비중을 컴퓨터를 이용해서 제공할 수 있는 서비스를 고려한 컴퓨터 구조 학습이 필요하다고 생각된다.

예를 들어 보자. 30~40년 전(1980년대 초반)의 개인용 컴퓨터는 IBM XT 계열이었다. 그 당시의 컴퓨터는 하드웨어가 그리 복잡하지 않았으며, 운영 체제 또한 지금에 비해 아주 간단했다. 또한 프로그래밍 언어의 문법만 익히면, 소프트웨어 프로그래밍이라는 작업도 모두 프로그래머의 머리에서 나오는 작업이었다. 오픈 소스(open source)… 이러한 것들은 관심이 적었던 시절이었다.

이제 2010년대 후반으로 와보자. 지금의 개인용 컴퓨터의 하드웨어의 속도 및 저장 용량을 그때와 단순 비교하면, 지금의 컴퓨터는 그 당시에 비해서 수 십만 배의 성능 향상을 보이고 있고, 운영 체제 또한 엄청나게 복잡해지고 다양한 기능을 지원하고 있다. 또한 프로그래머들은 프로그래밍 언어의 문법을 익힌 후, 다양한 프로그래밍 개발 환경, 개발 플랫폼, 관련 라이브러리 등의 사용법들을 익혀야만 프로그래밍이 가능하다. 또한 지금은 가상 머신(virtual machines)과 가상화(virtualization) 기술로 인하여 물리적인 하드웨어의 구조보다 소프트웨어에 의한 컴퓨터 구조의 중요성이 더욱 중요해지고 있다.

따라서 예전에는 컴퓨터 구조라는 분야가 하드웨어의 기능에 집중해야 했다면, 이제는 프로그래밍 관점에서 집중할 시대다. 물론 컴퓨터의 기본 원리를 이해한다는 면에서는 컴퓨터 구조에 대한 이해는 여전히 필요하지만, 이제는 프로그래머들이 효율적으로 프로그래밍을 하기 위한 지식 기반을 지원해줄 수 있는 컴퓨터 구조의 중요성이 강조되고 있다는 점이다.

이 책에서는 이런 생각을 바탕으로 논리 회로, 하드웨어 면에서의 컴퓨터 구조 등에 대한 내용은 기본적이고 필수적인 내용을 기술하는 것을 목표로 하고, 소프트웨어 프로그래밍 시에 하드웨어 구조를 고려해서 더욱 효율적인 프로그래밍을 할 수 있는 기법에 대한 부분을 보강하였다. 또한 최근에 활발하게 사용되는 클라우드 상의 가상 머신에 대한 내용도 추가적으로 정리하였다.

이 책은 숭실대학교 IT대학 미디어학과의 학생들과 다년간의 수업을 준비하면서 하나씩 채운 자료들을 정리한 책이다. 이 책을 쓰기 위해서 많은 도움을 준 숭실대학교 미디어학부의 컴퓨터 구조 수업을 수강한 모든 학생들에게 감사의 마음을 전하고 싶다.

또한 책의 기획, 집필, 인쇄 전반에 걸친 연두에디션의 염의섭 부장님, 이정선 부장님께 감사드립니다.

염의섭 부장님과 교재 전반에 걸친 방향 설정과 관련되어 이야기하면서 많은 것을 느꼈습니다. 이정선 부장님, 꼼꼼하고 물 흐르듯 전체 출판 과정을 도와주셔서 내내 기쁜 마음으로 집필할 수 있었습니다. 두 분께 다시 한번 감사드립니다.

2017년의 겨울 상도골에서

교재의 구성

본 교재는 컴퓨터를 아래 그림과 같이 3단계로 나누어서 기술하였다. 아래의 그림은 컴퓨터라는 물건을 아래부터 시작해서 논리 회로, 컴퓨터 하드웨어의 전체적인 구조, 그리고 그 위에서 수행되는 가상 머신까지의 순서로 3가지 관점을 순서대로 표시한 그림이다. 교재의 집필 순서는 이렇게 3파트로 나누어서 아래에서부터 위로 하나씩 설명할 계획이다.

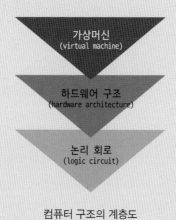

가상머신
(virtual machine)

하드웨어 구조
(hardware architecture)

논리 회로
(logic circuit)

컴퓨터 구조의 계층도

Part 1: 논리 회로

모래에서 추출한 실리콘을 이용해서 반도체를 만드는 부분은 물리, 화학, 소재 공학 등에서 주로 다루는 분야라서 이 부분은 생략하고, 반도체를 기반으로 제작되는 게이트(gate)를 이용한 논리 회로의 개념에서 시작하여 간단한 회로의 구성법 중심으로 공부한다. 이 부분에서 공부하는 간단한 연산기(덧셈기 등)의 제작 원리 내용은 Part 2에서의 컴퓨터 하드웨어 구조에서 CPU를 다루는 부분과 연결된다.

Part 1에서는 이론적으로만 논리 회로를 배우지 않고, 웹 상의 시뮬레이터를 이용해서 실제로 구현해 봄으로써 구체적인 이해를 도우려고 노력하였다.

Part 2: 컴퓨터 구조

컴퓨터 하드웨어 구조에 대한 전반적인 설명을 다루는 부분으로써, 전통적인 컴퓨터 구조 과목에서 다루는 내용을 설명하며 이에 최근의 동향을 추가하였다. 컴퓨터 하드웨어의 기본적인 부품들, 예를 들면 CPU, 기억장치, 입출력 장치 등을 전체적으로 살펴본다.

Part 3: 가상 머신

이제 더 이상 컴퓨터는 만질 수 있는 물건의 형태가 아니다. 가상화(virtualization) 기술로 인하여, 물리적으로 하나의 컴퓨터에 다양한 가상 머신을 설치해서 사용할 수 있다. 병렬 컴퓨터 또는 클라우드에서 제공되는 다양한 가상 머신에 대한 최신 이슈를 정리하였다.

강의 계획표

이 책은 3 파트로 구성되어 있다. 가급적이면 순서대로 공부하는 것이 좋다. 또한 각 챕터에서 [심화]라고 표시된 부분은 조금 깊이 있는 내용이다. 필요에 따라서 이 부분들의 학습은 스스로 결정하자.

이 교재에서 미진한 점은 아래의 사이트에서 계속적으로 업데이트를 할 예정이다.

https://sites.google.com/site/intro2ca/

이 책에서 소개되는 C 언어로 작성된 코드들은 모두 아래의 사이트에서 실행 및 수정이 가능하다. 또한 코드 옆에 QR 코드를 이용해서 손쉽게 실행해서 결과를 눈으로 확인할 수 있도록 하였다.

https://ideone.com

다음의 내용은 이 책을 강의 교재로 사용하는 경우의 강의 계획표의 예시다. 15주 또는 16주 수업에 따라 탄력적으로 운영하면 좋을 듯 하다.

주차	분야	챕터	내용	세부 내용
1	논리 회로	1	컴퓨터 구조 개론	강의 개요 컴퓨터 구조 개론
		2	컴퓨터 내부의 데이터 표현	정보 표현의 단위(bit, byte) 진법(numeral system)
2				정수(integer)의 표현과 연산 실수의 표현(부동 소수점 표현)
3		3	논리회로 기초	기본 게이트 논리식/ 논리도/ 진리표 불 대수 법칙
4		4	조합 논리 회로	And-Or/ Or-And 회로 논리식(부울식: boolean expression) 간소화/K-map NAND 게이트 회로
5				조합 논리 회로 실습 멀티플렉서(multiplexer)와 디-멀티플렉서(de-multiplexer) 이진 디코더(binary decoder)와 이진 인코더(binary encoder)
6		5	순서 논리 회로	회로의 Stable(안정)/Unstable(불안정) 플립플랍 순서 논리 회로를 만들자: 카운터(counter) 회로 만들기
7				순서 논리 회로 실습
8	중간 고사			
9	하드웨어 관점에서의 컴퓨터 구조	6	컴퓨터 하드웨어	중앙처리장치(CPU: Central Processing Unit) • 레지스터(registers) • 산술/논리 연산 장치(Arithmetic and Logic Unit: ALU) • 제어 장치(control unit)
10				기억(저장) 장치 입출력 장치(I/O Device) 입출력 장치의 제어 방식
11		7	기계어 프로그래밍을 통한 컴퓨터 구조 이해	Pep/8 가상 머신 기계어 프로그래밍
12				어셈블리 언어 프로그래밍 명령어 집합
13	또 다른 컴퓨터들	8	가상 머신 (Virtual Machines)	NOX: 안드로이드 가상 머신 Virtual Box 자바 가상 머신
		9	병렬 컴퓨터 (parallel computer)	단일 프로세서/ 멀티 프로세서 병렬 컴퓨터 종류 클러스터(cluster)와 그리드(grid) OpenMP를 이용한 병렬 프로그래밍
14		10	클라우드 컴퓨팅 (Cloud Computing)	클라우드 컴퓨팅 주요 기술 Google Drive 서비스 Google Compute Engine(VM) 아마존 웹 서비스(Amazon Web Service: AWS) Microsoft Azure Service 개발자를 위한 가상 머신: Cloud9
15	기말 고사			

교재와 관련된 온라인으로 제공되는 정보 모음

이 교재와 관련된 온라인 정보는 아래의 사이트에서 사용할 수 있다.

https://sites.google.com/site/intro2ca/

C 언어 코드

확인 코딩 1-1: C 언어를 이용하여 정수를 2,8,10,16진법으로 출력하는 예제

https://ideone.com/fqyj3s

확인 코딩 1-2: 부호없는 정수의 오버플로우 예제

https://ideone.com/GnFiXb

확인 코딩 1-3: 부호있는 정수의 오버플로우 예제

https://ideone.com/IUiP8A

확인 코딩 1-4: 실수의 정확도 예제 1

https://ideone.com/AwZRzb

확인 코딩 1-5: 실수의 정확도 예제 2

https://ideone.com/1bPmPT
https://ideone.com/QziQ6i

확인 코딩 1-6: 실수의 정확도 예제 3

https://ideone.com/200yVP
https://ideone.com/nNUwGJ

확인 코딩 1-7: 실수 출력

https://ideone.com/27vplH

확인 코딩 1-8: 레지스터 활용 예제(이 사이트는 다른 웹 컴파일러 사이트이다)

http://tpcg.io/Gbluul

확인 코딩 1-9: 캐쉬 메모리를 고려한 코딩

교재의 코드 참고

조합 논리 회로 주소 모음

기본 게이트 동작: http://www.neuroproductions.be/logic-lab/index.php?id=57173
게이트: http://www.neuroproductions.be/logic-lab/index.php?id=84152
SR Latch 제작: http://www.neuroproductions.be/logic-lab/index.php?id=83739
래치 동작 특성: http://www.neuroproductions.be/logic-lab/index.php?id=84777

순서 논리 회로 샘플 모음

순서 논리회로 실습 사이트는 http://logic.ly/ 이다. 이 사이트는 온라인 상의 회로도 저장은 되지 않는다. 수업 사이트에서 아래의 파일을 다운 받아서 사용하자.

01_intro: 기본적인 입출력 예제를 담고 있다.
02_t-flipflop: T 플립플랍의 사용 예제이다.
03_RippleCounter-2bit: T 플립플랍을 이용한 2비트 리플 카운터
04_jk-flipflop-synch-counter-2bits: JK 플립플랍을 이용한 동기식 카운터

컴퓨터 하드웨어 회로 샘플 모음

05_4bits_register: D 플립플랍을 이용한 4비트 레지스터이다.
06_1-Bit-Half Adder: 1비트 반가산기이다.
07_1-Bit-Full Adder: 1비트 전가산기이다.
08_2-Bits Ripple Carry Adder: 2비트 리플 캐리 가산기이다.
09_2-Bits Ripple Carry Subtractor: 2비트 리플 캐리 가산기/감산기
10_2-Bits Ripple Carry Adder + Status: 2비트 리플 캐리 가산기 + 상태 비트

온라인 사이트 모음

3장 실리콘으로 부터 반도체 칩까지: http://kevin0960.tistory.com/169
    전자 부품 쇼핑몰: http://www.eleparts.co.kr

4장 조합 논리회로 실습: http://www.neuroproductions.be/logic-lab/

5장 순서 논리회로 프로그램 다운: http://logic.ly/

CONTENTS

CHAPTER 3   논리 회로 기초   77

CHAPTER 4   조합 논리 회로   105

CHAPTER 5   순서 논리 회로(순차 논리 회로)

PART2 하드웨어 관점에서의 컴퓨터 구조

PART3 또 다른 컴퓨터들…

CHAPTER 8 가상머신(Virtual Machines) 331

CHAPTER 9 병렬 컴퓨터(parallel computer) 349

CHAPTER 10 클라우드 컴퓨팅(Cloud Computing) 365

CHAPTER 1

컴퓨터 구조 개론

Abstract

실제로 우리 주변에는 너무나 많은 종류의 컴퓨터가 있다. 아침에 나를 깨워주는 알람 기능이 있는 스마트 시계, 말하는 전기 밥솥, 전자 제어 기능이 점점 늘어나는 자동차, 내 손 안의 컴퓨터라는 스마트폰, 사무실에서 하루 종일 마주하는 책상 위의 컴퓨터, IoT(Internet of Things) 시대에서의 모든 사물에 연결되는 컴퓨터 등.

이렇게 다양한 종류의 컴퓨터들도 기본적인 구조는 모두 하드웨어(hardware)와 소프트웨어(software)가 결합된 형식이다.

1 장에서는 아래의 내용을 다룬다.

- 컴퓨터의 종류

- 컴퓨터 부팅 과정

- 컴퓨터 구조 개괄

1.1 컴퓨터의 종류

1942년에 개발된 ABC(Atanasoff—Berry Computer)라는 컴퓨터는 세계 최초의 전자식 컴퓨터로 알려져 있다. ABC 컴퓨터는 정해진 제한된 기능만을 수행하는 컴퓨터였고, 우리가 일반적으로 전자식 컴퓨터의 시초라고 알고 있는 1946년에 만들어진 ENIAC(Electronic Numerical Integrator And Computer)은 다용도(general purpose) 즉, 특정한 목적의 계산을 수행하기 위한 것이 아닌 일반적인 다양한 계산(hard—wired programming이 가능)을 수행할 수 있는 컴퓨터이다.

> 많은 사람들이 세계 최초의 전자식 계산기를 ENIAC으로 알고 있으나, 1973년 법정 소송에서 ABC가 세계 최초의 전자식 계산기로 인정받았다.

아래의 그림이 ABC와 ENIAC컴퓨터인데, 지금 사용되는 컴퓨터와는 모습이 많이 다른 점을 알 수 있다. 실제로 이 당시에는 큰 방 하나가 컴퓨터 한 대로 꽉 찰 정도로 크기가 큼에도 불구하고, 성능은 지금의 스마트폰의 성능에도 한참 미치지 못했다.

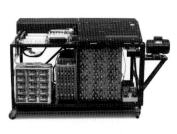

ABC from wikipedia   ENIAC from wikipedia

이와 같이 컴퓨터가 처음 만들어진 1940년대부터 1980년대 중반에 개인용 컴퓨터가 보급되기까지 대략 30년 동안의 컴퓨터의 발전 속도는 상상을 초월하는 정도였다. 그리고 또한 1990년대 이후부터 2010년대까지의 30년은 인터넷이라는 존재가 컴퓨터 활용의 모든 것을 바꾸어 놓았다.

최근에 사용하는 다양한 컴퓨터의 종류를 크기와 성능, 용량, 사용 목적 등에 따라 여러 종류로 나눌 수 있다. 아래와 같은 대표적인 몇 가지를 알아보자. ◤

- 수퍼 컴퓨터(Super Computer): 용어 그대로 고 성능, 고 용량의 컴퓨터로써, 기상 해석, 핵융합 시뮬레이션 등 대량의 데이터의 고속 처리를 목적으로 하는 컴퓨터다. 일반적으로 수퍼 컴퓨터의 기준은 컴퓨터 기술의 발전 속도에 따라 계속적으로 향상되고 있다. 2010년 대 즈음인 지금은 "TFLOPS" (10^{12} FLOPS, *teraflops*) 또는 "PFLOPS" (10^{15} FLOPS, *petaflops*)으로 단위를 측정하는 정도의 속도를 보이는 컴퓨터를 수퍼 컴퓨터라고 한다.

- 대형 컴퓨터(Main Frame): 연구소, 기업, 은행 등에서 사용하는 대용량, 고속 처리를 주 목적으로 하는 컴퓨터이다. 대부분의 대형 컴퓨터는 하나의 컴퓨터에 여러 대의 단말기를 연결해서 동시에 다수의 사용자가 사용할 수 있다.

- 개인용 컴퓨터(PC: Personal Computer): 개인이 사용하는 컴퓨터로써, 책상 위에 둔다는 의미에서 Desktop Computer, 무릎 위에 둔다는 의미로 Laptop Computer(노트북)도 개인용 컴퓨터의 일종이고, 최근에는 Tablet이나 Smart Phone등의 고성능 화로 인하여 이들도 개인용 컴퓨터로 인식되고 있다.

- 임베디드 컴퓨터(Embedded Computer): 임베디드란 '내장형'이라는 의미로, GPS(내비게이션), 휴대폰, 자동차 등과 같은 특수한 시스템에 내장된 소형 컴퓨터를 의미한다. 임베디드 컴퓨터가 최근에 가장 많이 사용되고 있는 컴퓨터 종류임에도 불구하고, 대부분의 경우 컴퓨터가 다른 하드웨어와 한 덩어리로 묶여서 단일 시스템의 형태로 공급되고 있기 때문에 일반 사용자들은 컴퓨터라고 인식 못하는 경우가 대부분이다. 또한 요즘은 임베디드 보드의 고성능 화로 인하여, PC와 임베디드 컴퓨터와의 차이를 규정하는 것이 무의미해졌다.

컴퓨터를 구분하는 기본 조건은 '처리 속도'와 '저장 용량'이다.
주로 중앙처리장치(CPU)의 연산 속도와 저장 장치의 용량이 컴퓨터 선택, 구분의 기본 요소인데, 당연하게도 이 2가지 부품이 컴퓨터 하드웨어 가격의 대부분을 차지한다.

FLOPS(Floating Operation per Second
1초 당 실행하는 부동 소수점 연산 개수의 단위).
1 TFLOPS은 초당 1조개의 부동 소수점 연산을 수행할 수 있음을 의미한다.

전기 밥솥도 임베디드 컴퓨터의 일종이라고 할 수 있다. 밥 조리와 관련된 일, 말로 요리과정을 보고하는 일 등 밥솥에서도 컴퓨터가 하는 일이 많다.

1.2 컴퓨터 전원을 켜면 어떤 일이?

컴퓨터의 전원을 켜면 처음부터 어떤 일이 수행되어서 컴퓨터가 작동되는 것일까? 컴퓨터 부팅 과정을 살펴보자(낯선 단어가 많아서 읽기 쉽지 않을 텐데 전체적인 흐름만 이해하자).

1. 전원을 켜면 외부 전원의 전압이 내부에서 사용할 수 있는 전압으로 변환되어서, 이 전기가 CPU로 전달되어 CPU 레지스터인 Program Counter(PC) 레지스터를 메인보드 상의 ROM BIOS의 부트 프로그램 (boot program or bootstrap)의 주소 값으로 초기화한다. 부트 프로그램은 우리가 부팅(booting)이라고 하는 작업을 수행하는 프로그램이다.

> PC 레지스터는 다음에 수행할 기계어의 주소를 저장하는 작은 메모리이다.

2. 부트 프로그램은 먼저 CPU 이상 유무를 테스트한 후, 테스트 결과가 ROM BIOS에 저장된 값과 일치하면 다음의 POST(Power On Self-Test) 작업을 수행한다. POST는 시스템 버스, RTC(Real-Time Clock 또는 system clock), 시스템의 비디오 구성 요소들(비디오 메모리 등), RAM, 키보드, 연결된 모든 드라이브(플로피, CD, 하드 디스크 등)에 신호를 보내 정상적으로 동작하는지를 테스트하는 과정이다.

3. 부트 프로그램은 운영 체제를 로드하기 위해 디스크의 첫 번째 섹터를 메인 메모리로 읽어 들인다. 디스크의 첫 번째 섹터에는 MBR(Master Boot Record)이 있는데, 이 정보를 바탕으로 운영 체제를 찾아 기억 장치에 적재한다. 이때부터 운영 체제에서 정의된 부팅 과정이 수행된다.

4. 운영 체제는 운영 체제 자신의 'init'과 같은 첫 번째 프로세스를 실행하고, 사용자로부터의 요청이 발생하기를 기다린다. 이러한 요청은 하드웨어나 소프트웨어로부터 인터럽트(interrupt)의 형태로 발생된다.

   - 하드웨어는 시스템 버스를 통해 CPU에 신호를 보내 인터럽트를 발생시키고,
   - 소프트웨어는 시스템 호출이라 불리는 특별한 명령을 실행하여 인터럽트를 발생시킨다.

1.3 컴퓨터 구조 개괄

다양한 종류의 컴퓨터가 있지만, 이러한 컴퓨터들의 내부 구조는 거의 동일하다. 많은 종류의 자동차가 있지만 대부분의 자동차는 4개의 바퀴, 엔진, 동력 전달 시스템으로 구성되어 있다는 것과 비슷하다.

지금부터는 다양한 종류의 컴퓨터들의 공통적인 특징들을 살펴보자. 컴퓨터는 아래의 그림과 같이 하드웨어(hardware)와 소프트웨어(software)로 이루어져있다. 하드웨어는 각종 전자 회로와 물리적인 장치로 이루어진 기계 부분을 말하며, 소프트웨어는 하드웨어를 활용할 수 있도록 해주는 프로그램을 말한다.

사용자		
응용 프로그램		
운영 체제		
중앙처리장치	주기억장치	I/O 장치

Software — 응용 프로그램, 운영 체제
Hardware — 중앙처리장치, 주기억장치, I/O 장치

실제로 그 중요성에도 불구하고, 학교 교육의 많은 부분에서 하드웨어와 소프트웨어의 유기적인 관계에 대한 고찰과 실험을 다루는 경우가 많지 않다.
최근의 융합 관련 교육에 대한 필요에 따라 IT분야에서는 하드웨어, 소프트웨어, 콘텐츠의 결합을 요구하고 있다.

하드웨어는 눈에 보이고 만질 수 있는 부분을 말한다. 소프트웨어는 하드웨어의 기능을 원활하게 수행하기 위한 '명령들의 묶음'이라고 생각할 수 있는데, 하드웨어와 소프트웨어 이 두 부분의 역할과 서로 간의 관계를 잘 알아야 전체 시스템을 이해할 수 있다.

컴퓨터 시스템의 계층 구조

위의 그림은 하드웨어에서 응용 소프트웨어까지의 순서 관계를 보인다. 컴퓨터와 같은 복잡한 대상을 설명할 때는 위의 그림과 같이 양파 껍질처럼 계층적으로 추상화하여 설명하는 것이 쉽기 때문에 아래와 같은 형식으로 설명을 해보자. ◤

위의 그림과 관련하여 조금 더 자세하게 살펴보자. 컴퓨터 시스템은 아래와 같이 사용자 입장에서 3 계층으로 나누어 볼 수 있다.

1. **하드웨어(hardware)**: 다양한 기계, 전자 기기, 반도체 등이 사용되는 부분으로써, 만질 수 있고, 눈에 보이는 외형을 가진 전기, 기계적인 장치를 말한다. 하드웨어는 소프트웨어와 다르게 한번 제작/설치되면 변경이 쉽지 않다. 아래가 기본적인 하드웨어 부품들이다. ◤

    - 중앙처리장치(CPU)
    - 주기억 장치(main memory)
    - 입출력 장치(I/O devices)

2. **시스템 소프트웨어(system software)**: 사용자를 위해 다양한 응용 프로그램 간의 하드웨어 사용을 제어하고 조정하는 기능을 수행하며, 컴퓨터 시스템의 구성 요소인 하드웨어, 소프트웨어, 데이터를 적절하게 사용할 수 있는 방법을 제공하는 운영 체제(operating system), 그리고 컴퓨터를 관리하기 위한 소프트웨어, 또는 사용자에게 편이 기능을 제공하는 소프트웨어 등의 프로그램들을 의미한다. 일반적으로 대표적인 시스템 소프트웨어로는 운영 체제(operating system)나 컴파일러(compiler) 등이 있다.

3. **응용 프로그램(application program)**: 사용자의 여러 요구 사항을 해결하기 위해 제공되는 프로그램이다. 사용자가 직접 사용하는 워드프로세서, 스프레드시트, 인터넷 브라우저 등의 소프트웨어들이 있다. ◤

'추상화(abstraction)'는 인간에게 복잡한 정보를 간략화할 수 있는 능력을 제공한다.

펌웨어(firmware) 라는 용어도 자주 사용된다. 이는 하드웨어의 제어/ 사용과 아주 밀접한 관련이 있는 소규모의 프로그램을 의미한다. 펌웨어는 하드웨어와 소프트웨어 사이에 위치한다고 생각하면 된다.

예를 들어 어떤 하드웨어를 만드는 경우, 이를 제어하는 모든 회로를 하드웨어로만 만들면, 구조도 복잡해지고 구현하기 어려운 부분도 발생하기 때문에, 이러한 부분을 소프트웨어로 구현함으로써 향후 기능의 추가나 업그레이드가 쉬워지는 장점이 있다.

시스템 소프트웨어와 응용 소프트웨어의 구분을 위한 명확한 기준이 있는 것은 아니다. 다만 시스템 내부와 관련이 더 많은 것을 시스템 소프트웨어라고 지칭할 뿐이다.

PART

1

논리 회로 관점에서의 컴퓨터 구조

논리 회로 관점에서의
컴퓨터 구조

Abstract

논리 회로(logic circuit)는 반도체를 이용하여 컴퓨터 하드웨어를 만드는 부분에 대한 설명인데, 이 부분은 컴퓨터를 '활용'하는 면에서는 실제로 많이 사용하지는 않지만, 컴퓨터 구성의 기본 원리를 이해할 수 있는 좋은 내용이다.

논리 회로를 배움으로써 컴퓨터의 하드웨어를 구성하는 각 부품들(예를 들면, CPU, 레지스터, 메모리 등)이 어떻게 구현될 수 있을지 대략적인 감을 잡을 수 있기를 바란다.

Part 1은 4장으로 나누어서 아래와 같은 내용을 공부한다.

1. 컴퓨터 내부의 데이터 표현
   - 2진법
   - 정수와 실수의 표현

2. 논리 회로 기초
   - 논리 게이트
   - 논리 회로의 표현 및 사용 방법

3. 조합 논리 회로
   - 회로를 표현하기 위한 불 대수 기초
   - 회로를 간소화하기 위한 K-map 사용법
   - 시뮬레이터를 이용한 간단한 조합 논리 회로 제작
   - 기본 조합 논리 회로 소자

4. 순서 논리 회로
   - 순서 논리 회로 구성을 위한 플립플랍의 개념 및 종류
   - 비동기식/ 동기식 카운터
   - 시뮬레이터를 이용한 간단한 순서 논리 회로 제작

Part 1에서 배운 내용을 바탕으로 꼭 실습을 해보길 바란다. 이론적으로 배운 내용을 실제로(시뮬레이터이기는 하지만) 만들어 보는 재미를 느끼기를 바란다.

CHAPTER **2**

컴퓨터 내부의 데이터 표현

컴퓨터 내부의 데이터 표현

(Abstract)

컴퓨터 구조를 이야기하기 전에, 실제로 컴퓨터 내부에서 어떻게 데이터가 표현/저장되는지 살펴보자. 다음 장인 '논리 회로'에 들어가기 전에, 여기에서 2진수의 개념을 확실하게 익히는 것이 목표다. 논리 회로는 기본적으로 2진수를 바탕으로 작동하기 때문이다.

여기에서는 컴퓨터에서 사용하는 다양한 종류의 데이터 중에서, 가장 기본적인 데이터인 '숫자'와 '문자'의 표현 방법을 공부할 것이다. 이미지, 동영상, 사운드와 같은 멀티미디어 데이터는 여기에서는 논의하지 않는다.

2장에서는 아래의 내용을 다룬다.

- 숫자 표현을 위한 진법(numeral system)의 원리를 이해한다.

- 컴퓨터 내부에서 사용하는 2진수 표현법과 2, 8, 10, 16진법 간의 변환 방법을 알아본다.

- 숫자 중에서 정수(integer)와 실수(real number)의 표현 방법을 공부한다. 컴퓨터 내부에서는 정수와 실수는 서로 전혀 다른 방법으로 표현된다. 그 이유를 이해하는 것이 중요하다.

- 문자(character)의 표현 방법에 대해서 알아보자.

- [심화] 숫자의 표현 방법에서는 숫자를 어떻게 '저장'하는가 뿐만 아니라, 어떻게 '계산'하는지 또한 살펴볼 것이다.

2.1 컴퓨터에서 사용하는 수

컴퓨터에서 2진수를 사용한 숫자 표현 방법을 이야기하려고 한다. 컴퓨터가 다루는 2진법에 대한 설명으로 시작하여, 2진법을 이용한 숫자(정수와 실수)의 표현법과 그 한계, 그리고 그 한계를 극복하는 방법을 살펴보자.

인간의 시각 시스템의 착시 예

위의 그림은 인간의 시각 시스템이 정확하지 않음을 이야기할 때 주로 예시하는 그림이다. 좌우의 2개의 큰 사각형 내부의 작은 회색 사각형들은 실제로는 같은 밝기 값을 가지지만, 주변 밝기에 영향을 받아서 인간에게는 '오른쪽의 작은 사각형'이 '왼쪽의 작은 사각형'에 비해서 더 어둡게 느껴진다. ◤

2.1.1 정보 표현의 단위

컴퓨터에서 정보를 표현하는 기본 단위는 여러 가지가 있다. 자주 사용하는 단어로써 개념을 정확히 이해하자.

- 비트(bit): Binary Digit의 줄임 말이다. 비트는 컴퓨터 내부에서의 정보 저장(표현)의 기본 단위로써, 1비트는 2가지 상태(off/on 또는 0/1)만 표현 가능하다.

인간의 시각 정보 인식의 오류

입력되는 정보의 70%를 시각적인 정보에 의존하는 인간, 그러나 실제로 인간은 이러한 시각 정보 인식의 부정확성에도 불구하고 거대한 문명을 유지하고 있다.

컴퓨터의 정보 표현의 오류

컴퓨터 또한 정확한 숫자 표현에 한계가 있다. 컴퓨터 내부에서도 원천적으로는 정확한 숫자의 표현이 불가능하다. 그렇지만 우리는 안정적으로 컴퓨터를 잘 활용하고 있다. 이제부터 그 비밀을 알아보자.

이 말을 다르게 표현하면, 컴퓨터는 한정된 비트를 사용하기 때문에 컴퓨터로 표현할 수 있는 숫자는 무한하지 않다는 점이다. 컴퓨터의 단점이다.

아래 표는 사용하는 비트의 개수에 따라서 표현할 수 있는 숫자(상태)의 개수가 달라짐을 보인다. 즉, 많은 비트를 사용하면 당연하게도 많은 숫자를 표현할 수 있다. 1비트는 2^1개, 2비트는 2^2개, n 비트를 사용할 때는 2^n개의 숫자를 표현할 수 있는데, 64bit 컴퓨터는 2^{64}개의 숫자를 표현할 수 있다는 말이다.

표 2.1 사용하는 비트 수에 따른 숫자 표현 범위

bit 수	1	2	3	4
가능한 2진수 숫자 패턴	0	00	000	0000 0001
	1	01	001	0010 0011
		10	010	0100 0101
		11	011	0110 0111
			100	1000 1001
			101	1010 1011
			110	1100 1101
			111	1110 1111
표현 가능한 숫자 개수	2개	4개	8개	16개
	2^1개	2^2개	2^3개	2^4개

- 바이트(byte): 8비트가 모여 1개의 바이트를 구성한다. 1바이트는 8비트이므로 2^8개의 정보를 표현할 수 있다. 영문자나 숫자는 보통 1바이트로 표현되며, 한글의 1 글자는 2바이트로 표현한다.

10진수에서의 K(kilo)는 1,000(10^3)배를 의미한다. 그러나 컴퓨터에서는 2진수를 사용하기 때문에 1,000의 근사치인 1,024(2^{10})를 사용한다.

큰 숫자를 표현하기 위해서 우리는 일상 생활에서 K(Kilo)라는 단위를 사용한다(1km는 1000m인 방식처럼). 컴퓨터의 저장 용량을 표현하기 위해서도 이와 비슷한 단위를 사용한다.

표 2.2 숫자 표현의 단위

단위	Byte	KB	MB	GB	TB	PB	EB
의미	byte	Kilo byte	Mega byte	Giga byte	Tera byte	Peta byte	Exa byte
용량	8 bit	1024 byte	1024 Kbyte	1024 Mbyte	1024 Gbyte	1024 Tbyte	1024 Pbyte
	2진수	2^{10}	2^{20}	2^{30}	2^{40}	2^{50}	2^{60}
	10진수	10^3	10^6	10^9	10^{12}	10^{15}	10^{18}

- 워드(word): 여러 개의 바이트를 뭉쳐서 워드라는 단위를 사용한다. 일반적으로 컴퓨터에서는 워드 단위로 주소를 지정할 수 있다. ▸

  > 워드 단위로 주소를 지정한다는 말은 CPU에서 메인 메모리에 보내는 주소가 워드 단위로 지정된다는 말이다.

  ▸ 반워드(Half-Word): 2바이트

  ▸ 전워드(Full-Word): 4바이트

  ▸ 더블워드(Double-Word): 8바이트

2.2 진법(numeral system)

10 진법(numeral system)은 숫자 기호 10개(0부터 9까지의 숫자)를 이용해서 무한 개의 숫자를 표현하는 방법이다.

진법 시스템의 편리함을 실감하기 위해 '10진법 시스템'을 사용하지 않는 경우를 상상해보자. 이러한 경우에는 0부터 9까지의 숫자를 표현한 후에, 10(ten)이라는 숫자를 표현하기 위해서는 또 다른 어떤 기호를 사용해야 한다. 이런 방식이라면 우리가 무한 개의 기호를 만들거나 기억해야 할 것

막대기 또는 한 획	뒤꿈치 뼈	감긴 밧줄	연꽃	가리키는 손가락	올챙이	놀란 사람 또는 신을 경배하는 모습
1	10	100	1000	10000	100000	1000000

고대 이집트의 숫자

그래서 이집트에서는 숫자 계산을 직업으로 하는 사람이 필요했었다.
어린이들이 손가락을 이용해 셈을 할 때, 10까지는 손가락을 이용해서 셀 수 있지만 11부터는 힘들어진다. 이때 어린이들은 주로 어떻게 하나? 거기서부터 진법의 필요성과 원리를 생각해 보자.

인데, 이것은 불가능하다.

위는 고대 이집트에서의 숫자 표현 방식의 예다. 모든 단위의 숫자에 대한 심볼을 따로 가지고 있다. 위와 같은 숫자 표현 방법을 사용한다면, 만약에 $321_{(10)}$이라는 숫자를 표현하려면 어떻게 해야 할까? 아래가 숫자 $321_{(10)}$이다. 이 방법은 숫자가 커진다면 아주 번거로운 표현 방법이다.

고대 이집트 숫자를 이용한 $321_{(10)}$ 표현 예시

인간이 진법을 사용하지 않는다면 우리는 지금도 여전히 10개 정도의 숫자만을 셀 수 있거나, 아니면 무수히 많은 종류의 숫자 표현을 외우느라 인생을 허비하고 있을 지도 모른다.

그렇지만, 지금 우리는 '진법'이라는 멋진 방법을 사용한다. 10 진법을 사용함으로써 10개의 기호(0..9)만으로 무한개의 숫자를 표현할 수 있다.

우리가 일상 생활에서 사용하는 10진법 이외에도, 몇 가지 자주 사용하는 진법이 있다. 쉽게 생각할 수 있는 것이 컴퓨터에서 사용하는 '2진법'이다. 컴퓨터에서는 2진법을 쉽게 표현하고 사용할 수 있지만, 사람이 2진법을 사용하기는 불편해서 8진법 또는 16진법을 사용하기도 한다. 아래에서 이들을 포함한 몇 가지 진법에 대해서 이야기해보자.

2.2.1 10진법

10진법의 발명은 '0'이라는 숫자의 발명으로 가능해졌다. '0'이라는 개념을 사용함으로써, 자릿수 개념을 사용할 수 있게 된 것이다. '0'이라는 숫자 표현이 없었다면 어떻게 10진법이라는 진법 표현이 가능할 수 있을까?

역사적으로 2, 5, 8, 10, 12, 16, 60 진법 등 여러 다양한 진법 등이 사용되었으며, 진법 별로 각각 장단점이 있지만 우리가 생활에서 주로 사용하는 10진법은 5~6세기경 인도에서 시작되어 점차 널리 퍼진 방법으로써, 0에서 9까지의 10개의 숫자로 무한개의 숫자를 표현할 수 있는 방법이다.

10진법에서 각 자릿수는 아래의 의미를 가진다. 아래의 예를 살펴보자.

$$432_{(10)} = (4 \times 10^2) + (3 \times 10^1) + (2 \times 10^0) \blacktriangleright$$

> 모든 수의 0승, 즉 x^0은 1이다. 그러나 0^0(0의 0승)은 정해지지 않는다.

여기서 '자릿수'가 가지는 의미가 무엇일까?

- $432_{(10)}$라는 숫자에서 4라는 숫자는 100의 자리가 4개, 즉 4백이라는 값을 의미한다.

- $432_{(10)}$라는 숫자에서 4의 또 다른 의미는 이 숫자를 100으로 나누었을 때 (즉, 10으로 2번 나누었을 때)의 '몫'을 의미한다.

- $432_{(10)}$라는 숫자에서 32는 100으로 나누었을 때(즉, 10으로 2번 나누었을 때)의 '나머지'이다.

- $432_{(10)}$라는 숫자에서 숫자 2는 10으로 1번 나누었을 때의 나머지를 말한다. $\blacktriangleright$

> 이 의미는 이후에 설명할 진법 변환(예를 들면 10진수에서 2진수로의 변환 등)에서 유용하게 사용된다.

우리가 사용하는 주판도 10진법을 사용한다. 다음 그림과 같이, 주판의 가장 오른쪽이 1의 자리이고, 왼쪽으로 갈수록 10배씩 커지는 자리이다. 숫자 4에서 5로 1증가 될 때는, 아래 자릿수를 0으로 변경하고, 윗 자릿수를 1로 자리 올림을 하는 모습이다. 즉 여기서는 5진법을 사용하는 것이다. 그러니까 주판은 10진법과 5진법을 같이 사용한다.

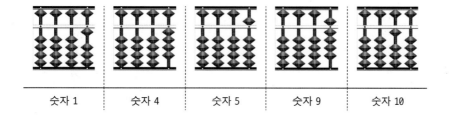

| 숫자 1 | 숫자 4 | 숫자 5 | 숫자 9 | 숫자 10 |

2.2.2 2진법, 8진법, 10진법, 16진법

아래의 4가지 진법 사이의 관계에 대해 알아보자.

- 2진법(binary)

- 8진법(octal)

- 10진법(decimal)

- 16진법(hexa-decimal)

2진법은 0과 1 두 심볼(symbol)만 사용하여 수를 표현하는 방법이다. 10진
수가 10을 단위로 하는 진법으로써 10씩 자릿수가 올라가게 되는데, 10 대
신 2를 기본 단위로 하여 2의 지수 승으로 자릿수를 올리는 것이 2진법이다.

아래 그림은 중간의 소수점을 중심으로 각 자릿수를 의미한다. 아래 그림
을 통해서 2진수에서의 각 자릿수를 이해하자.

2진법
주로 컴퓨터에서 사용하는
진법인데, 전기 회로에 전류
가 흐를 때를 1, 전류가 흐
르지 않을 때를 0으로 대응
시킨 방법이다. 이러한 전류
의 흐름 여부를 진공관으로
구현하는 것으로 시작해서
지금은 반도체를 통해서 2
진법이 표현된다.

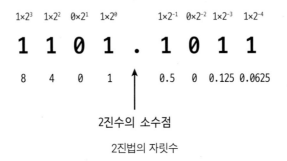

1×2^3 1×2^2 0×2^1 1×2^0 1×2^{-1} 0×2^{-2} 1×2^{-3} 1×2^{-4}

1 1 0 1 . 1 0 1 1

8   4   0   1   0.5   0   0.125 0.0625

2진수의 소수점

2진법의 자릿수

2진법으로 표시한 수를 10진법으로 변환하려면 어떻게 하면 될까?

예를 들어, 이진수 $111011_{(2)}$을 십진수로 나타내면 아래와 같이 된다. 즉, 2
진법의 각 자릿수를 2의 지수 승으로 고려해서 읽으면 된다.

$$111011_{(2)} = 1 \times 2^5 + 1 \times 2^4 + 1 \times 2^3 + 0 \times 2^2 + 1 \times 2^1 + 1 \times 2^0 = 59_{(10)}$$

위의 2진법은 사람이 숫자를 표현하는 방법으로 사용하기에는 불편하다. 숫자를 보고서도 정확히 얼마인지 직관적으로 알 수 없어서 자릿수 하나씩 10진수로 바꾸어서 숫자를 읽어야 한다.

또한 2진법으로 숫자를 표기하면 자릿수가 너무 많아진다. 그래서 16진법을 사용하기도 한다. 10진법을 사용하기 위해서 10개의 기호가 필요했던 것처럼, 16진법을 사용하기 위해서는 16개의 기호가 필요하다. 일반적으로 아래의 기호를 사용한다.

컴퓨터에서는 2진법을 사용하지만, 사람이 볼 때는 편의상 2진수를 16진수로 바꿔서 사용하는 경우가 자주 있다.

```
0, 1, 2, 3, 4, 5, 6, 7, 8, 9, A, B, C, D, E, F
```

A는 10진수로는 10을 의미하고, F는 10진수로는 15를 의미하는 기호로 사용된다.

그러면, 10진수 $34_{(10)}$는 $22_{(16)}$가 되고, $15_{(10)}$은 $F_{(16)}$가 된다.

10진법에 비해서 16진법이 가지는 장점은 어떤 것들이 있을까 생각해보자. 일단, 2진법과 16진법은 서로 변환하기 쉽고, 16진법은 2진법에 비해서 짧게 표현되는 장점이 있다.

16진법과 더불어 많이 사용하지는 않지만 8진법을 사용하기도 한다. 이 경우에는 0에서 7까지의 8개의 심볼로 숫자를 표현한다.

2진법에서 8진법이나 16진법으로 변환하려면 어떻게 하면 될까?

2진법에서 8진법으로 바꾸려면 오른쪽에서 시작해서 3비트씩 모아서 바꾸면 되고, 16진법으로 바꾸려면 오른쪽부터 4비트씩 모아서 바꾸면 된다.

예제

2진수 $10010111_{(2)}$을 8진법, 16진법으로 바꿔보자.

16진법으로: $1001\ 0111_{(2)} \rightarrow 97_{(8)}$

8진법으로: $10\ 010\ 111_{(2)} \rightarrow 227_{(8)}$

다음은 여러 가지 진법들을 비교한 표다. 각 숫자가 다른 진법에서 어떻게 표현되는지 각자 한번 비교해보자.

표 2.3 각 진법의 숫자 비교

10진수	2진수	8진수	16진수
0	0	0	0
1	1	1	1
2	10	2	2
3	11	3	3
4	100	4	4
5	101	5	5
6	110	6	6
7	111	7	7
8	1000	10	8
9	1001	11	9
10	1010	12	A
11	1011	13	B
12	1100	14	C
13	1101	15	D
14	1110	16	E
15	1111	17	F
16	10000	20	10
17	10001	21	11

2.3 정수의 표현

2진 데이터는 컴퓨터 내부에서 전기적인 신호로 쉽게 구현되는데, 하드웨어로 구현함에 있어서 수의 표현과 이들 간의 사칙연산(+, −, *, /)에서 여러 가지 기법들이 사용된다. 이에 대해서 자세히 알아보자.

컴퓨터에서의 숫자의 표현은 정수(integer numbers)와 실수(real numbers) 표현으로 나눌 수 있으며, 이 두 가지는 컴퓨터에서 각각 독특한 형태로 표현된다. ◤

컴퓨터에서 정수의 표현 방법과 실수의 표현 방법은 완전히 다르다.

아래는 'C 언어'를 이용한 간단한 프로그램이다. 아래와 같이 변수(variable)를 선언하면 해당 변수는 프로그램 실행 중에 주기억 장치(main memory)에 위치한다. 아래에서 변수 no는 3이라는 값을 가지게 된다. 이제부터 구체적으로 이러한 숫자 값이 주 기억장치에 어떤 형태로 저장되는지를 살펴보자.

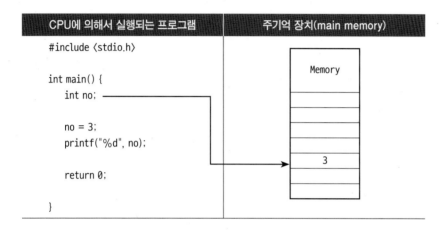

2.3.1 2진수로 변환: 정수 부분의 변환

컴퓨터에서의 정수와 실수의 2진수 표현 방법을 이야기하기 전에, 먼저 10진법에서 2진법으로의 변환 방법을 알아보자.

- 10진수→ 2진수: 10진수 숫자 $41_{(10)}$을 2진수로 바꾸면 $101001_{(2)}$이 된다. 이와 같은 진법 간의 변환은 어떻게 할까? 대부분의 책에서는, 10진법 정수를 2진법으로 변환하려면 아래와 같이 10진수를 2로 나누어 가면서 남는 나머지를 역순으로 출력하면 된다고 설명한다.

왜? 이렇게 하면 10진법을 2진법 표현으로 바꿀 수 있는 것일까? 그 원리는 무엇일까?

$$2\,)\underline{41}\quad\text{(나머지)}$$
$$2\,)\underline{20}\cdots\;1$$
$$2\,)\underline{10}\cdots\;0$$
$$2\,)\underline{5}\cdots\;0$$
$$2\,)\underline{2}\cdots\;1$$
$$1\cdots\;0$$

결과: $101001_{(2)}$

정수 부분: 10진수의 2진수로의 변환

그러면, 위와 같은 진법 간의 변환 원리는 무엇일까? 여기서 진법의 의미를 이해할 필요가 있다.

10진법으로 표현된 $41_{(10)}$을 2진법으로 변환하면 $101001_{(2)}$이 되는데, 2진수 표현에서 가장 오른쪽의 1은 해당하는 수를 2로 1번(2^0번) 나누었을 때 생기는 나머지(remainder)이다. 이것은 앞에서 설명한 것처럼 진법 시스템에서의 자릿수의 의미를 안다면 이해할 수 있을 것이다. 즉, $41_{(10)}$을 2로 한번 나누면 나머지는 1, 두번 나누면 나머지는 01이다.

이와 같은 원리로 10진수에서 2진수로 바꿀 때는 해당하는 수를 2로 계속 나누어 가면서 나오는 나머지를 역순으로 기입하면 2진법으로의 변환이 가능하게 된다.◥

혹시 이 말이 이해가 되지 않으면 앞으로 '진법' 부분에서 설명했던, 진법 시스템에서의 자릿수의 의미를 잘 생각해보자.

- 2진수→ 10진수: 2진수를 10진수를 바꾸려면 2진법의 각 자릿수를 고려해서 변환하면 된다.

$$101001_{(2)} = 2^5 + 2^3 + 2^0$$
$$= 32 + 8 + 1$$
$$= 41_{(10)}$$

결과 : $41_{(10)}$

정수 부분: 2진수의 10진수로의 변환

2.3.2 2진수로 변환: 소수 부분의 변환

$0.2_{(10)}$와 같은 '1보다 작은 소수'가 있는 숫자는 어떻게 2진수로 변환할까?

실수의 변환을 위해서는 소수점 위에 있는 정수 부분은 위의 방식대로 변환하면 되고, 소수점 아래의 소수 부분은 '2를 계속적으로 곱해가면서 정수로 자리 올림'이 발생하는지 여부를 기록해서 이를 2진수 변환에 사용하면 된다. ▶

정수 부분의 변환은 2로 나누어가면서 구하고, 소수 부분의 변환은 2로 곱해가면서 구한다.

그 원리는 무엇일까?

$10.1011_{(2)}$의 소수점 아래 1번째의 1이라는 숫자는 이 숫자에 2를 1번 곱하면 0보다 큰 수(정수)가 된다. 왜냐하면 $0.1_{(2)}$은 10진수로 보면 $1/2_{(10)} = 0.5_{(10)}$이기 때문에 여기서 2를 곱하면 $1_{(10)}$이 되는 수이기 때문이다.

그렇기 때문에, 소수 부분의 2진수로의 변환은, 2을 계속 곱해가면서 정수 영역으로 올림수가 있는지를 기억해서 사용하면 된다. 아래와 같이 된다.

$$0.2_{(10)} \rightarrow 0.00110011..._{(2)} = 0.\overset{\circ}{0}01\overset{\circ}{1}_{(2)}$$

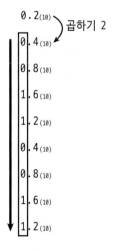

실수의 소수 부분: 10진수의 2진수로의 변환

숫자 위의 작은 점은 끝이 없는 '무한 순환 소수'를 줄여 쓰기 위해, 반복되는 부분의 시작과 끝 자릿수 위에 점을 찍어서 표현하는 방식이다.
눈치 빠른 사람은 여기서 한 가지 눈치챘을 것이다. 10진수에서는 유한 소수라고 하더라도 2진수에서는 무한 소수가 될 수도 있다. 10진수 $0.2_{(10)}$은 2진수로 변환하면 무한 소수가 되기 때문에 유한한 비트를 사용하는 컴퓨터에서는 정확하게 표현할 수 없다!!!
컴퓨터가 $0.2_{(10)}$도 정확하게 표현하지 못하다니!! 사실이다. 컴퓨터는 $0.2_{(10)}$를 정확하게 표현할 수 없다!

소수 부분에 대해서도 2진수로 표현된 소수를 10진수로 변환하기 위해서
는 정수의 변화 방식과 동일하게, 각 자릿수를 고려해서 계산하면 된다.

$$0.1011_{(2)} = 2^{-1} + 2^{-3} + 2^{-4}\ _{(10)} = \frac{1}{2} + \frac{1}{8} + \frac{1}{16} = \frac{11}{16}_{(10)}$$

실수의 소수 부분: 2진수의 10진수로의 변환

> 컴퓨터 내부에서의 숫자 표현에 대한 지금부터의 설명을 이해하기 위해서는 2진법에 익숙해질 필요가 있다. 진법 간의 변환의 원리에 대해 잘 이해하도록 하자.

2.3.3 각 진법 간의 숫자 표현 연습

이제까지 배운 진법 사이의 변환 방법을 정리해보자.

- 10진수 → 2진수: 정수 부분과 소수 부분을 각각 2진수로 변환하고, 가운데 소수점을 찍어주면 된다.

- 2진수 → 10진수: 2진수의 각 자리의 숫자를 2의 지수 승에 맞추어서 더해 주는 방식으로 10진수로 변환한다.

> 소수점을 기준으로 정수는 왼쪽으로, 소수 부분은 오른쪽으로 세어가면 된다.

- 2진수 → 8진수: 정수 부분은 '소수점을 기준으로 왼쪽 방향'으로 3자리씩, 소수 부분은 '소수점을 기준으로 오른쪽'으로 3자리식 묶어서 변환한다.

- 2진수 → 16진수: 정수 부분은 '소수점을 기준으로 왼쪽 방향'으로 4자리씩, 소수 부분은 '소수점을 기준으로 오른쪽'으로 4자리식 묶어서 변환한다.

- 8진수/16진수 →2진수: 8진수 1자리는 2진수 3비트로, 16진수 1자리는 2진수 4비트로 풀어서 변환한다.

이제 우리는 2진법, 8진법, 10진법, 16진법을 배웠다. 이들 각 진법 사이의 숫자 변환을 연습해보자.

- $0011100_{(2)}$
    - ?? $_{(8)}$
    - ?? $_{(16)}$
    - ?? $_{(10)}$
- $37_{(10)}$
    - ?? $_{(2)}$
    - ?? $_{(8)}$
    - ?? $_{(16)}$
- $78_{(16)}$
    - ?? $_{(2)}$
    - ?? $_{(8)}$
    - ?? $_{(10)}$
- $73_{(8)}$
    - ?? $_{(2)}$
    - ?? $_{(16)}$
    - ?? $_{(10)}$
- $1001.1100_{(2)}$
    - ?? $_{(8)}$
    - ?? $_{(16)}$
    - ?? $_{(10)}$
- $38.52_{(10)}$
    - ?? $_{(2)}$
    - ?? $_{(8)}$
    - ?? $_{(16)}$

확인 코딩 | **웹 컴파일러 이용**

웹 컴파일러는 웹 브라우저에서 사용할 수 있는 컴파일러를 의미한다. 웹 컴파일러는 간단한 코드 작성을 할 때 유용하며, 웹 환경에서 컴파일을 하기 때문에 컴파일러를 따로 설치할 필요가 없다는 장점이 있다. 그래서 이 교재의 대부분의 C 코드는 웹 컴파일러(web compiler)에서 실습할 것이다.

https://ideone.com/ ▶

URL 주소에 ide라는 단어는 Integrated Development Environment(통합 개발 환경)라는 의미이다. 비슷한 기능의 웹 컴파일러들이 많이 있다.
http://www.codepad.org
http://www.tutorialspoint.com/codingground.htm

1. 위 사이트를 한번 접속해보자. 아래와 같은 화면을 웹브라우저에서
   볼 수 있을 것이다.

이 사이트는 C, C++, Java 등의 언어들에 대한 무료 컴파일러/인터
프리터를 제공해준다. 실제로 이러한 인터넷 상의 무료 컴파일러/인
터프리터는 '무한 반복문'이라든지 해킹을 목적으로 하는 어떤 파괴
적인 명령문들로부터 사이트를 보호해야하기 때문에, C나 C++언어
의 scanf, cin 등의 입력을 받아들이는 함수들은 보통 지원하지 않는
다(이런 함수는 웹 컴파일러에서는 보통 사용할 수 없다). 따라서 웹
컴파일러는 큰 프로그램을 작성하기에는 적합하지 않고, 짧게 잠시
테스트 하는 용도로 적합하다.

그렇지만, 우리가 사용할
ideone.com 사이트는
scanf( ) 같은 입력 함수를
사용할 수 있다!

2. 이 웹 사이트는 다양한 언어를 지원하기 때문에, 왼쪽 하단의 버튼에
     서 C 언어를 선택하고 코딩 창에서 프로그램을 하면 된다.

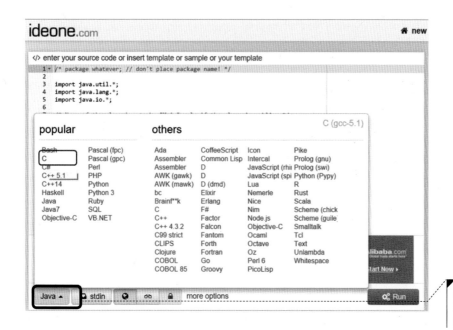

Java 옆의 화살표를 누르고
C언어로 컴파일러를 변경
한다.

3. 그러면, 기본적으로 C 프로그래밍에 필수적인 main함수와 stdio.h가 이미 추가되어 있다. ◤

이제 main( ) 함수의 바디에 printf("Hello, World \n"); 와 return 0; 을 추가하자.

코드를 다 작성하였으면, 오른쪽 하단의 [Run] 버튼을 클릭한다. [Run]은 작성된 코드를 컴파일한 후, 실행하라는 의미이다. ◤

ideone.com 컴파일러는 main(void)라고 자동으로 나온다. 여기서 void는 일단 무시하고 넘어가자. void를 써도 되고, 쓰지 않아도 상관 없다. 지금은 중요하지 않다.

[Run]은 작성된 코드를 바탕으로 프로그램을 실행하라는 의미이다.

4. 바뀌어진 화면에서 프로그램의 실행 결과를 확인할 수 있다. 화면 아래의 stdout(standard output) 창을 보면, 프로그램에서 출력된 문자열인 "Hello, World!"를 볼 수 있다.

실행 결과 확인. 실행이 되지 않는다면 오타가 없는지 다시 한번 확인하자.

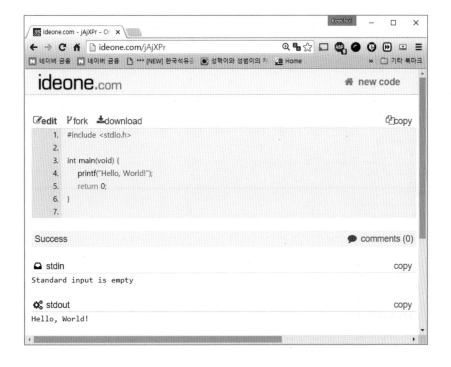

5. 혹시나 실행되지 않고 아래와 같은 유사한 화면이 나온다면, 오타
등의 실수가 없었는지 확인해보자. 오타를 수정하려면 왼쪽 상단의
[edit] 을 누르면 된다.

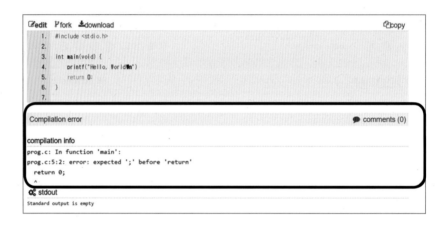

6. 편의 기능으로, 우측 하단의 "syntax highlight"라는 기능이 체크되어
있으면, C 문법에 따라서 예약어 등이 색깔로 구분되고, 인덴트 기능
이 자동 제공되어서 편하게 코딩할 수 있다.

확인 코딩 1-1 | **C 언어를 이용하여 정수를 2,8,10,16진법으로 출력하는 예제**

첨부한 QR 코드를 통해서 접속해서 코드를 확인해보자. 사이트에 접속한 후, 좌측 상단의 [edit] 링크 클릭.

앞에서 배운 다양한 진법 출력을 C 언어로 구현해보자. C 언어에서는 8, 10, 16 진법은 포맷 문자만 지정해주면 출력되지만, 2진수로 출력하는 포맷 문자(format letter)가 없기 때문에 프로그램으로 직접 변환해서 출력했다. ◤

여기서는 정수의 출력만 다룬다. 실수의 출력은 다음 절에 소개된다.

 프로그래밍: C 언어에서 정수를 2, 8, 10, 16진수 출력하기

```c
#include <stdio.h>

int main()
{
    int value = 47;

    printf("Decimal: %d \n",value);
    printf("Octal:   %o\n",value);
    printf("Hexadecimal(small): %x\n",value);
    printf("Hexadecimal(capital): %X\n",value);

    printf("Binary: ");
    for (unsigned int i = 1<<31; i > 0; i = i/2)
        (value & i) ? printf("1"): printf("0");

    return 0;
}
```

C 언어에서는 숫자를 출력하는 다양한 포맷 문자를 제공한다.
- %d: 10진수(decimal)
- %o: 8진수(octal)
- %x: 16진수(hexadecimal) 소문자 출력
- %X: 16진수(hexadecimal) 대문자 출력

이 부분은 숫자를 2진수로 바꾸는 과정이다. 반복적으로 2진수의 모든 비트가 1인지 여부를 파악하는 코드이다. 정수형(int) 변수는 32비트이기 때문에 모든 비트가 1인지 아닌지를 검사하면서 2진수로 출력하고 있다.

 결과

```
Decimal: 47
Octal:   57
Hexadecimal(small): 2f
Hexadecimal(capital): 2F
Binary: 00000000000000000000000000101111
```

웹에서 확인해보기

2.3.4 부호없는 정수(unsigned integer: 0과 자연수)

이제까지는 진법과 2진수에 대한 이야기를 했었다. 이제부터는 본격적으로 컴퓨터 내부에서 2진수를 통해서 숫자를 어떻게 표현하는지 살펴보자.

이제부터 본격적으로 정수의 표현 방법에 대해서 알아보자.

일반적으로 정수라고 하면, 자연수(natural number, 양의 정수)와 '0', 그리고 음의 정수(−1, −2, −3, …)로 구성된 수 집합을 의미한다. 그 의미는 컴퓨터에서도 동일하다. 그러나 내부적으로 2진수 비트들을 이용해서 표현하기 때문에 표현 방법이 조금 독특하다.

변수의 타입에 대한 자세한 설명은 각 프로그래밍 언어에서 제공하는 자료형(data type)을 참조하기 바란다. 일반적으로 많이 사용하는 C/C++ 프로그래밍 언어에서 사용하는 자료형 중에서, 'unsigned integer'는 '부호없는 정수'를 'integer'는 '부호있는 정수'를 의미한다.

컴퓨터에서 프로그래밍을 할 때는 프로그래밍 언어에서 제공해주는 다양한 자료형(data types)에 따라 다양한 크기(길이)의 비트 수를 사용할 수 있게 된다. 정수(integer) 표현을 위해서 C 언어에서는 4바이트를 사용하는 'integer 형'의 변수를 사용하는데, 4바이트(32비트)를 사용하기 때문에, 그에 따라 표현할 수 있는 최대 크기의 숫자가 제한 받을 수 밖에 없다는 한계가 있다.

실제로는 각 자료형의 크기는 컴파일러에 따라서 조금씩 달라질 수도 있다. C 표준안에는 각 자료형이 가져야 하는 '최소한'의 크기로 명시되어 있기 때문이다. 자료형의 정확한 크기는 컴퓨터와 컴파일러의 환경에 따라 이 최소 크기보다 더 커질 수도 있다.

자료형	최소 크기	값의 범위
char	1 바이트(8비트)	A~Z, a~z, 0~9, 기타 심볼들. 'a', 'b' 등 작은 따옴표로 표시 숫자 값으로는 −128 ~ +127
int	4바이트(32비트)	−2,147,483,648 ~ +2,147,483,647

char 형도 C 언어에서는 내부적으로는 숫자로 표현되기 때문에, char 형도 숫자로 사용할 수 있다.

본 교재에서는 8비트로 구성된 간단한 경우의 정수를 이용하여 설명한다. 이는 설명의 편이를 위한 것이며 비트 수가 많아지더라도 기본적인 원리는 동일하다.

우리가 초등학교에 들어가서 처음 배우는 숫자에 보통 음수는 포함되어 있지 않다. 그 당시에는 직관적으로 눈에 보이는 사물의 개수를 세는 것이 주된 숫자 공부의 목적이기 때문에 음수는 고려할 필요가 없었던 것이다.

정수는 '부호없는 정수'(unsigned integer: 0 또는 양의 정수)와 '부호있는 정수'(signed integer)로 나눌 수 있다. 아래의 표와 같이 C 언어에서 사용하는 unsigned integer 타입은 말 그대로 부호를 생략한다. 이 말은 부호가 없다는 말로써, 표현할 수 있는 모든 숫자는 0 또는 양의 정수만을 의미한다(음수를 표현할 수 없다). 이 경우에는 사용되는 8비트가 모두 숫자의 '절대값'을 표현하는 방식이다.

아래는 C 언어에서의 char, unsigned char 형의 크기와 표현할 수 있는 값
의 범위를 의미한다.

데이터 타입	최소 크기	값의 범위
unsigned char	1 바이트	0 ~ +255
char	1 바이트	−128 ~ +127

확인 코딩 1-2 **오버플로우 예제**

각 자료형이 표현할 수 있는 숫자 범위에 대해서, 아래 프로그램의 결과를
보고 왜 이런 값이 출력되는지 생각해보자.

 프로그래밍: C 언어에서 오버플로우 발생시켜 보기

```c
#include <stdio.h>

int main() {
    unsigned char c;

    c = 255;
    c = c + 1;

    printf("%d\n", c);

    c = 0;
    c = c - 1;

    printf("%d\n", c);

    return 0;
}
```

결과

```
0
255
```

웹에서 확인해보기

unsigned char는 0~255
까지 표현하다. 아래는 255
에 1을 더해서 256이 되려
는 순간인데, 0이 되어 버린
것이다.

0에서 1을 빼는 순간 음
수를 표현할 수 없기 때문
에 over-flow가 발생해서
255가 된다.

예를 들어 설명해보자. 8비트에 저장되는 비트 값이 아래의 경우에는 숫자 $0_{(10)}$을 의미한다.

$$0000\ 0000_{(2)} == 0_{(10)}$$

8비트에 저장되는 아래와 같은 경우는 숫자 $255_{(10)}$를 의미하는 식이다.

$$1111\ 1111_{(2)} == 255_{(10)}$$

즉, 8비트로 부호없는 정수(unsigned integer)를 표현하면 $0_{(10)} \sim 255_{(10)}$ 범위의 숫자들을 표현할 수 있다. 1 비트를 사용하면 $2^1(=2)$가지 상태를, 2비트를 사용하면 $2^2(=4)$가지 상태를, 10비트를 사용하면 $2^{10}(=1024)$가지 상태를 표현할 수 있다. 이를 일반화하면 n비트를 이용하면 2^n가지 상태를 표현할 수 있다.

2진법을 이용한 사칙 연산 방법은 기본적으로는 10진법에서의 연산 방법과 동일하다. 두 숫자를 더하기 위해서는, 일반적인 10진법에서의 덧셈과 동일한 방식으로 처리하면 된다.

아래의 덧셈 연산을 살펴보자. 2진수의 덧셈 연산도 10진수에서의 덧셈 연산 방법과 동일하게 가장 오른쪽 자릿수에서 하나씩 더해서 올라가면 되는데, 2진수 덧셈에서 0+0=0, 1+0=1, 1+1=10이다.

> 상위 자리로 자리 올림이 발생하는 경우이다.

```
   0000 1010(2)              0010 1010(2)
 + 1000 1010(2)            + 0011 0011(2)
 -----------               -----------
   1001 0100(2)              0101 1101(2)
```

그런데 다음과 같은 경우는 조금 특수한 경우다.

```
   0110 1010(2)  = 106(10)
 + 1011 0011(2)  = 179(10)
 ------------------------
 1 0001 1101(2)  = 285(10) ????????
```

위의 예에서는, 덧셈의 결과로 MSB(Most Significant Bit)에서 캐리(carry: 자리 올림)가 발생하게 된다. 지금의 경우에는 8비트로 숫자를 표현하고 있기 때문에, MSB에서 캐리로 올라간 숫자는 사용할 수 없다. 즉, 두 수, $106_{(10)}$과 $179_{(10)}$의 덧셈 결과인 $285_{(10)}$은 $255_{(10)}$보다 크기 때문에 표현할 수 없다. 그래서 덧셈의 결과는 $0001\ 1101_{(2)} = 29_{(10)}$가 된다. 덧셈의 결과가 틀린 값을 내는 경우이다. 이러한 경우를 오버플로우(overflow: 넘침)라고 한다. 말 그대로 덧셈의 결과가 8비트로 표현할 수 있는 범위를 넘쳐나는 상황(overflow)이 발생한 경우이다.

오버플로우(overflow)는 표현할 수 있는 가장 큰 절대값 수를 넘어서서 정확히 표현할 수 없게 되는 경우를 말한다. 실제로 컴퓨터 프로그래밍을 하면, 아주 큰 수들 사이의 연산에서 오버플로우가 발생하는 경우를 접할 수 있다. 그런데 문제는 오버플로우가 일어나서 연산의 결과가 오류가 나더라도 프로그램이 계속 수행될 수 있다는 점이다. 틀린 값이라 하더라도 그것을 명시적으로 체크하지 않으면 최종적인 결과에 영향을 줄 수 있다.

그런데 여기서 궁금한 점이 2가지가 생긴다.

- 컴퓨터는 자신이 연산을 하면서 오버플로우가 발생하는 것을 알아낼 수 있을까?

- 만약 오버플로우 발생 여부를 알 수 있다면, 그럼에도 불구하고 왜 이에 대한 특별한 처리를 해주지 않을까?

2.3.5 부호있는 정수(signed integer)

초등학생이 되면서 뺄셈을 배울 때 우리가 만나게 되는 다음과 같은 경우가 있다. 음수의 개념이 없는 상황에서는 아래와 같은 뺄셈을 할 수 없다.

$$5 - 9 = ?$$

가장 오른쪽의 비트를 LSB (Least Significant Bit: 가장 덜 중요한 비트)라고 한다. 덧셈을 수행할 때는 LSB부터 해당하는 각 비트들 간의 덧셈을 하고 자리 올림(carry)이 있으면 상위 자리로 carry를 올려주면 된다.

참고: 가장 왼쪽의 비트는 MSB(Most Significant Bit: 가장 중요한 비트).

컴퓨터 내부에서의 계산이 논리적(logical)으로는 옳은 결과(answer)를 낼 수 있다고 하더라도, 컴퓨터 내부에서의 표현 가능한 범위를 벗어나서 실제 수행 결과는 옳은 결과를 낼 수 없는 경우다.

유사한 경우로 underflow 라는 경우도 있다. 이것은 컴퓨터 내부에서 '실수'를 표현하는 경우에 발생할 수 있는데 뒤에서 다시 설명한다.

사람은 오버플로우의 발생 여부를 어떻게 알 수 있을까? 컴퓨터는 스스로 오버플로우의 발생 여부를 알 수 있다. 6장에서 자세히 살펴볼 것이다. 아주 간단한 방법으로 알 수 있다.

만약 이를 알 수 있다면, 왜 경고 메시지 같은 것을 내지 않을까?
기계어나 어셈블리언어 레벨에서는 이에 대한 대책을 할 수 있다. 물론 C 언어를 이용해서도 할 수 있다(그래서 C 언어가 저급 언어의 특성도 가지고 있다고 하는 것이다).
그렇지만 오버플로우는 프로그램이 실행되는 도중에 발생하기 때문에, 코딩 상황에서 이를 사전에 대비하는 방법이 가장 좋은 방법이다.

지금부터는 이와 같은 음수의 표현도 같이 고려하는 '부호있는 정수 (signed integer)'를 배워보자. 부호있는 정수를 표현하는 방법은 2가지 방식이 있다.

- 부호와 절대값 표현

- 보수 표현

(1) 부호와 절대값(sign and magnitude)

부호와 절대값: 10진법에서 우리가 사용하는 방법과 동일하게, 부호를 명시적으로 표현하는 방법이다. 일상생활에서는 '+'나 '−'와 같은 기호로 부호를 표현하지만, 컴퓨터는 0과 1만을 사용할 수 있기 때문에, 2진수의 가장 왼쪽의 비트를 부호 비트로 생각해서, 부호 비트가 0이면 양수, 1이면 음수를 의미한다.
이런 이유로 부호와 절대값 표현 방식에서는 +0과 −0, 즉, 0이 2개 존재한다.

부호를 표현하기 위해 생각할 수 있는 가장 쉬운 방법은 '부호와 절대값 (sign and magnitude)' 표현이다. 이 방식은 MSB(Most Significant Bit: 가장 왼쪽의 비트)가 0이면 '0 또는 양의 정수'를, MSB가 1이면 '0 또는 음의 정수'를 나타내는 방식이다.

- +5(양의 5): 0000 0101$_{(2)}$

- −5(음의 5): 1000 0101$_{(2)}$

부호와 절대값 표현 방식

8비트를 이용하여 부호와 절대값으로 표현할 수 있는 값의 범위는 −127$_{(10)}$에서 +127$_{(10)}$까지 표현 가능하다. 이를 일반화하면 n비트를 이용한 부호와 절대값 표현은 아래의 범위를 표현할 수 있다.

$$-(2^{n-1}-1) \sim 2^{n-1}-1$$

부호와 절대값 표현에서 덧셈을 수행해보자. 오른쪽에서 왼쪽으로(LSB부터 MSB까지) 차례차례 한 비트씩 덧셈을 수행하자. 부호와 절대값 표현에서 $+5_{(10)}$와 $-5_{(10)}$를 더하면 $0_{(10)}$이 되어야 하는데, 실제로는 아래와 같이, $+5_{(10)}$와 $-5_{(10)}$를 더한 결과가 $-10_{(10)}$이 되어버렸다. 우리가 기대하는 결과가 아니다.

$$
\begin{array}{rcl}
0000\ 0101_{(2)} & = & +5_{(10)} \\
+\ 1000\ 0101_{(2)} & = & -5_{(10)} \\
\hline
1000\ 1010_{(2)} & = & -10_{(10)}
\end{array}
$$

왜 이런 결과가 나왔을까? 부호와 절대값 표현은 사람에게는 MSB를 제외한 나머지 비트 만을 봄으로써 쉽게 부호와 절대값을 알 수 있는 장점이 있으나, 위와 같은 경우처럼 컴퓨터로 덧셈 연산을 수행하기에는 조금 더 복잡한 절차가 필요하다.

10진법에서 부호와 절대값으로 숫자를 표현하는 경우(즉, 우리가 사용하는 일반적인 경우)에, 컴퓨터 내부에서 가장 기본적인 연산인 덧셈(+) 연산에 조금 더 고민을 해야 한다. 부호와 절대값 표현에서의 덧셈의 순서는 아래와 같다.

1. 두 수의 부호를 비교한다.

2. 부호가 동일하면 절대값을 서로 더한 후, 동일한 부호를 붙인다.

3. 부호가 다르면 절대값이 큰 값에서 절대값이 작은 값을 뺀 후, 큰 절대값의 부호를 붙인다. ▸

실제로, CPU(중앙 처리 장치)의 가장 기본적인 연산은 덧셈이다. 덧셈기 하드웨어를 만들고, 이를 조금 수정해서 뺄셈기로 사용하고, 덧셈을 반복적으로 수행해서 곱셈을, 뺄셈을 반복적으로 수행해서 나눗셈을 수행하기 때문에, 덧셈기는 아주 중요한 부분이다.

즉, 더해지는 두 수가 같은 부호인지 다른 부호인지 검사를 하고, 각각의 경우에 별도의 연산을 수행해야 한다. 이렇게 덧셈을 한다면, 덧셈기의 하드웨어 구현이 복잡해져서 컴퓨터가 느려지게 된다. 또한 덧셈기를 만들려고 하는데, 내부적으로는 뺄셈기가 필요해지는 황당한 경우가 발생한다.

그런데, 위와 같은 방식으로 덧셈 연산을 수행하는 하드웨어를 만든다면, 덧셈 연산이 아주 느려질 것이다. 부호와 절대값이라는 표현 방법은 사람이 사용하기에 익숙한 방법이다. 그래서 컴퓨터에서는 잘 사용하지 않는다.

이를 위해서 컴퓨터에서는 '보수 표현(complement representation)'이라는 방법을 사용한다. ◥

컴퓨터에서는 정수 표현에 부호와 절대값 방식을 사용하지 않는다.

2진수에서는 '2의 보수', '1의 보수'가 있다. 이 둘은 서로 조금 다르지만 개념은 같다. 일단 이 교재에서는 2의 보수 만을 다룬다. 개념을 지금 바로 이해하기는 쉽지 않다. 글을 계속 읽어보자.

(2) 2의 보수표현(two's complement binary representation) ◥

아래 그림은 색상환 표다. 그림을 그리거나 색칠할 때 사용하는 정보다. 색상환 표에서 마주 보는 색을 서로 보색이라고 한다. 보색은 서로 가장 대비되는 색이라는 의미다. ◥

이 책은 흑백으로 출판되기 때문에 색상환 표를 눈으로 확인하기 어렵다.
각자 '색상환 표'라는 단어로 검색해보자.

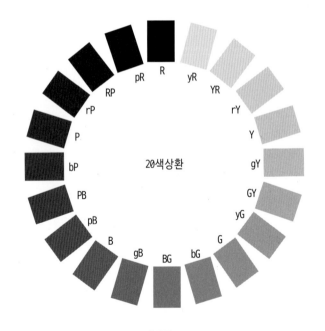

웹에서 확인해보기

색상환 표

색상환표에서 마주 보는 색을 보색이라고 한다. '보수 (complement)'는 서로 더하면 0이 되는 숫자들이다. 이 말이 이해되지 않으면 아래의 예를 보자.

2진수 표현에서 '2의 보수(complement)'라는 것은, 절대값이 같고 부호가 다른 두 수(즉, 일반적인 2진수 덧셈을 수행했을 때 그 덧셈의 결과가 0이 되는 값을 가지는 숫자 쌍)를 사용하려는 개념에서 출발한다. ◥

즉, $+10_{(10)}$의 2의 보수인 $-10_{(10)}$에 해당하는 2진수 숫자 패턴을 찾기 위해서, 아래와 같이 덧셈을 수행했을 때 음영으로 표현된 패턴을 $-10_{(10)}$이라고 생각하는 방식이다.

$$
\begin{array}{rcl}
0000\ 1010_{(2)} & = & +10_{(10)} \\
+\quad 1111\ 0110_{(2)} & = & -10_{(10)} \\
\hline
1\ 0000\ 0000_{(2)} & = & 0_{(10)}
\end{array}
$$

이 경우에, 위의 숫자 $0000\ 1010_{(2)}$을 $+10_{(10)}$이라 하고, 아래의 숫자 $1111\ 0110_{(2)}$을 $-10_{(10)}$으로 부르기로 약속한 것이 바로 2의 보수 표현이다.

그럼 2의 보수 표현을 어떻게 만들 수 있을까?

> **2의 보수**
> 서로 더해서 0이 되는 숫자 사이의 관계를 '보수 관계'라고 한다.

보수라는 정의를 그대로 사용해서 계산하면 아래와 같이 구할 수 있다. 위의 덧셈 식을 아래와 같은 뺄셈 식으로 바꾸어보자. 아래의 연산은 서로 더해서 0이 되는 상대 수를 찾기 위해서 0에서 $+10_{(10)}$을 빼는 연산이다(0에서 뺄 수 없기 때문에 '자리 내림(borrow)'을 받는다).

$$
\begin{array}{rcl}
1\ 0000\ 0000_{(2)} & = & 0_{(10)} \\
-\quad 0000\ 1010_{(2)} & = & +10_{(10)} \\
\hline
1111\ 0110_{(2)} & = & -10_{(10)}
\end{array}
$$

이 과정을 아래와 같이 2단계로 나누어서 설명해보자. 즉, $1\ 0000\ 0000_{(2)}$에서 빼는 연산을, 이보다 $1_{(2)}$ 작은 $1111\ 1111_{(2)}$에서 빼고 나중에 $1_{(2)}$을 더해주는 방식이다.

> 말이 좀 복잡하긴 하지만 별거 아니다. 천천히 이해해보자.

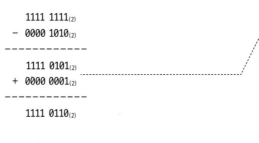

$$
\begin{array}{r}
1111\ 1111_{(2)} \\
-\quad 0000\ 1010_{(2)} \\
\hline
1111\ 0101_{(2)} \\
+\quad 0000\ 0001_{(2)} \\
\hline
1111\ 0110_{(2)}
\end{array}
$$

> 이 뺄셈 연산은 원래 비트를 NOT한 것과 동일한 효과이다. 2진수에서 NOT 연산은 비트를 반전시키는 것을 말한다. 뺄셈 연산보다 NOT 연산이 더 빠르게 수행된다.

즉, 위의 보수 구하는 방식을 간단하게 정리하면, 어떤 수의 2의 보수를 구하기 위해서는, 그 수에 NOT를 취한 후, 1을 더해주면 된다. 즉,

```
NOT 00001010(2) + 1
=   11110101(2) + 1
=   +10(10)의 2의 보수 = -10(10)
```

이 된다. 이렇게 2의 보수를 구하는 연산은 하드웨어를 이용해서 쉽고 빠르게 구할 수 있는 장점이 있다.

이렇게 2의 보수를 구하면, 8비트를 사용한다고 가정할 때 아래와 같은 비트 패턴을 가진다. 이를 일반화 하면 n비트를 이용한 2의 보수 표현에서는 $-2^{n-1} \sim +2^{n-1}-1$ 까지 표현할 수 있다.

표 2.4 8비트를 이용한 2의 보수 표현

이진수(bin)	십진수(dec)
1111 1111	-1
1111 1110	-2
1111 1101	-3
…	…
1000 0010	-126
1000 0001	-127
1000 0000	-128
0111 1111	127
0111 1110	126
0111 1101	125
…	…
0000 0010	2
0000 0001	1
0000 0000	0

위의 표를 보면 2의 보수 표현에서도 어떤 규칙성을 찾을 수 있다.

• MSB가 1이면 음수, MSB가 0이면 0 또는 양수이다.

• 0에 해당하는 '0000 0000(2)' 비트 패턴으로 인해서, 실제로 2의 보수는 양

수보다 음수가 1가지 더 많은 숫자를 표현 가능하게 된다. 즉, 8비트를 사용할 때 양수는 1에서 +127까지 표현 가능하며, 음수는 -1에서 -128까지 표현 가능하다.

- 양수들은 당연히 그렇지만, MSB가 1인 음수들도 MSB를 제외한 나머지 비트들을 보면 절대값이 큰 수가 실제로도 큰 수이다. 즉, 1000 0010은 -126$_{(10)}$, 1000 0001은 -127$_{(10)}$이다. 1000 0010이 더 큰 수 이다.

어떤 2의 보수 표현이 나타내는 10진수 숫자를 알고 싶으면 어떻게 하면 될까? 즉, 예를 들면 0000 1101$_{(2)}$ 가 10진수로 얼마인지를 알고 싶을 때는 아래와 같이 하면 된다.

- MSB가 '0'이면 0 또는 양수이기 때문에 나머지 비트들의 절대값을 구하면 된다.

- MSB가 '1'이면 그 수의 2의 보수를 구한 값에 '-'를 붙이면 된다. 즉, 위의 예제와 같이 '0000 1101$_{(2)}$'은 MSB가 '0' 이어서 나머지 비트들의 절대값인 13$_{(10)}$이 된다. '1000 1000$_{(2)}$'는 MSB가 '1'이므로, 이의 2의 보수를 구하면 '0111 1000'이다. 이의 절대값은 120$_{(10)}$이므로 원래 패턴의 숫자값은 -120$_{(10)}$이 된다.

이렇게 2의 보수로 숫자가 표현되면, 덧셈 연산은 LSB부터 MSB 순서로 각 자릿수의 덧셈을 수행하면 된다. 부호를 고려하거나, 절대값의 크기 등을 고려할 필요가 없다. 아래의 예를 보도록 하자.◢

$$
\begin{aligned}
0000\ 1101_{(2)} &= +\ 13_{(10)} \\
+\quad 1000\ 1000_{(2)} &= -120_{(10)} \\
\hline
1001\ 0101_{(2)} &= -107_{(10)}
\end{aligned}
$$

즉, 보수 표현을 사용함으로써 덧셈을 수행할 때 숫자들의 부호에 신경 쓰지 않고 연산을 수행할 수 있는 장점이 있다. 왜 그럴까? 보수라는 개념 자체가 부호가 없는 표현이기 때문이다. 보수라는 개념이 하드웨어로 연산을 구현할 때 얼마나 편한 개념인가?

그런데 다음과 같은 경우를 보자. 다음의 경우는, 10진수로 표현된 숫자를 더하면 $-133_{(10)}$이 된다. 8비트로 2의 보수로 표현되는 경우는 $-128 \sim 127$까지 밖에 표현하지 못한다. 그렇기 때문에 $-133_{(10)}$은 8비트의 2의 보수 표현으로는 표현이 불가능하다. 이러한 경우도 오버플로우이다.

$$
\begin{array}{r}
1111\ 0011_{(2)} = -\ 13_{(10)} \\
+\quad 1000\ 1000_{(2)} = -120_{(10)} \\
\hline
0111\ 1011_{(2)} = 123_{(10)}
\end{array}
$$

참고

보수 표현의 가장 중요한 특징이 무엇일까?

'부호'가 없이 음수를 표현할 수 있다는 점이다. 다시 한번 강조하자. 부호를 사용하지 않는 방법이다. 부호를 사용하지 않고 음수를 표현하는 방법이다.

그런데 이런 2의 보수 표현은 누가 제안했을까?

1946년에 EDVAC 컴퓨터를 만들면서 John Von Neumann이 제안한 방법이다. 물론 전자식 컴퓨터를 사용하기 이전에도 이러한 보수 표현은 사용되고 있었는데, 이를 컴퓨터에 적용한 것이다.

다시 한번 놀랍다. 어떻게 부호를 사용하지 않고 음수를 표현할 수 있는 방법을 만들어냈을까? 천재적인 발상이다.

나중에 배우겠지만, 이 보수 표현으로 인해서 CPU 내부의 덧셈기가 간단해 질 수 있었다. 뺄셈기는 덧셈기를 조금 수정해서 만들고, 곱셈기는 덧셈기를 반복해서 사용하고, 나눗셈기는 뺄셈을 반복해서 사용한다. 그렇기 때문에 덧셈기가 가장 중요하다. 그래서 더욱 빨리 계산이 이루어질 수 있다.

⚠ 주의

강의를 하다 보면 학생들이 자주 하는 질문이 있다.

"그럼 컴퓨터는 "1000 0000"이 음수인지 양수인지 어떻게 알아요?"

컴퓨터는 양수인지 음수인지 구별하지 않는다. 부호가 없으니까 구분할 필요도 없다. 그냥 계산하면 된다.

음수 인지 양수 인지 구별하는 것은 사람이 그냥 읽기 위함이다.

사람은 해당하는 2진수 비트 패턴이 양수인지 음수인지 궁금하고, 또 10진수로 그 숫자가 어떻게 표현되는지 궁금하지만, 컴퓨터는 이런 것들이 궁금하지 않다. 2의 보수로 표현하면 부호라는 개념이 없어지기 때문이다.

보수 표현은 부호라는 개념을 전혀 고려하지 않는 방식이다. 또 컴퓨터는 해당 2진수가 10진수로 어떤 숫자인지는 궁금하지도 않다. 컴퓨터는 "그냥" 2의 보수 표현을 사용한다.

확인 코딩 1-1을 이용해서 −1을 출력해보면 아래와 같이 출력된다. 실제로 2의 보수 형태로 저장됨을 확인할 수 있다. 다만 4바이트로 표현되는 점만 다를 뿐이다.

- Decimal: -1

- Octal: 37777777777

- Hexadecimal(small): ffffffff

- Hexadecimal(capital): FFFFFFFF

- Binary: 11111111111111111111111111111111

확인 코딩 1-3

아래의 코드에서 사용하는 변수의 자료형 char는 'signed char'이기 때문에, −128 ~ +127까지의 정수를 표현할 수 있다. 아래는 부호있는 정수에서의 오버플로우 예제이다.

 부호있는 정수의 오버플로우 예제

```
#include <stdio.h>

int main() {
        char c;

        c = 127;
        c = c + 1;
        printf("%d\n", c);

        c = -128;
        c = c - 1;
        printf("%d\n", c);

        return 0;
}
```

그런데 127에 1을 더하면 128이 되어야 하지만, 이것은 범위를 벗어나기 때문에 엉뚱한 값인 −128이 되어버렸다. 이러한 경우도 오버플로우다.

웹에서 확인해보기

−128
127

컴퓨터는 오버플로우가 발생하는지에 대한 고민을 전혀 하지 않는다. 다만 2진수 비트열의 덧셈을 수행할 뿐이다.

덧셈을 하는 경우는 이 그림에서 시계 방향으로 커지고, 뺄셈은 반시계 방향으로 진행하는 셈이다.

아래의 그림은 설명을 위해서 4비트 2의 보수라고 가정한 그림이다. 여기서 표현할 수 있는 가장 큰 양수 +7에 1을 더하면 −8이 된다.

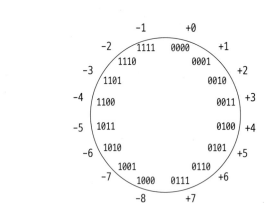

총정리 정수 표현

부호와 절대값 표현 방법과 2의 보수 표현 방법을 배웠다. 각 숫자 표현 방법들의 표현 가능한 숫자 범위를 정리해보자. n개의 비트를 이용해서 숫자를 표현한다고 할 때, 각 표현 방법들의 표현 가능한 숫자 범위는 아래와 같다.

- Unsigned integer: 0 ~ 2^n-1
- Sign and Magnitude: $-(2^{n-1}-1)$ ~ $2^{n-1}-1$
- 2's Complement: -2^{n-1} ~ $2^{n-1}-1$

예를 들어, 4비트로 숫자를 표현하면 아래와 같다.

- Unsigned integer: 0 ~ 2^4-1 → 0 ~ $+15$
- Sign and Magnitude: $-(2^3-1)$ ~ 2^3-1 → -7 ~ $+7$
- 2's Complement: -2^3 ~ 2^3-1 → -8 ~ $+7$

아래의 8 비트 숫자는 2의 보수 표현이다. 각 숫자가 10진수로 얼마인지 계산해보자.

- $0000\ 1101_{(2)}$ • $1000\ 1000_{(2)}$ • $1111\ 0011_{(2)}$ • $1100\ 1001_{(2)}$

참고

2진수에서는 '1의 보수'와 '2의 보수'가 있다. 1의 보수도 2의 보수와 비슷하다. 대부분의 경우에 컴퓨터에서는 2의 보수 표현을 사용하기 때문에, 이 책에서도 2의 보수에 대한 설명만 하였다. 1의 보수는 NOT 연산 만을 수행한 수다. 즉, 2의 보수는 1의 보수에 1을 더한 표현이다. 1의 보수와 2의 보수의 차이점을 그림으로 확인하자.

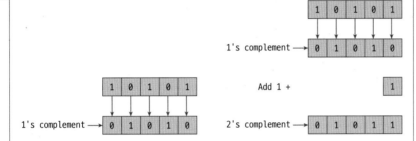

2의 보수 표현의 장점은 아래와 같다.

- 1의 보수 표현은 0이 +0과 -0, 이렇게 2개 존재하는데, 2의 보수 표현은 1개만 존재한다. 1의 보수 표현에서는 $00000000_{(2)}$이 +0, $11111111_{(2)}$이 -0이다.
- 1의 보수 표현에 비해 음수를 1개 더 표현할 수 있다.

참고

10진수에서의 보수 표현?

2진수에서의 2의 보수 개념을 확장해서 10진수에서의 10의 보수를 사용할 수 있을까? 당연히 가능하다.

예 3자리 10진수인 경우에 가장 왼쪽의 숫자가 0~4인 경우는 0 또는 양수, 5~9인 경우는 음수라고 가정할 수 있다(이 가정은 2진수에서의 가정과 동일한 형식이다).
그러면 아래와 같이 숫자가 표현된다.

$345 \rightarrow +345_{(10)}$
$655 \rightarrow -345_{(10)}$

따라서 이렇게 표현하면, 아래와 같이 덧셈을 할 때 부호를 고려할 필요없이 우측 자릿수부터 왼쪽으로 차례로 덧셈을 하면 된다.

$$
\begin{array}{r}
345_{(10)} = +345_{(10)} \\
+\ \ 655_{(10)} = -345_{(10)} \\
\hline
1000_{(10)} = 0
\end{array}
$$

2.3.6 심화 정수 연산

이제까지는 2진수를 이용한 정수의 표현 방법에 대한 이야기를 했었다. 정수의 덧셈 연산에 대해서는 간단하게 이야기했지만, 이제부터는 연산(계산)에 대한 본격적인 이야기를 해보자.

- 덧셈: 2의 보수에서의 덧셈 연산은 LSB에서 MSB 방향으로(오른쪽부터 왼쪽으로) 차례로 더하면 된다. 부호를 고려할 필요가 없다.

$$
\begin{array}{r}
0011_{(2)} = 3_{(10)} \\
+ \quad 0100_{(2)} = 4_{(10)} \\
\hline
0111_{(2)} = 7_{(10)}
\end{array}
$$

- 뺄셈: 뺄셈은 2의 보수를 이용하여 덧셈으로 변환한 후 연산한다. 즉, A-B는 A+(-B)를 한다. 아래에서 3 - 4를 하는 경우에는, 3+(-4)를 한다.

$$
\begin{array}{r}
0011_{(2)} = 3_{(10)} \\
+ \quad 1100_{(2)} = -4_{(10)} \\
\hline
1111_{(2)} = -1_{(10)}
\end{array}
$$

- 곱셈: 10진법 곱셈과 동일하다. 피승수에 승수의 숫자 하나씩 자리를 옮겨 가면서 곱한 후, 이를 더하면 된다. 이 경우는 2의 보수로 표현되는 음수와의 곱셈도 동일하다.

$$
\begin{array}{r}
0011_{(2)} = 3_{(10)} \quad \leftarrow \text{피승수} \\
+ \quad 0010_{(2)} = 2_{(10)} \quad \leftarrow \text{승수} \\
\hline
0000 \\
0011 \\
0000 \\
0000 \\
\hline
0000110_{(2)} = 6_{(10)}
\end{array}
$$

- **나눗셈**: 덧셈과 곱셈 연산의 관계와 비슷하게, 나눗셈은 뺄셈을 반복적으로 해서 더 이상 뺄셈이 안될 때까지 수행한다. 그러면 몫과 나머지가 구해진다. 10진수에서의 나눗셈과 동일하다. ◤

$$00110_{(2)} \div 0010_{(2)} = 6_{(10)} \div 2_{(10)} = 3_{(10)} \ldots 나머지는 \ 0_{(10)}$$

```
         00011           = 몫
       +---------
  0010 | 00110
         0010
       ----------
         00010
         0010
       ----------
         0000            = 나머지
```

실제로 2진수 나눗셈 방법은 단순하지 않다. 이 책에서의 2진수 나눗셈 방법은 10진수의 나눗셈과 동일하게 2진수의 나눗셈을 계산한 그림이다. 실제로 컴퓨터 내부에서는 전혀 다른 방법으로 나눗셈이 이루어진다. 이 내용은 너무 복잡하고 또 굳이 설명할 필요가 없을 것 같아서 생략하였다.

2.4 실수의 표현

이제까지 정수가 컴퓨터 내부에서 어떻게 표현되는지 살펴보았다. 그러면 컴퓨터 내부에서 실수는 어떻게 표현될까? 아래 표는 C 언어에서 기본적으로 제공하는 실수의 자료형이다. 이러한 float, double 자료형이 실제로 2진수로 어떻게 표현될까?

데이터 타입	최소 크기	값의 범위
float	4바이트	$-3.4 \times 10^{-38} \sim +3.4 \times 10^{38}$
double	8바이트	$-1.7 \times 10^{-308} \sim +1.7 \times 10^{308}$

double 형은 float 형과 같이 실수를 표현하는 변수 타입인데, 8바이트를 사용하기 때문에 float 형에 비해서 더 큰 숫자를 표현할 수 있고, 또한 더 정밀하게 표현할 수 있다.

본격적인 내용 공부에 앞서 아래의 질문에 답해보자.

아래의 2개의 함수는 C 언어 프로그램이다. C 언어를 모르더라도 아래는 간단한 덧셈 연산이다. 각 함수의 출력이 어떻게 될까? ◤

앞에서 소수 0.2를 2진수로 바꾸면 무한 순환 소수가 된다고 하였다. 즉, 유한한 비트로는 정확한 0.2를 표현할 수 없다. 따라서 float로 표현된 0.2와 double로 표현된 0.2는 다를 수 밖에 없다.

확인 코딩 1-4   실수의 정확도 예제 1

 부호있는 정수의 오버플로우 예제

```c
#include <stdio.h>

void float_test(){
    float a = 0.2, b = 0.2, sum = 0.4;

    if ( a + b == 0.4 ) printf("a + b ==0.4  is OK\n");
    if ( 0.2 + 0.2 == sum) printf("0.2 + 0.2 == sum is OK\n");
    if ( 0.2 + 0.2 == 0.4) printf("0.2 + 0.2 == 0.4 is OK\n");
    if ( (double) a + (double)b==0.4) printf("(double)a + (double)b==0.4 is OK\n");
    if ( 0.2 + b == sum) printf("0.2 + b == sum is OK\n");
}

void double_test(){
    double a = 0.2, b = 0.2, sum = 0.4;

    if ( a + b == 0.4) printf("a + b ==0.4  is OK\n");
    if ( 0.2 + 0.2 == sum) printf("0.2 + 0.2 == sum is OK\n");
    if ( 0.2 + 0.2 == 0.4) printf("0.2 + 0.2 == 0.4 is OK\n");
    if ( (double)a + (double)b==0.4) printf("(double)a + (double)b==0.4 is OK\n");
    if ( 0.2 + b == sum) printf("0.2 + b == sum is OK\n");

}

int main(){
    float_test();
    double_test();
    return 0;
}
```

C 언어는 상수값은 내부적으로 double로 표현한다.

(double)과 같은 형변환 연산자로 변환을 하더라도 손실된 부분이 되살아나지는 않는다.

 결과

```
0.2 + 0.2 == 0.4 is OK
a + b ==0.4  is OK
0.2 + 0.2 == sum is OK
0.2 + 0.2 == 0.4 is OK
(double)a + (double)b==0.4 is OK
0.2 + b == sum is OK
```

웹에서 확인해보기

위 함수는 음영으로 표시한 부분의 출력문만 수행된다. 모든 if 문이 0.2라는 숫자들의 덧셈 결과가 0.4와 같은지를 비교하는 문장이다. 그런데, 음영으로 표시한 if 문의 조건문만 참(True)이 된다. 그 이유를 이해하는 것이 지금 목표다.

C 언어에서 실수를 표현하는 자료형인 float 형과 double 형 중에서, double 형이 더 많은 비트를 사용해서 숫자를 표현하기 때문에 조금 더 정확한 값이 표현된다는 다른 점이 있다. 자세한 이야기는 지금부터 시작이다.

확인 코딩 1-5   실수의 정확도 예제 2

아래의 프로그램은 1/3에 30,000을 곱하기 위해서, 첫 번째는 1/3을 30,000번 더해서 구하고, 두번째는 1/3에 30,000을 직접 곱하는 C 프로그램이다. C 언어에서는 분수 1/3이 실수 0.3333….으로 표현된다. ◣

어차피 컴퓨터 내부에서는 곱셈은 덧셈의 반복 연산으로 구현한다고 알고 있기 때문에, 이 두 방법의 결과는 같을 것이라고 예상할 수 있다. 그런데, 결과는 다르게 나온다.

 Program #1: 덧셈의 반복으로 곱셈 연산 구현

```c
#include <stdio.h>

int main(void) {
    float aThird = 1.0/3.0;
    float sum=0.0;

    for(int i=0; i<30000; i++)
    {
        sum += aThird;
    }
    printf("%20.13f\n", sum);
    return 0;
}
```

결과

9999.8320312500000

웹에서 확인해보기

Program #2: 직접적인 곱셈 연산

```c
#include <stdio.h>

int main(void) {
  float aThird = 1.0/3.0;
  float sum=0.0;

  sum = aThird * 30000;
  printf("%20.13f\n", sum);
  return 0;
}
```

웹에서 확인해보기

결과

10000.0000000000000

두 결과값은 다르다. 1/3을 3만번 더하는 것과 1/3에 3만을 곱하는 것이 다를 수 있다는 말이다. 이상하다. 컴퓨터 내부에서는 곱셈이 덧셈의 반복 연산으로 이루어진다고 배우지 않았었던가? 왜? 두 결과가 서로 다를까?

• 첫 번째 질문: 위의 2개의 C 프로그램을 살펴보자. 각각의 최종 결과인 sum 변수의 값은 얼마일까? 두 프로그램의 결과 값이 동일할까? ↘ 위의 프로그램의 결과를 설명하기 위해서 C로 프로그래밍 하였을 때 실수의 내부 표현을 이해해야 한다.

정답은 1번이다. 1번과 같이 지수승의 곱으로 표현하는 방법을 과학적 표기법 (scientific notation)이라고 한다.

• 두 번째 질문: 일상 생활에서 실수를 표현하는 방법은 크게 2가지가 있다. 같은 수를 아래와 같이 달리 표현해보자. 위의 2가지 방식에서, 어떤 표현 방법이 더 큰 숫자를 표현하기 쉬울까? ↘

1) 0.333335×10^5
2) 33333.5

- 세 번째 질문: 아래와 같은 2개의 실수의 곱을 계산할 때 우리는 어떻게 하나? 이 곱셈 연산은 숫자 4개를 곱하는 문제다. 곱셈은 결합 법칙이 성립하니까, 가수는 가수끼리 곱하고, 밑이 동일한 지수 승 표현의 곱셈은 지수끼리 더하면 된다.

```
    0.333333 × 10⁰
×  3          × 10⁴
------------------
    0.999999 × 10⁴
```

가수 부분끼리는 곱하고, 지수 부분끼리는 밑이 동일한 경우에는 지수값을 서로 더한다.

- 가수(significand): 예제 숫자에서 소수로 표현된 부분.
- 지수(exponent): 10을 밑으로 하는 지수값.

즉, 실수의 곱셈에서는 덧셈을 반복적으로 수행하여서 계산하지 않을 것 같다는 느낌이 든다.

위의 결과를 보면, 컴퓨터 내부에서 실수의 곱셈 결과가 반복된 덧셈 결과와 다른 것을 바탕으로, 실수의 곱셈 연산이 덧셈의 반복으로 구현되지 않는다는 것을 알 수 있다.

확인 코딩 1-6 **실수의 정확도 예제 3**

아래 첫 번째는 1/3을 30,000번 더하고, 두 번째는 1/3을 3,000,000번 더하는 C 프로그램이다. 이번에는 변수를 모두 double 자료형으로 선언하였다.

 Program #1: 30,000번 반복 덧셈

```c
#include <stdio.h>

int main(void) {
  double aThird = 1.0/3.0;
  double sum=0.0;

  for(int i=0; i<30000; i++)
  {
    sum += aThird;
  }
  printf("%20.10f\n", sum);

  return 0;
}
```

웹에서 확인해보기

결과

10000.0000000003

👤 Program #2: 3,000,000번 반복 덧셈

```c
#include <stdio.h>

int main(void) {
  double aThird = 1.0/3.0;
  double sum=0.0;

  for(int i=0; i<3000000; i++)
  {
    sum += aThird;
  }
  printf("%20.10f\n", sum);

  return 0;
}
```

웹에서 확인해보기

결과

1000000.0000431731

결과값이 서로 다르다. 덧셈을 많이 할수록 작은 오차가 누적된다.

1/3은 0.333333…으로써 무한 소수이다. 그렇기 때문에 1/3을 float 형(4바이트)으로 사용하면 0.333333343267441로, double형(8바이트)으로 표현하였을 때는 0.333333333333333으로 표현된다. 즉, double 로 표현하면 조금 더 정확한 값을 표현할 수 있다는 말이다.

이와 같이, 1/3을 컴퓨터에서 표현할 때 오차가 생길 수 밖에 없다. 덧셈 연산을 반복하면 할수록 오차가 점점 커지게 된다.

실수의 표현 방법에는 2가지 방법이 있다. 이제 이 2가지 방법을 공부해보자.

• 고정 소수점 표현(fixed-point representation)

• 부동 소수점 표현(floating-point representation)

2.4.1 고정 소수점 표현 방법

고정 소수점 표현 방법을 배워보자. 이를 위해서 정수를 표현하는 방법을 응용해보자. 아래와 같이 16 비트를 이용해서 실수를 표현하는 경우라면, 앞의 8 비트는 정수 부분을 나머지 8 비트는 소수 부분에 할당하면 될 것이다.

예를 들어서 $5.34_{(10)}$라면 이를 2진수로 변환한 후에, 아래와 같이 표현할 수 있을 것이다. 즉, 음영으로 처리된 부분은 정수 부분을, 나머지 부분은 소수 부분을 표현하는 것이다.

$$5.34_{(10)} = 101.010101110\ldots_{(2)}$$

0	0	0	0	0	1	0	1	0	1	0	1	0	1	1	1

이러한 표현 방법은 앞에서 배운 정수 표현 방법을 정수 부분과 소수 부분에 각각 적용한 방법으로써, 고정 소수점 표현(fixed-point representation)이라고 한다. 즉, 소수점의 위치를 고정시켜 표현한다는 말이다.

고정 소수점 표현 방식은 숫자 표현이 간단하기 때문에 연산 속도가 빠르다는 장점이 있지만, 극히 제한된 부분에서만 사용되는 표현 방법이다. 일반적으로 컴퓨터에서는 이 방식을 사용하지 않고, '절대값이 아주 큰 숫자'이거나 또는 '소수점 아래가 아주 길어서 정확한 실수 값'을 **사용하지 않는 경우**에 제한적으로 사용된다.

2.4.2 부동 소수점(浮動小數點, floating point) 표현 방법

부동: 여기서의 부동이라는
단어는 '부동 자세'에서의
움직이지 않는다는 뜻이 아
니라, '떠다니는'이라는 뜻
이다. 즉, '부동 소수점'이란
떠 다니는 소수점이라는 의
미다.
프로그래밍 언어에서
"float 타입의 변수"라고 할
때의 이 float가 바로 여기
서 나온 용어다.

컴퓨터 내부에서 정수는 언제나 정확하게 표현된다. 오버플로우가 발생한
경우를 제외하면 말이다. 이 말의 의미는 정수는 특별한 경우(오버플로우)
가 아니면 내가 지금 사용하는 숫자 값이 정확한 값이라는 점이 보장된다
는 것이다.

그러나, 실수의 경우에는 다른 고려 사항이 있다. 무한 개의 숫자를 표현하
기 위해서 가능하면 '정밀(정확)'하게 표현해야 한다는 점이다. 즉, 무한 소
수인 0.333333 ……을 표현할 때 가능하면 더 정확하게 표현하고 싶다. 고
정 소수점 방식은 이를 위해 적절한 방식이 아니다.

(1) 부동 소수점 표현

이제부터는 위에서 제시한 문제점을 염두에 두고, 부동 소수점 표현 방식
을 배워보도록 하자.

아래와 같이 $0.34_{(10)}$를 컴퓨터 내부에서 표현하기 위해서 일단 이를 2진수
로 바꾼다.

$0.34_{(10)}$와 같은 숫자를 2진
수로 바꾸면 무한 소수가
된다.

$$0.010101110..._{(2)}$$

이를 정규형(normalized form)으로 변환한다. 정규형이란 정수 부분에 '0
아닌 수로 하나'만 남도록 소수점을 옮기는 것을 말한다. 2진수에서 '0이
아닌 수 하나'라는 의미는 소수점 앞에 1이 하나 오게 하는 표현이다. 정
수를 한 자릿수만 남김으로써 실수의 표현을 통일하려는 것이 그 이유다.

이렇게 하지 않으면 아래와
같은 너무나 많은 표현이 있
을 수 있기 때문이다.

$10.10*2^{-3}$
$0.1010*2^{-1}$
…
…
…

$$1.0101110 \times 2^{-2}$$

이제, 위와 같은 정규형 표현에서 지수와 가수를 나누어서 표현하면 된
다($a \times 2^b$에서 a를 가수라고 하고 b를 지수라고 한다). 2진 비트 열에

서 부호 비트는 가수의 부호를, 그리고 순서대로 지수(exponent), 가수 (significand/ mantissa)가 배치된다. 컴퓨터에서의 실수의 표현에서는 지수와 가수의 위치가 중요하다. 왜, 아래와 같이 부호, 지수, 가수 부분의 위치를 정하는지는 차차 설명된다.

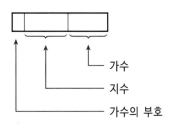

가수

지수

가수의 부호

부동 소수점 표현 구조

아래와 같이 8비트를 사용하여 실수를 표현하는 경우에 부호 1비트, 지수 3비트, 가수 4비트를 할당한다고 가정해보자.

부호	지수			가수			

지수 표현을 위한 비트수와 가수를 위한 비트수의 개수에 따라 각각 표현할 수 있는 수의 '범위'와 '정확도'가 결정된다.
즉, 지수에 많은 비트를 할당하면 더 큰 절대값이 표현 가능해지고, 가수에 더 많은 비트를 할당하면 더욱 정확한 수를 표현할 수 있게 된다.

지수를 위해서 3비트를 할당할 때는 지수를 '3 초과 표현(excess 3 representation)'으로 표기한다. 즉, 정규형으로 표현된 1.0101110×2^{-2}을 표현하기 위해서는 지수가 −2이기 때문에 지수 영역에는 3을 초과시켜서 −2+3을 해서 1로 적는다. 가수는 1.0101110인데, 가수에 4비트 밖에 사용하지 못하기 때문에 가수는 앞에서부터 4비트를 선택해서 1010이된다. 따라서 이를 그대로 표현하면 아래와 같이 된다.

초과 표현: 지수를 위해서는 "어떤 이유"로 '초과 표현'이라는 것을 사용한다. 그 이유는 아래에서 설명한다. 지수에 3비트를 사용할 때는 3 초과 표현을 사용하는데, 2를 표현해야 할 때는 3을 초과시켜서 5로 표현하는 방식이다.

부호	지수			가수			
0	0	0	1	1	0	1	0

그러니까, $0.34_{(10)}$을 사용하면 컴퓨터 내부에서는 0001 1010$_{(2)}$ 이라는 2진수로 저장된다. 이를 다시 10진수로 바꿔보자.

- 정규형 표현이 1.010×2^{-2} 이 된다.

- 이를 10진수로 바꾸면 $0.3125_{(10)}$가 된다.

원래 표현하고자 하는 $0.34_{(10)}$에 비해서 그만큼 오차가 발생한다. 즉, 제한된 비트로 표현하면 실수 표현은 오류가 발생할 수 있다는 것을 보이는 예이다.

(2) 초과 표현(excess representation)

이제 조금 전까지의 궁금함인 '초과 표현'에 대해서 더 알아보자. 아래의 표는 3 초과 표현을 나타낸다. 표현하고자 하는 수보다 3을 초과시켜서 표현하는 것이 '3 초과 표현'이다(예를 들면, −3을 0으로 표현하는 방식이다).

표 2.5 3 초과 표현

숫자	3초과 표현	2의 보수 표현
−4		100
−3	000	101
−2	001	110
−1	010	111
0	011	000
1	100	001
2	101	010
3	110	011
4	111	

위의 표를 잘 관찰해보자. 이렇게 초과 표현으로 표현하면 2진 비트를 양수로 생각했을 때 가장 작은 숫자 패턴이 실제로 가장 작은 숫자를 표현하게 된다. 즉, $000_{(2)}$이 −3을 나타낸다. 이렇게 초과 표현으로 수를 표현하면 편리한 점이 있다. 초과 표현에서는 숫자들을 절대값으로 고려하면 쉽게 대소 판정을 할 수 있다는 점이다. 이점이 초과 표현을 사용하는 이유다.

여기서, 지수를 위해서 3비트를 사용하는 경우에 3초과 표현을 사용한다고 했었는데, 그 이유를 알아보자.

만약 7초과 표현을 사용하면 어떻게 될까? 7 초과 표현을 사용하면, 즉 지수는 −7 ~ 0까지 표현 가능해진다. 따라서 이 경우에는 양의 지수 승을 표현하지 못한다. 지수에 3비트를 할당하는 경우에 3초과 표현을 쓰면 표현할 수 있는 지수 값의 양수 음수 비율이 균등해진다. 다시 말하면, 위와 같이 지수 비트가 3비트일 때 7 초과 표현을 사용하면 양수는 표현할 수 없게 된다. 즉, 음수와 양수를 균등하게 표현하기 위해서 3 초과 표현을 사용하는 것이다.

표 2.6 7 초과 표현인 경우

숫자	7초과 표현
−7	000
−6	001
−5	010
−4	011
−3	100
−2	101
−1	110
0	111

이를 일반화하면 지수를 위해서 n개의 비트를 사용하는 경우에는 $2^{n-1}-1$ 초과 표현을 사용한다.

이 식을 외울 필요는 없다. 초과 표현의 의미를 이해한다면 자연스럽게 알 수 있는 식이다.

이제 초과 표현이 무엇인지는 알았다. 그럼 왜 초과 표현을 사용하는지 알아보자. 아래의 2 숫자 중에서 어떤 수가 큰 수인지 어떻게 알 수 있을까?

$$1.000 \times 2^0$$
$$11.111 \times 2^{-1}$$

이제까지 배운 바로는 위의 수를 10진수로 바꾸어서 비교하거나, 아니면 지수값을 동일하게 바꾸어서 비교하는 방법이 있다. 즉, 아래와 같이 지수를 동일하게 맞추고 나면, 가수가 큰 수가 큰 수인 것을 바로 알 수 있다.

$$1.000 \times 2^0 = 1.000$$
$$11.111 \times 2^{-1} = 1.1111 \times 2^0 = 1.1111$$

그러나 "정규형"에서는 이렇게 지수를 맞추는 과정을 거칠 필요도 없다. 아래의 경우를 보자.

$$1.000 \times 2^0$$
$$1.111 \times 2^{-1}$$

위와 같이 정규형(소수점 앞에 1이 하나 있는 표현)에서는 지수가 큰 수가 큰 수다. 가수를 볼 필요가 없다. 왜냐하면 정규형에서는 두 수의 부호가 같은 경우는 가수가 아무리 커도 지수가 큰 수가 큰 수이기 때문이다(가수는 언제나 2 미만인 값이다). 물론, 지수의 값이 같다면 그때는 가수를 서로 비교해야 한다.

위의 2수는 8비트를 사용하여 표현하면 아래와 같은 비트 패턴이 된다. 지수를 3초과 표현으로 적었다.

1.000×2^0	0	0	1	1	1	0	0	0
1.111×2^{-1}	0	0	1	0	1	1	1	1

위의 그림과 같이 지수를 가수보다 앞에 배치하고, 지수를 위해서 초과 표현을 사용하는 덕분에, 실수의 대소 비교에서는 실수라고 생각하지 않고 정수의 대소 관계처럼 생각해도 된다. 즉, 실수에서도 대소를 비교할 때, 가장 왼쪽의 MSB(Most Significant Bit)부터 오른쪽으로 한 비트씩 비교하는 방식으로 대소를 비교하면 된다.

이처럼 지수 영역을 위해서 초과 표현을 사용하면 같은 부호일 경우에는 전체의 비트 패턴을 정수처럼 생각해도 대소 관계를 파악할 수 있게 된다. 이것이 초과 표현의 중요한 특징 중의 하나이다. ▸

실수의 연산 보다 정수의 연산이 더 빠르기 때문에 이것은 큰 장점이다. 대부분의 CPU에는 실수 연산을 위한 전용 프로세서인 FPU(floating point unit)가 있어서 상대적으로 느린 실수 연산을 보완한다. 그렇지만 여전히 정수 연산이 상대적으로 고속 처리가 가능하기 때문이다.

연습 아래의 문제를 스스로 풀어보자.

부동 소수점 표현 연습을 해보자. 10진수 $6.585_{(10)}$를 10개의 비트로 표현해보자.

- 가수의 부호(Sign): 1 bit
- 지수(Exponent) : 4 bits
  - 4 bit → $2^{4-1}-1$ 초과 표현 = 7초과 표현
- 가수(Significand): 5 bits

---

(3) 히든 비트(hidden bit)

지금까지는 부동 소수점 표현을 위한 가장 기본적인 부분만 설명하였다. 여기서 또 한가지 아이디어를 소개하자. 히든 비트(hidden bit) 라는 것이다. 앞의 예로 다시 돌아가서 아래의 수를 한번 보자.

$$1.0101110 \times 2^{-2}$$

2진수 정규형으로 표현된 수는 모두 정수 부분이 1이다. 2진수에서는 0 아닌 숫자는 1밖에 없기 때문인데, 정규형의 정의에 따라서 모든 수는 정수 부분이 1이 되기 때문이다. 그렇다면, 모든 수가 가수 부분이 1로 시작하기 때문에, 2진수의 정규 표현에서는 정수 부분의 1을 표현하지 않아도 되지

않을까? 어차피 1이 있다는 것은 모두 아는 사실이니까! 그래서 1을 숨기기(hidden)로 한다. 이것이 히든 비트(hidden bit)다.

$$1.0101110 \times 2^{-2}$$

위의 수를 히든 비트 개념을 사용하지 않으면 아래와 같다.

$$1.010 \times 2^{-2}$$

부호	지수			가수			
0	0	0	1	1	0	1	0

그러나 히든 비트를 사용하면, 아래와 같이 가수를 1비트 더 표현할 수 있게 된다. 즉, 아래와 같이 가수의 정수 부분 1을 표현하지는 않지만 있다고 생각하는 것이다.

$$1.0101 \times 2^{-2}$$

부호	지수			가수			
0	0	0	1	0	1	0	1

이렇게 하면 1.010×2^{-2} 까지 밖에 표현하지 못했던 표현이 1.0101×2^{-2}까지 표현 가능해짐으로써 조금 더 정확한 숫자를 표현할 수 있게 된다. 가수 부분을 한 비트를 더 표현할 수 있기 때문이다.

⑷ 특별하게 다루어야 하는 값들(Special Values)

이제 실수의 부동소수점 표현에 대한 개괄적인 이야기는 마쳤다. 이렇게 표현하면 8비트를 이용해서 표현할 수 있는 가장 작은 양의 실수는 아래와 같을 것이다.

$$0\ 000\ 0000_{(2)}$$

그런데 이 숫자는 히든 비트를 사용하기 때문에, 실제로는 0000 0000$_{(2)}$이 숫자 0$_{(10)}$이 아니게 된다. 실제로 이 값은 아래와 같이 0.125$_{(10)}$이다.

$$1.0000 \times 2^{-3} = 0.125_{(10)}$$

가수에서 정수 1이라는 값이 hidden되어 있기 때문이다.

지수 부분의 값이 0인데 3 초과해서 0이기 때문에 원래는 −3이다.

그럼 0$_{(10)}$을 어떻게 표현할까? 위의 0 000 0000$_{(2)}$을 0$_{(10)}$이 아닌 수를 표현하는데 사용한다면 0$_{(10)}$을 표현할 방법이 없다. 그래서 0 000 0000$_{(2)}$을 0$_{(10)}$이라고 약속하기로 한다. 이것이 0$_{(10)}$ 표현을 위한 특별한 값(special value)이다.

이 모든 것을 고려하면, 8비트를 사용하는 경우 아래와 같이 표현할 수 있는 숫자의 범위가 정해진다.

가장 작은 절대값의 양의 실수	0 000 0001$_{(2)}$ = +0.1328125$_{(10)}$
가장 작은 절대값의 음의 실수	1 000 0001$_{(2)}$ = −0.1328125$_{(10)}$
가장 큰 절대값의 양의 실수	0 111 1111$_{(2)}$ = +31.0$_{(10)}$
가장 큰 절대값의 음의 실수	1 111 1111$_{(2)}$ = −31.0$_{(10)}$

즉, 이 내용을 모두 정리하면 8비트 부동 소수점 표현 방식에서는 아래의 음영 부분의 숫자만 표현 가능하다는 말이다. 물론 음영으로 표현된 부분(무한개의 숫자)을 모두 표현할 수는 없지만 말이다. 연산 중에 이 부분의 경계를 넘어서는 경우가 바로 오버플로우(overflow)나 언더플로우(underflow)가 된다.

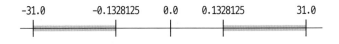

이 환경에서 아래의 뺄셈을 실행하면 어떻게 될까?

$$0.1328125 \quad - \quad 0.133$$

overflow나 underflow로 인하여 일정 범위 이내의 숫자만 표현 가능하다.

• overflow: 표현 가능한 가장 큰 절대값을 넘어서는 상황
• underflow: 표현 가능한 가장 작은 절대값을 넘어서는 상황.

또한 실제로는 이 영역 내부에는 무한개의 실수가 존재하기 때문에 모든 수를 정확하게 표현하지는 못한다.

또는 아래의 연산은?

$$0.1328125 \quad / \quad 2$$

이 상황이 바로 언더플로우(underflow)이다. 즉, 이 경우에는 0.1328125보다 작은 수를 표현하려는 경우에 underflow가 발생한다.

이러한 특별한 경우 이외에도, 어떤 수를 0으로 나누었을 때 발생하는 무한대(∞, infinity) 값, 허수(imaginary number) 등의 NaN(not a number)을 표현하기 위한 값, 언더플로우가 최대한 발생하지 않게 하기 위한 denormalized form 등의 경우를 위한 값 등의 특수한 경우를 표현하기 위해서 실제로 표현할 수 있는 숫자의 범위는 더 좁아지게 된다.

이 책에서는 컴퓨터 내부에서의 실수를 표현하는 모든 세세한 방법을 아는 것이 목표가 아니다. 표현 방법 곳곳에 있는 핵심적인 내용만을 집중적으로 이해해보자. 이외에도 더 세부적으로는 너무나 많은 내용이 있지만, 이 교재에서는 여기까지만 소개하기로 한다.

IEEE는 'Institute of Electrical and Electronics Engineers'의 줄임 말인데 전기, 전자 분야의 세계에서 가장 큰 학회 중의 하나이다. Eye-Triple-E라고 읽는다.

컴퓨터 내부에서 실수를 표현하는 국제 표준을 'IEEE 754 표준'이라고 한다. 위에서 설명한 내용은 이 표준의 극히 일부이다.

앞에서 설명한 내용과 이 표준안의 다른 점은 IEEE 754 표준에서는 아래의 그림처럼 단정밀도(single precision), 배정밀도(double precision)에 따라서 각각 32비트, 64비트를 사용한다.

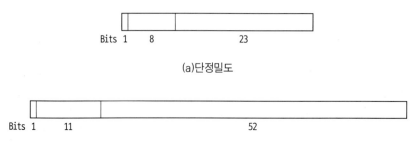

부동소수점 표현 방식: (a)단정밀도, (b)배정밀도

확인 코딩 1-7 실수 출력

이제 실수값이 실제로 어떻게 저장되는지 확인해보자. C 언어의 union(공용체) 형식을 사용해서 실수값의 16진수를 출력해보자. 아래의 예에서 sample이라는 union 자료형은 4바이트 메모리 공간인데, 이름을 i라고 사용하면 int 형으로 해석하고, 이름을 f라고 사용하면 float 형으로 해석하라는 것이다. 즉, 동일한 공간을 서로 다른 데이터 형으로 사용할 수 있도록 하는 것이 공용체 자료형(union)이다.

> 실제로 C 언어를 사용하면서 union 자료형을 많이 실습해볼 기회가 없었을 것이다. 여기서 union을 실제로 활용하는 상황을 잘 이해해보자.

 C 언어에서 실수를 2, 8, 10, 16진수 출력하기

```c
#include <stdio.h>

union sample {
    int i;
    float f;
};

int main() {
    union sample n;
    n.f = 0.2f ;
    printf("%f in decimal = %X in hexadecimal\n", n.f, n.i );

    return 0;
}
```

> sample이라는 공용체(union) 자료형의 선언이다.

> n.f: 공용체 자료형에 float 값을 대입할 때…

> n.i: n이라는 공용체 자료형의 변수를 integer 형으로 해석해서 사용하라는 의미.

결과

웹에서 확인해보기

```
0.200000 in decimal = 3E4CCCCD in hexadecimal
```

C 언어에서의 float 자료형은 single precision으로써 127 초과 표현을 사용한다. $0.2_{(10)}$를 IEEE 754 형식으로 나타내면 아래와 같다.

$$0.2_{(10)} = 0.001100110011\ldots = 1.100110011001\ldots * 2^{-3} =$$

이 값을 아래와 같이 지수와 가수 부분을 적어보면, 이 2진수 값을 16진수로 변경하면 위의 출력 결과와 동일하다는 것을 확인할 수 있다.

부호	지수	가수
0	01111100	10011001100110011001100

여기는 1101이 아니다. 마지막 자리에서 반올림 등의 세부 절차가 있기 때문이다. IEEE 754 표준 중에서 세부적인 내용으로써 이 교재에서는 설명되지 않은 부분이다.

2.4.3 심화 부동 소수점 연산

부동 소수점으로 표현된 실수들의 연산에 대해서 생각해보자. 10진수에서의 연산과 동일하다. 다만 과학적 표기법(scientific notation)으로 되어 있다는 것만 주의하면 된다.

정수의 연산과 같이 가장 기본 연산인 덧셈과 곱셈을 해보자.

- 덧셈: 부동 소수점 표현에서의 덧셈 연산은 아래의 10진수를 사용하는 경우를 생각하면 명확하게 이해될 것이다. 지수 값을 동일하게 맞춘 후 가수들끼리 더하면 된다.

$$(135 \times 10^{-5}) + (246 \times 10^{-3}) \quad \blacktriangleright \quad \begin{array}{r} 1.35 \times 10^{-3} \\ + 246 \quad\quad \times 10^{-3} \\ \hline 247.35 \times 10^{-3} \end{array}$$

이와 동일하게 2진수에서도 아래와 같이 진행되어야 한다. 다른 점은 결과를 정규화해야 한다는 점인데, 두 숫자의 지수값이 모두 초과 표현으로 표현되어 있기 때문에 지수를 더하면 초과 표현이 중복 반영되기 때문에 이를 되돌려야 한다. 따라서 덧셈 연산은 아래와 같이 수행된다.

1. 피연산자들이 0인지를 검사한다. 둘 중 하나가 0이라면 결과값은 다른 피연산자 값과 동일하다.

2. 지수들이 일치되도록 지수를 큰 값(또는 작은값)으로 통일한다.

3. 가수들 간의 덧셈 연산 수행한다.

4. 결과를 정규화한다.

아래의 예를 통해서 알아보자. 아래의 예는 히든 비트 개념을 적용하지 않았다.

	부호	지수		가수				
$1.1001 * 2^0$	0	0	1	1	1	1	0	0	1

	부호	지수		가수				
$1.1110 * 2^{-1}$	0	0	1	0	1	1	1	1	0

덧셈 과정을 단계별로 수행해보자.

$$1.1001_{(2)} * 2^0$$
$$+ \quad 1.1110_{(2)} * 2^{-1}$$
----

1) 지수 조정

$$1.1001_{(2)} * 2^0$$
$$+ \quad 0.1111_{(2)} * 2^0$$
----

2) 더하기
$$1.1001_{(2)} * 2^0$$
$$+ \quad 0.1111_{(2)} * 2^0$$

$$10.1000_{(2)} * 2^0$$

3) 정규화

$10.1000_{(2)} * 2^0 \rightarrow 1.01000_{(2)} * 2^1$

부호	지수		가수					
0	1	0	0	1	0	1	0	0

- 곱셈: 곱셈 과정도 덧셈과 비슷하다. 실수 곱셈을 위한 과정은 아래와 같다.

  1. 피연산자들이 0인지를 검사한다. 하나라도 0이면 결과는 0이다.

  2. 가수들을 곱한다.

  3. 지수들을 더한다.

  4. 결과값을 정규화한다.

  아래의 곱셈을 수행해보자. 가수들끼리 곱하고, 지수를 더하면 아래와 같다.

```
        1.1001(2)  *  2⁰
  +     1.1110(2)  *  2⁻¹
  ---------------------
     10.11101110  *  2⁻¹
```

  이를 정규화하고 비트 수를 동일하게 해보자.

```
     1.0111  *  2⁰
```

2.5 문자의 표현

바이트(byte)는 주로 숫자나 문자를 표현하기 위해서 사용된다. 바로 전에 설명한 것과 같이, $00000000_{(2)}$은 숫자 '0', $11111111_{(2)}$은 숫자 '256' 이런 방식으로 약속을 하는 것처럼, 문자 또한 특정한 약속 체계를 따른다. 이를 문자 코드 테이블(code table)라고 한다.

2.5.1 ASCII 코드

문자를 표현하기 위해서 '0100 0001'은 영어 대문자 'A', '0101 1010'은 영어 대문자 'Z'를 나타내기로 약속한다. 이러한 것을 모아둔 표를 코드 테이블 (code table)이라고 한다.

코드 테이블은 여러 종류가 있는데, 그 중에 가장 일반적으로 많이 사용되는 것이 미국 표준 협회(ANSI: American National Standard Institute)에서 제정한 ASCII(American Standard Code for Information Interchange) 코드로써 알파벳을 표현하기 위해 가장 널리 사용되는 코드 체계이다. 오랜 기간 ASCII 코드가 사용되고 있으며, 처음은 7비트 만을 사용하여 128개의 문자를 사용할 수 있도록 하였으며, 8번째 비트는 원래 에러 검출용 비트로 사용되어서 정상적인 데이터 전송을 확인하는 역할을 하였다. 이후에는 8비트가 모두 사용되어서 2^8(=256)개의 문자를 표현 한다. ASCII 문자의 첫 32문자는 화면에 출력되는 문자가 아니라 줄바꿈, 탭 등의 특수한 목적을 위해서 할당되었다.

참고

BCD(Binary Coded Decimal) 코드

ASCII 코드 이외에도 많은 코드 체계가 있다. 그 중에서, BCD코드란 10진수 1자릿수 숫자를 4비트의 2진수로 표현하는 것을 말한다. 예를 들어 953을 BCD 코드로 표현하면, 아래와 같이 되어서 2진수로 1001 0101 0011이 되는 방식이다.

표 2.7 ASCII 코드 테이블

HEX	BIN	문자	의미	HEX	BIN	문자	의미	HEX	BIN	문자	의미
0	0	NUL	(Null char.)	2B	101011	+	(plus)	56	1010110	V	
1	1	SOH	(Start of Header)	2C	101100	,	(comma)	57	1010111	W	
2	10	STX	(Start of Text)	2D	101101	–	(minus or dash)	58	1011000	X	
3	11	ETX	(End of Text)	2E	101110	.	(dot)	59	1011001	Y	
4	100	EOT	(End of Transmission)	2F	101111	/	(forward slash)	5A	1011010	Z	
5	101	ENQ	(Enquiry)	30	110000	0		5B	1011011	[	(left opening bracket)
6	110	ACK	(Acknowledgment)	31	110001	1		5C	1011100	\	(back slash)
7	111	BEL	(Bell)	32	110010	2		5D	1011101	]	(right closing bracket)
8	1000	BS	(Backspace)	33	110011	3		5E	1011110	^	(caret cirumflex)
9	1001	HT	(Horizontal Tab)	34	110100	4		5F	1011111	_	(underscore)
0A	1010	LF	(Line Feed)	35	110101	5		60	1100000	`	
0B	1011	VT	(Vertical Tab)	36	110110	6		61	1100001	a	
0C	1100	FF	(Form Feed)	37	110111	7		62	1100010	b	
0D	1101	CR	(Carriage Return)	38	111000	8		63	1100011	c	
0E	1110	SO	(Shift Out)	39	111001	9		64	1100100	d	
0F	1111	SI	(Shift In)	3A	111010	:	(colon)	65	1100101	e	
10	10000	DLE	(Data Link Escape)	3B	111011	;	(semi-colon)	66	1100110	f	
11	10001	DC1	(XON)(Device Control 1)	3C	111100	⟨	(less than sign)	67	1100111	g	
12	10010	DC2	(Device Control 2)	3D	111101	=	(equal sign)	68	1101000	h	
13	10011	DC3	(XOFF)(Device Control 3)	3E	111110	⟩	(greater than sign)	69	1101001	i	
14	10100	DC4	(Device Control 4)	3F	111111	?	(question mark)	6A	1101010	j	
15	10101	NAK	(Negative Acknowledgement)	40	1000000	@	(AT symbol)	6B	1101011	k	
16	10110	SYN	(Synchronous Idle)	41	1000001	A		6C	1101100	l	
17	10111	ETB	(End of Trans. Block)	42	1000010	B		6D	1101101	m	
18	11000	CAN	(Cancel)	43	1000011	C		6E	1101110	n	
19	11001	EM	(End of Medium)	44	1000100	D		6F	1101111	o	
1A	11010	SUB	(Substitute)	45	1000101	E		70	1110000	p	
1B	11011	ESC	(Escape)	46	1000110	F		71	1110001	q	
1C	11100	FS	(File Separator)	47	1000111	G		72	1110010	r	
1D	11101	GS	(Group Separator)	48	1001000	H		73	1110011	s	
1E	11110	RS	(Request to Send)	49	1001001	I		74	1110100	t	
1F	11111	US	(Unit Separator)	4A	1001010	J		75	1110101	u	
20	100000	SP	(Space)	4B	1001011	K		76	1110110	v	
21	100001	!	(exclamation mark)	4C	1001100	L		77	1110111	w	
22	100010	"	(double quote)	4D	1001101	M		78	1111000	x	
23	100011	#	(number sign)	4E	1001110	N		79	1111001	y	
24	100100	$	(dollar sign)	4F	1001111	O		7A	1111010	z	
25	100101	%	(percent)	50	1010000	P		7B	1111011	{	(left opening brace)
26	100110	&	(ampersand)	51	1010001	Q		7C	1111100			(vertical bar)
27	100111	'	(single quote)	52	1010010	R		7D	1111101	}	(right closing brace)
28	101000	(	(left opening parenthesis)	53	1010011	S		7E	1111110	~	(tilde)
29	101001	)	(right closing parenthesis)	54	1010100	T		7F	1111111	DEL	(delete)
2A	101010	*	(asterisk)	55	1010101	U					

2.5.2 유니코드(Unicode)

유니코드는 1991년에 제록스(Xerox)와 애플(Apple)사에 의해서 개발된 2 바이트 코드이다. 2^{16} (=65,536)개의 문자를 표현할 수 있어서 전 세계의 거의 모든 문자를 표현할 수 있으며, 현재 다양한 프로그래밍 언어와 운영 체제에 의해서 지원되고 있다. 256개의 문자만 표현할 수 있기 때문에 국제적인 언어들의 사용에는 부족한 단점이 있었던 ASCII 코드와의 일관성을 지키기 위해서 유니코드 앞 부분의 256개의 문자는 정확하게 ASCII 코드와 일치하게 만들었다.

유니코드 2.0(국제 표준 ISO 10646, 한국 표준 1005-1)에는 한글이 11,172 자로써 유니코드 전체 분량의 17%를 차지하면서 포함되어 있다.

컴퓨터에서 한글을 사용하는 환경에서 크게 2가지의 이슈가 있다.

- 입력 방식: 한글을 키보드로 입력할 때, 2벌식(두벌식) 키보드를 사용할지 3 벌식(세벌식) 키보드를 사용할지 하는 문제
- 인코딩 방식: 한글을 완성형으로 표현할지 조합형으로 표현할지 하는 문제

> 2벌식은 초성과 종성을 나타내는 키(자음)를 동일하게 사용하는 방식, 3벌식은 초성과 종성 자음에 각각 별도의 키를 할당하는 방식이다.

키보드를 두벌식으로 입력할 지 세벌식으로 입력할 지 선택할 수 있다. 이들의 차이점은 초성과 종성에 사용되는 자음들을 위한 키 배열을 분리해서 사용하는 방식이 세벌식이다.

이러한 이슈도 있지만, 한글을 조합형으로 표현할지 완성형으로 표현할 지도 중요한 부분이다. 조합형은 초성, 중성, 종성을 따로 코드로 표현하고 이들을 이용한 조합 가능한 글자 모두를 표현하는 방식이다. 조합형 코드는 한글의 창제 기본 원리 그대로 초성, 중성, 종성을 조합하여 아주 많은 한글 문자를 표현할 수 있다는 장점이 있다. 완성형은 초성, 중성, 종성을 모두 연결하여 하나의 완성된 글자를 만든 후, 각 글자마다 코드를 부여하는 방식이다.

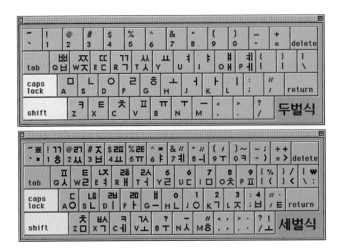

유니코드에는 한글이 완성형 한글 코드로 들어가 있는데, 이러한 완성형 코드는 글자를 표현하기 위한 테이블이 많이 필요하기 때문에 메모리의 낭비가 많고, 또한 표현할 수 있는 글자의 개수와 종류가 미리 제한된다는 단점이 있다.

구분	자판 입력	한글 구현
조합형	ㄱ + ㅏ + ㅇ	ㄱ + ㅏ + ㅇ = 강
완성형	ㄱ + ㅏ + ㅇ	가 각 간 갇 갈 감 갑 갓 강 갖 갗 ...

유니코드 2.0에서의 한글은 아래와 같이 AC00 ~ D7AF까지의 코드 영역을 사용하는 완성형 코드다. 예를 들어, 한글의 '각'이라는 글자는 AC01이라는 유니코드를 가진다.

표 2.8 UNICODE에서의 한글 부분의 일부

	0	1	2	3	4	5	6	7	8	9	A	B	C	D	E	F
AC0	가	각	갂	갃	간	갅	갆	갇	갈	갉	갊	갋	갌	갍	갎	갏
AC1	감	갑	값	갓	갔	강	갖	갗	갘	같	갚	갛	개	객	갞	갟
AC2	갠	갡	갢	갣	갤	갥	갦	갧	갨	갩	갪	갫	갬	갭	갮	갯

고찰

메인 메모리의 특정 위치에 2진수로 01000001$_{(2)}$이라는 데이터가 저장되어 있다고 생각해 보자. 이 1바이트 데이터가 의미하는 값은 무엇일까?

1. 정수라고 생각하면, 2의 보수 표현이니까 65$_{(10)}$이다.

2. 실수라고 생각하면, 2진수로 1.0001*2^{1}이다(부호 1비트, 지수 3비트, 가수 4비트인 경우).

3. 문자라고 생각하면, ASCII 코드 값을 의미하는 것이기 때문에 대문자 'A'이다.

즉, 메인 메모리 내부의 데이터는 그 자체로는 그냥 2진수 데이터일 뿐이다. 이 데이터가 어떤 값을 의미할 지는 그때 그때의 상황에 따라 판단되는 것이다.

자세한 이야기는 본 교재의 '7장. 기계어 프로그래밍' 부분에서 다시 이야기하자.

1. 컴퓨터 내부에서 정수의 표현과 실수의 표현 사이의 고려 사항이 어떻게 다른지 정리해보자.

2. 아래와 같이 3자리 수를 가진 '주판'을 이용하여 숫자를 표현하였다. 이 숫자는 '양수'라고 생각한다. 이 숫자를 8비트 2진수로 표현하시오.

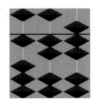

3. 지금까지 정수와 실수에 대한 2진법과 10진법 사이의 변환 방법에 대해서 알아보았다. 이제 각자 아래의 숫자를 진법을 변환하여 보자.

$23.26_{(10)}$ → $_{(2)}$

$10.1011_{(2)}$ → $_{(10)}$

4. $11111010_{(2)}$을 unsigned binary representation(부호 없는 정수), two's complement representation(2의 보수), one's complement representation(1의 보수) 각각으로 해석할 때의 값을 각각 10진수로 표시하시오.

A. 부호 없는 정수:

B. 2의 보수:

C. 1의 보수:

5. 본인이 지금 사용하는 프로그래밍 언어에서 정수(integer) 자료형이 몇 바이트를 이용해서 표현되는지 알아보자. 각 경우에 표현할 수 있는 가장 큰 양의 정수와 가장 작은 음의 정수는 각각 얼마인지 알아보자.

6. 일반적인 PC에서 C로 프로그래밍을 할 때 long int로 표현할 수 있는 가장 큰 수와 float로 표현할 수 있는 가장 큰 수가 각각 얼마인지 알아보자. 서로의 값이 다르다면 그 이유를 설명하라.

7. IEEE 754 부동 소수점 표현 방식에서 아래에 대한 답변을 각자 정리해보자.
   • 왜? 정규형(normalized form)을 사용할까?
   • 왜? 지수를 위해서 초과 표현을 사용할까?
   • 왜? 지수 패턴이 가수 비트 패턴보다 상위 비트에 위치할까?

8. 실수 (−1/128)을 IEEE 754 표준에 따라 2진수로 변환하시오. (Hint: 32bits를 사용하며, 127 초과 표현을 사용한다.

9. 전체적인 표현 방법은 IEEE 754 floating point 표현 법을 따르되(hidden bit 개념을 사용하시오. 0을 표현할수도 있어야 합니다.), 아래와 같이 1개의 부호 비트, 3개의 지수 비트, 6개의 가수 비트를 사용한다고 가정한다. 지수가 3비트이니까 지수를 위해서는 3초과 표현을 사용한다. 표현할 수 있는 가장 작은 양의 실수를, 아래에서 요구하는 형태로 표에 기입하시오.

10 비트의 2진수 비트 패턴 (예: 1010010100)	
2진수의 지수 승 표현 (예: $1.00110 * 2^1$)	
10진수 표현: 한 개의 **분수 표현**으로 적으시오. 약분이 필요하면 약분을 해서 기약 분수의 형태로 나타내시오. (예: 1/4)	

10. C 언어의 long long int 자료형은 최소 8바이트를 사용한다. 그러나 아주 큰 정수를 표현하기 위해서 8바이트가 초과되는 자릿수를 필요로 할 때는 어떤 방법을 사용할 수 있을까?

11. 컴퓨터를 제작함에 있어서 2진수를 사용하는 장점은 무엇일까? 10진수를 사용하는 컴퓨터를 만들 수는 없을까?

12. 2 Kilo Bytes(2 Kbytes)는 정확하게 계산하면 몇 바이트(bytes)인가?

13. 10진법에서 10의 보수를 이용해서 숫자를 표현하고 덧셈 연산을 해보자. 예를 들여 3자릿수 10진수에서 10의 보수로 표현된 672는 실제로 10진수(부호와 절대값)로 표현하면 얼마일까? ▌

> 2진수에서 2의 보수 표현을 이용해서 음수를 표현하는 동일한 개념을 10진수로 확장해보자. 즉, 10진수에서 '10의 보수'를 사용해보자 (실제로는 전혀 일상생활에서 사용하고 있지 않지만…). 이렇게 되면 음수를 위해서 '−' 부호를 사용하지 않아도 된다.
>
> 힌트: 위의 수는 음수이다. −328 이다. 왜 그럴까?

14. 주판을 숫자를 표기하는 방법이라고 생각할 때, 실제 생활에서 사용되는 주판 이외의 다양한 다른 숫자 표기 방법을 찾아보자.

15. 일상 생활에서도 2진법을 사용하는 예가 많이 있다. 이를 찾아보자.

16. 진법 간의 변환 방법을 이 교재에서 설명한 방법 외에 다른 방법을 찾아보자.

17. 본 교재에서는 컴퓨터 상에서의 정수와 실수의 표현법에 관한 내용만 다루었다. 수학에서 많이 사용하는 복소수(complex numbers)를 어떻게 표현할 수 있을지 알아보자.

18. 컴퓨터의 한계에 대해서 여러 관점에서 이야기해보자. 그리고 그러한 한계를 극복할 수 있는 방법은 어떤 것이 있을까?

논리 회로 기초

논리 회로 기초

Abstract

지금부터 논리 회로 부분을 살펴보려고 한다. 컴퓨터의 구조를 여러 가지 관점에서 이야기할 수 있지만, 컴퓨터에서의 '2진수(binary digit number)'를 이용한 숫자 표현/연산 방법을 배웠으니까, 이제는 실제로 하드웨어 상에서 2진수가 어떻게 표현/연산 되는지를 알기 위해 '논리 회로'를 공부해보자.◤

논리 회로(logic circuit)는 컴퓨터 하드웨어를 구성하는 원리에 대한 분야인데, 논리(logic)이라고 말하는 이유는 다음과 같다.

논리학에서는 명제가 '참' 또는 '거짓'의 2가지 값으로 표현할 수 있고 이를 바탕으로 논리적인 추론/연산을 수행한다는 점이, 컴퓨터가 '0'과 '1'의 2가지 값을 사용한다는 점과 비슷하기 때문이다. 이를 바탕으로 컴퓨터의 회로를 구성하는 내용을 다루기 때문에 이 부분을 '논리 회로'라고 한다.

3 장에서는 이후의 4장과 5장을 위한 기본적인 내용을 소개하는데, 아래의 내용을 다룬다.

- 논리 회로에 사용되는 기본 소자(게이트)를 살펴보고,

- 논리 회로의 표현/구성 방법을 공부한다.

이 부분은 아주 기본적이고 세세한 부분을 다루기 때문에, 어떻게 생각하면 조금 짜증스러울 수도 있다. 그렇지만, 컴퓨터의 기본 원리를 이해할 수 있다는 점에서 꼭 필요하고, 이 부분을 공부하고 나면, 컴퓨터에 대한 자신감을 가질 수 있을 것이다. 자신감은 모든 공부의 기본이다. 특정 분야에 대한 자신감이 있으면 그 분야에 대한 공부도 더 재미있어질 수 있다.

3.1 논리 회로를 시작하며

아래의 그림을 살펴보자. 이 그림은 Pep/8 가상 머신(virtual machine)에서의 '기계어'와 '어셈블리어' 프로그래밍을 위한 가상 머신의 그림이다. 이 가상 머신을 이용하여 기계어와 어셈블리 언어를 이용한 프로그래밍과 컴퓨터의 동작 원리를 이 책의 중반부 7장에서 배울 예정이다.

이 가상 머신은 컴퓨터의 하드웨어를 추상화하여 표현한 기계어 부분을 공부함으로써, 컴퓨터 하드웨어의 실제 동작 원리를 그 하드웨어 위에서 수행되는 기계어의 동작을 통해서 공부하는 부분이다.

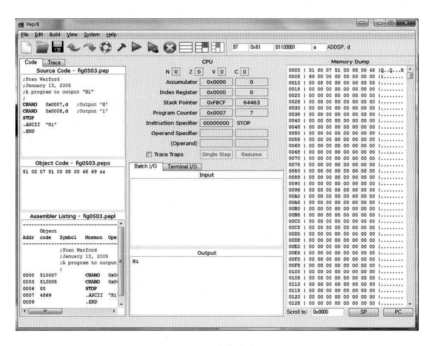

Pep/8 가상 머신

3.1.1 기계어 프로그래밍

컴퓨터는 2진수를 사용한다. 즉, 0과 1로 모든 정보를 표현한다. 이처럼 컴퓨터 내부에서 수행되는 기계어(machine language)는 2진수 형태이지만, 대부분의 프로그래머는 기계어보다 사용하기 편리한 형태의 고급 프로그래밍 언어(high-level programming language)를 사용한다. ◥

기계어와 고급 언어

컴퓨터의 초창기(1960년대 즈음까지)에는 기계어를 이용하여 프로그래밍을 했지만, 지금은 고급 언어로 프로그래밍을 하는 것이 일반적이다. 프로그래머가 고급 프로그래밍 언어로 작성한 프로그램을 기계어로 바꾸는 과정을 컴파일(compile)이라고 하고, 컴파일 해주는 프로그램이 컴파일러(compiler)이다. 고급 언어를 이용해서 작성된 프로그램을 소스 프로그램(source program)이라고 하고, 이를 컴파일러를 통해서 번역한 기계어 프로그램을 오브젝트 프로그램(object program)이라고 한다. ◥

기계어와 고급 언어를 비유해서 설명하자면, 고급 언어는 '포크레인'에, 기계어는 '호미'에 비유할 수 있다. 물론 호미로 땅을 어떻게든 파거나 공사를 진행할 수 있겠지만, 포크레인을 사용하면 훨씬 빨리, 그리고 쉽게 할 수 있는 장점이 있다. 고급 언어를 사용하는 장점이다.

〈소스 프로그램〉   〈오브젝트 프로그램〉

Python(파이썬)은 1991년 프로그래머인 '귀도 반 로섬'이 발표한 고급 프로그래밍 언어다. 쉽고 간결한 문법 구조 덕분에 배우기 쉽고 높은 생산성을 가진 언어라서 최근에 많이 사용되고 있다.

아래는 많은 사람들이 사용하는 C와 Python(파이썬)이라는 프로그래밍 언어를 이용해서 화면에 "Hi" 라는 메시지를 출력하는 프로그램이다. 실제로 고급 언어를 사용한 프로그램은 아래의 예에서 볼 수 있듯이 직관적으로 프로그램의 내용을 이해하기 쉽다.

C언어	Python 언어

#include ⟨stdio.h⟩
 	
int main( ) {
    printf("Hi");
    return 0;
}
	print('Hi')

위와 동일한 기능, 즉 "Hi"를 출력하는 <mark>어셈블리어</mark> 프로그램과 기계어 프로그램은 아래와 같다(Introduction to Computer Systems, 4th Edition, J. Stanley Warford, Jones and Bartlett 출판사 참고). 아래의 왼쪽은 위와 동일한 기능을 수행하는 어셈블리어(assembly language) 프로그램이고, 오른쪽은 이 코드를 어셈블(assemble)해서 만든 기계어(machine language) 프로그램이다.

이 예제들을 살펴보면 고급 언어와 어셈블리어, 기계어의 차이점을 분명히 확인할 수 있다. 고급 언어로 작성된 프로그램은 쉽게 읽을 수 있는 반면에, 어셈블리어와 기계어는 한 눈에 의미를 파악하기는 쉽지 않다. 기계어나 어셈블리어는 사람에게 적합한 언어가 아니고 컴퓨터에게 적합한 언어이기 때문이다.

> **어셈블리어**
> **(assembly language)**
> 기계어와 유사하면서 조금 더 읽기 편한 형태의 언어를 의미한다.

> 지금은 어셈블리어 프로그램과 기계어 프로그램을 이해하는 것이 목표가 아니다. "어셈블리어 프로그램은 기계어보다 조금 읽기 쉬운 언어다"라는 정도의 느낌만 가지자.

어셈블리어 프로그램 소스의 예	기계어 프로그램의 예
CHARO 0x0007, d	0101 0001 0000 0000 0000 0111
CHARO 0x0008, d	0101 0001 0000 0000 0000 1000
STOP	0000 0000
.ASCII "Hi"	0100 1000
.END	0110 1001

3.1.2 기계어 밑에는 무엇이 있을까?

지금부터 우리가 배우려고 하는 '논리 회로' 부분에서는 "기계어 밑에 무엇이 있을까?" 라는 질문에서 시작한다.

아래는 기계어 프로그램이 컴퓨터의 메인 메모리 상에 위치하면서 CPU에 의해서 수행되는 개념을 나타낸 그림이다. 디스크 상의 소프트웨어 프로그램은 메인 메모리(주기억 장치)에 올라온 후, 명령어 하나 하나가 순서대로 CPU로 와서 수행된다. 즉, 그림 상의 2진수가 프로그램(명령어 또는 데이터)을 나타내며, 메인 메모리로부터 CPU로 기계어나 데이터들이 이동하는 모습을 나타내는 그림이다.

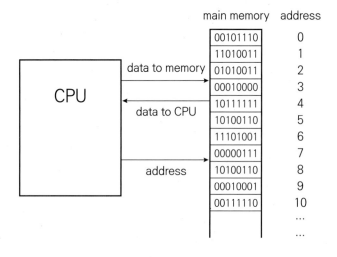

기계어 수행의 기본 동작

그런데, 기계어 밑에는 무엇이 있을까? 당연하게도 하드웨어가 있다. 그 하드웨어 위에서 기계어가 수행된다. 그럼 이제 하드웨어를 만드는 공부를 해야 할까? 예를 들면 아래 그림과 같은 것 말이다. 모래에서 추출한 실리콘을 가공하여 웨이퍼(wafer)를 만들고, 이 위에 반도체를 인쇄하는 것과 같은 것 말이다. 이런 분야를 공부하는 분야는 아마도 물리학, 화학, 재료 공학 등의 학문 분야에서 다루는 분야일 것이다.

실리콘 추출

실리콘 잉곳(Ingot)

웨이퍼

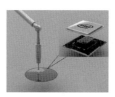

반도체 칩

보다 자세한 설명은 아래의 사이트를 참고하자.
http://kevin0960.tistory.com/169

아래의 그림은 완성된 실리콘 웨이퍼에서 IC(Integrated Circuit) 칩을 만들고, 이를 패키징(packaging)해서 실제 사용하는 칩(chip)의 모양으로 만드는 것을 나타낸다.

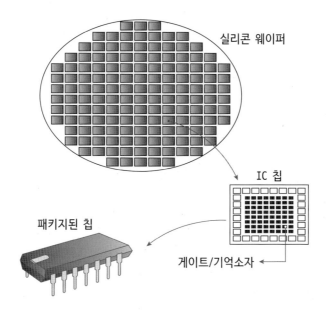

웨이퍼에서 칩까지

컴퓨터학과 등에서는 하드웨어의 이런 면을 다루는 것은 아닐 것이고, 아래의 그림과 같이 컴퓨터를 구성하는 다양한 세부 시스템들의 기본 구성 원리에 대한 공부를 할 것이다. 아래의 하드웨어는 개인용 컴퓨터(Personal Computer: PC)의 메인 보드(주 기판: main board)이다.

컴퓨터 주 기판(computer main board)

이제 주 기판 상에서 가장 큰 부품인 아래와 같이 생긴 CPU를 한번 살펴 보자.

CPU의 외관

이 CPU의 내부 회로 블록 다이어그램은 아래와 같다. 지금 당장은 아래의 그림을 봐도 전혀 모르겠지만, 이 교재의 5장까지를 배우고 나면 조금은 더 잘 이해할 수 있을 것이다. 이 교재의 목표는 아래의 CPU 회로의 '모든' 부분을 이해하는 것이 아니라 '대부분'의 모듈들에 대한 전체적인 이해이다.

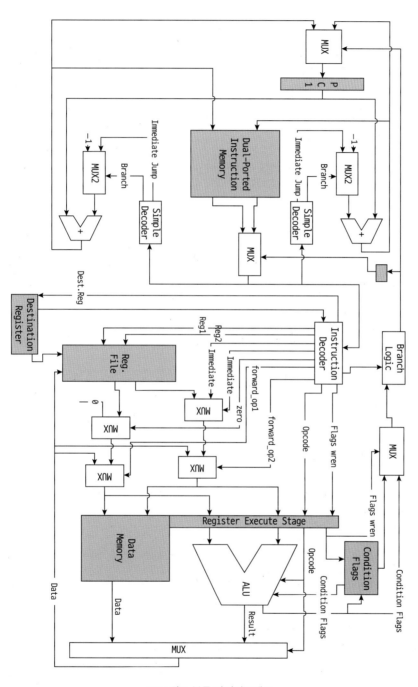

CPU 회로 블록 다이어그램 ▶

물론 위와 같은 회로를 이
해하는 것이 컴퓨터 이해에
도움이 될 수 있다. 한 20년
전이라면 말이다. 그러나 지
금은 너무나 컴퓨터 관련
기술이 발전해서 컴퓨터 회
로가 아주 많이 복잡해지
고 있으며, 너무나 많은 신
기술들이 개발되고 있어서,
지금 이러한 모든 것들을 다
공부하기는 시간이 넉넉하
지 않다.

3.1.3 논리 회로 기초

소프트웨어 프로그래밍을 하는 입장에서는 프로그래밍의 가장 하위 레벨인 기계어(machine languages)에 대한 지식만으로도 충분할 수 있다. 그러나 실제로 기계어가 어떻게 하드웨어에 의해서 수행되는지를 이해한다면, 컴퓨터 시스템의 모든 부분이 머리 속에서 꿰어지는 느낌을 느낄 수 있다. 이것이 논리 회로를 공부하는 이유다.

컴퓨터는 전자 소자들의 집합체이다. 컴퓨터는 0과 1을 표현하는 것이 가장 기본이다. 전자 소자들이 어떻게 0과 1을 표현/저장하고, 또 어떻게 이들을 이용하여 연산(계산)을 수행할까? 이를 다루는 부분이 '논리 회로 (logic gate)'다.

> 여기서 '논리'라는 용어는 '참' 또는 '거짓'을 다룬다는 의미이다. 컴퓨터가 2진수를 사용하기 때문에 참 또는 거짓이라는 2가지 표현으로 다룰 수 있다는 의미인데, 이러한 이진값과 논리 연산을 다루는 수학의 분야를 부울 대수(boolean algebra)라고 한다.

기본적으로, 아래 그림 같이 전기 신호의 전압을 이용해서 전압이 5V(volt)이면 1, 전압이 0V(volt)이면 0으로 표현하면, 전기 신호로 0과 1이 표현 가능하다.

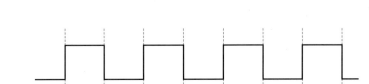

전기적 신호의 개념적 형태: 펄스 ◥

> 이 그림은 전기적 신호를 전압으로 나타낸 그림이다. 그림과 같이 전압이 일정값 이상이면 1, 이하이면 0으로 표현할 수 있다.

이제 본격적인 내용으로 들어가자. 아래의 그림을 보자. 아래 그림의 왼쪽에 기계어 레벨(machine instruction level)은 기계어 표현을 의미하며, 가장 하단의 소재 레벨(physics level)과 전자 소자 레벨(electronic device level)은 물리학이나 전자 공학에서 컴퓨터의 기본 소자를 어떻게 만드는지를 다루는 단계이다.

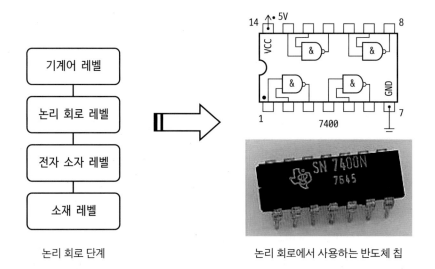

논리 회로 단계　　　　　　　　논리 회로에서 사용하는 반도체 칩

지금부터 우리가 배울 내용은 논리 회로(logic gate) 레벨이다. 전자 소자들이 0과 1을 이용하여 어떻게 연산을 수행할까?

0과 1, 즉 2진수에서의 수학을 다루는 부울 대수(boolean algebra)라는 분야에서 사용하는 다양한 연산들을 실제로 수행하는 하드웨어 소자를 게이트(gates)라고 말한다.

> 조지 부울(1815~1864)은 영국의 수학자로서 1847년의 '논리의 수학적 해석(The Mathematical Analysis of Logic)'에 대한 연구가 컴퓨터 개발을 위한 기초가 되었다.

그러니까 게이트는 컴퓨터에서 전기 신호에 따라 가장 기본적인 연산을 수행하는 소자다. 게이트는 하나 이상의 입력을 받아서 하나 이상의 출력 신호를 생성하는데, 게이트가 모여서 회로(circuit)가 되고, 이러한 회로들이 모여서 컴퓨터(computer)가 완성되는 셈이다.

AND, OR, NOT 연산이 가장 기본적인 부울 연산이면서 또한 게이트의 이름이기도 하다. 이러한 기본적인 게이트 이외에도 XOR, NAND, NOR 게이트 등의 다양한 게이트들이 사용된다.

> 부울 대수의 기본 연산
> • and
> • or
> • not

이러한 게이트는 아래의 그림처럼 반도체 칩으로 구성되어 실제 회로 구성에 사용된다. 아래의 왼쪽 그림이 NAND 게이트 4개를 포함하고 있는 IC 칩이다. 이러한 IC칩을 아래의 오른쪽에 있는 빵판(breadboard)에 적절히 연결하여 회로를 구성한다.

> NAND 게이트는 전체적인 회로 구성의 효율성 면에서 AND나 OR 게이트 등을 이용하는 것보다 효율적이기 때문에 실제적으로 많이 사용되는 게이트이다.

칩은 7400 이라는 식으로 번호를 매겨서 사용하는데, 7400 칩은 NAND 게
이트를 4개 묶어서 사용하는 구조이다. 칩의 회로도에 VCC, GND라고 해
서 칩을 구동하기 위한 전원을 제공하는 단자가 있다. 나머지 단자들은 각
각 NAND 게이트의 입/출력을 위한 용도이다.

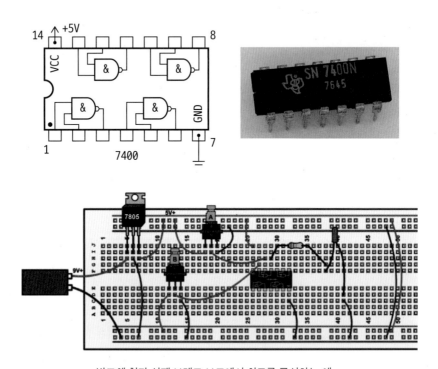

반도체 칩과 실제 브레드 보드에서 회로를 구성하는 예

물론 요즘의 컴퓨터는 이러한 칩을 그대로 사용하지 않고 더욱 고밀도로
집적된 상태로 구성된다(VLSI: Very Large Scale Integrate). 위와 같은 실
험은 '전자공학 실험'이나 '논리 회로 실험' 등의 교과목에서 주로 행해지는
모습이다. 이런 식으로 게이트들을 적절하게 엮어서 회로를 만들게 되고,
이러한 부분을 공부하는 부분이 논리 회로다.

3.2 기본 게이트

논리 회로를 만드는데 사용되는 기본 소자가 게이트(gate)다. 게이트는 입력을 받아 정해진 연산을 거쳐서 출력을 내는 블랙 박스(black box)라고 생각하면 된다.

아래 표에 있는 것들이 게이트들이다. 각 게이트의 회로도(logic diagram)에서의 심볼(그림, 모양)과 식(expression)에서 사용하는 기호, 그리고 진리표 (truth table)를 나란히 배치하였다.

예를 들면, AND 게이트는 두 개의 입력이 모두 1일 때만 1을 출력한다. 각각의 게이트의 입력에 따른 출력값을 진리표를 통해 확인할 수 있다.◥

진리표란 게이트의 입력과 출력의 상관 관계를 보이는 표로써, 각 진리표를 보면 각 게이트의 동작 원리를 알 수 있다. 해당하는 게이트의 가능한 모든 종류의 입력에 대한 출력 결과를 명시하고 있는 표이니까 '진리표'라고 불러도 될 것 같다.

대부분의 게이트는 입력이 1개 또는 2개인데, 효율적인 회로 설계를 위해서 3개 이상의 입력을 처리하는 게이트들도 있다.

예를 들면, '3-입력 AND 게이트'는 모든 입력이 1인 경우만 1을 출력한다. 이러한 3개 이상의 입력이 가능한 게이트를 사용하면 회로를 더욱 간단하게 설계할 수 있다.

종류	의미	회로도 심볼(논리도)	기호(논리식)	진리표(truth table)		
				입력		출력
				A	B	A AND B
AND	논리곱		$A \cdot B$	0	0	0
				0	1	0
				1	0	0
				1	1	1
				입력		출력
				A	B	A OR B
OR	논리합		$A + B$	0	0	0
				0	1	1
				1	0	1
				1	1	1

종류	의미	회로도 심볼(논리도)	기호(논리식)	진리표(truth table)		

NOT 게이트 회로 심볼에서 작은 원이 NOT을 의미한다. 그리고 삼각형 모양은 버퍼(buffer)를 의미한다.

NOT	논리 부정		$\overline{A}$	입력	출력	
				A	A NOT B	
				0	1	
				1	0	

XOR의 X는 exclusive라는 의미이다. 2개의 입력 중 하나만 1일 때만 1을 출력.

XOR	배타적 논리합		$A \oplus B$	입력		출력
				A	B	A XOR B
				0	0	0
				0	1	1
				1	0	1
				1	1	0

NAND라는 이름은 AND 연산 후에 NOT 연산을 수행한다는 의미. 게이트의 모양을 보면 기능을 이해할 수 있을 것이다. 작은 원이 NOT를 의미.

NAND			$\overline{A \cdot B}$	입력		출력
				A	B	A NAND B
				0	0	1
				0	1	1
				1	0	1
				1	1	0

NOR라는 이름은 OR 연산 후에 NOT 연산을 수행한다는 의미

NOR			$\overline{A+B}$	입력		출력
				A	B	A NOR B
				0	0	1
				0	1	0
				1	0	0
				1	1	0

실제로 이런 게이트들은 내부적으로는 트랜지스터(transistor) 회로를 이용해서 만들어 진다. 조금의 이해를 돕기 위해서 NOT 게이트가 내부적으로 트랜지스터 회로를 이용해 어떻게 구현되는지 살펴보자.

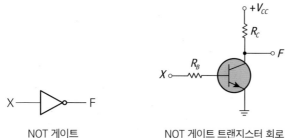

NOT 게이트   NOT 게이트 트랜지스터 회로

위의 그림이 트랜지스터를 이용한 NOT 게이트의 작동 방식을 설명하는 그림이다. X 가 입력, F가 출력이다. 트랜지스터의 베이스 부분(R_B 부분, 여기에서는 입력 X)에 전압(5V)이 걸리면, 트랜지스터의 컬렉터(R_c 부분)에서 이미터(그라운드로 표시된 부분)로 전기가 흐르게 된다. 그러면 저항 R_c에 의해서 F 위치에서 전압 강하가 일어나서 0V에 가까운 전압이 걸리게 되어서 최종 출력이 0이되는 원리이다. 즉, 이 회로에 1이 입력되면 0이 출력된다.

이 부분을 알 필요는 없을 듯 하지만, 궁금한 독자를 위해서 NOT 게이트의 구성 예만 설명하였다. 다른 게이트들도 이와 비슷한 트랜지스터 회로 원리를 이용해서 제작된다.

아래의 그림은 몇 가지 게이트들의 실제 시판되는 칩의 종류를 예로 들었다. 아래의 IC 7404칩은 NOT 게이트 여러 개를 모아서 사용하기 쉽게 칩으로 제작한 것이다. 모서리 부분에 전기를 공급받는 Vcc단자와 GND(Ground: 접지) 단자가 있는데. 이는 칩을 구동하기 위한 전기 공급 단자이고, 나머지 단자들은 NOT 게이트의 입·출력 용도로 사용된다.

아래의 사이트는 전자 부품 온라인 쇼핑몰이다. http://www.eleparts.co.kr 이 사이트에서 sn7404라는 검색어로 검색해보자. 원한 다면 구입할 수 도 있다.

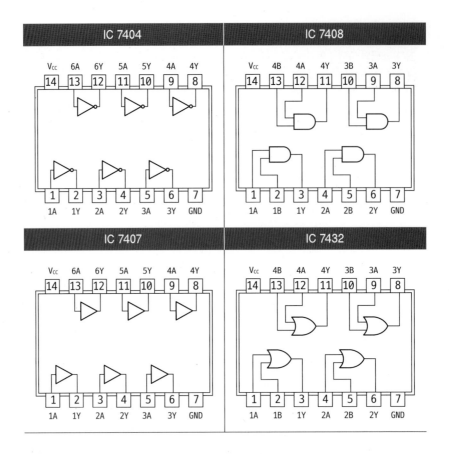

3.2.1 반도체 게이트 이전에는 무엇이 계산에 사용되었을까?

전자식 컴퓨터가 만들어지기 전에는 기계식 컴퓨터를 사용하였다. 아래의 그림들을 본적 있을 것이다. 이들은 대부분이 사람의 손이나 모터를 이용해서 톱니 바퀴를 움직여서 계산을 하는 '기계식 계산기'라고 할 수 있다. 추측해보면 톱니 바퀴가 숫자 값을 '저장/표현하는 기능'과 '연산을 수행하는 기능'을 수행함을 알 수 있을 것이다.

파스칼(Pascal)의 계산기   라이프니쯔(Leibniz)의 계산기

그 뒤에 ABC, ENIAC과 같은 컴퓨터가 나타나면서 '전자식 컴퓨터'의 시대가 시작된다. 우리가 컴퓨터의 역사를 이야기할 때 진공관이나 트랜지스터 이야기를 많이 하는데, 이것들은 반도체가 만들어지기 이전의 시대에, 전기 제품들을 만들 때 신호 증폭 등의 용도로 많이 사용되던 소자들로써, 기계식 계산기에 비해서는 고속의 처리가 가능했지만, 반도체 소자에 비해서는 아주 느렸었다.

ABC   ENIAC

반도체가 만들어지면서 반도체가 진공관이나 트랜지스터를 대신하게 된다. 우리가 지금 논리(logic)라고 하는 그 '논리'가 컴퓨터 내부에서는 0과 1로 표현되는데, 진공관, 트랜지스터, 반도체 모두 소자 크기, 내구성, 속도 등의 차이는 있지만 전기 흐름의 유무로 정보를 표현한다는 점은 동일하다.

진공관   트랜지스터(transistor)   반도체 칩을 위한 웨이퍼
(vacuum-tube)

3.3 논리 회로 표현 방식 기초

아래의 그림을 보면 회로의 내부 동작 방식은 숨기고, 블랙 박스처럼 입력
과 출력의 개수와 이름만 표시되어 있다. 이제 이 블랙 박스의 내부를 어떻
게 구성하는 지를 공부해보자.

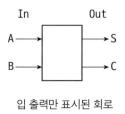

입 출력만 표시된 회로

3.3.1 간단한 경우 #1

회로가 수행하는 기능을 설명하는 가장 많이 사용되는 방법이 바로 진리표

진리표

(truth table)다. 위의 회로가 아래와 같은 기능을 수행한다고 생각해보자.
입력은 (A, B) 2개, 출력은 (S, C) 2개인 회로이다.

입력		출력	
A	B	Sum(S)	Carry(c)
0	0	0	0
0	1	1	0
1	0	1	0
1	1	0	1

위의 진리표는 나중에 배울 '반 가산기(half-adder)'라는 회로인데, 출력 S, C는 독립적으로 생각하면 된다(독립적으로 생각한다는 말은 출력 S와 출력 C를 별개로 생각한다는 말이다).

Sum 출력을 위해서는 입력 (A, B)가 (0, 1) 또는 (1, 0)인 경우에 1을 출력하면 된다. 이를 논리식으로 표현하면 아래와 같다.

$$S = A' \cdot B + A \cdot B' = A'B + AB'$$

Carry 출력은 아래와 같이 논리식으로 표현할 수 있다. 입력 (A, B)가 모두 1인 경우만 C가 1을 출력한다는 말이다.

$$C = A \cdot B = AB$$

불 대수에서 사용하는 연산 기호를 정리해보자.

- AND: 곱셈의 형식으로 · 기호를 사용한다.

- OR: 덧셈의 형식으로 + 기호를 사용한다.

- NOT: $\overline{X}$(X의 역(inverse), 또는 X'라고 표시하기도 한다)

이 식에서의 작은 따옴표 표현은 NOT를 의미한다. 즉 a라고 쓰면 a의 값이 1인 경우를 의미하고, a'라고 하면 a의 값이 0인 경우를 의미한다. 즉, 출력이 1이 나오는 경우를 식으로 표시해주면 된다. AND 연산자는 일반적인 수학에서의 곱셈 기호와 같이 생략하기도 한다.

곱셈 기호는 생략하기도 한다. 산수에서 a×b를 ab로 표현하는 것처럼…
곱셈과 덧셈 기호를 사용하는 이유는 AND, OR 게이트가 각각 곱셈과 덧셈 연산과 유사한 특징이 있기 때문이다.

3.3.2 간단한 경우 #2

조금 더 복잡한 경우를 살펴보자. 이 회로는 입력이 3개 (a, b, c), 출력이 2
개 (x, y)인 회로이다. 출력 x, y는 독립적으로 생각하면 된다.

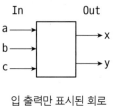

입 출력만 표시된 회로

입력 a,b,c를 스위치, 출력
x, y를 전등이라고 생각해
보자.
스위치 (a,b,c) 각각을 (off,
off, on) 하거나, (off, on,
on)하면 전등 x가 켜진다는
표현이다.

• 진리표의 출력 중에서 x 칼럼에 표시된 사각형 2개를 보면 (a,b,c) 입력 각각
  이 (0,0,1) 또는 (0,1,1)인 경우에만 x가 1이 출력되는 회로이다. 그 이외의 입
  력에 대해서는 x는 0이 출력된다. ◥

• 진리표의 출력 중에서 y 칼럼에 표시된 사각형을 보면, 입력이 (0, 1, 1) 또는
  (1, 0, 0) 일 때만 y가 1이 출력되고, 그 이외의 경우는 0이 출력되는 것을 의
  미한다.

a	b	c	x	y
0	0	0	0	0
0	0	1	1	0
0	1	0	0	0
0	1	1	1	1
1	0	0	0	1
1	0	1	0	0
1	1	0	0	0
1	1	1	0	0

위와 같이 진리표로 표현된 회로의 동작을 아래와 같이 논리식(logic expression, boolean expression)으로 적을 수 있다. 위의 예에 대해서는 출력 x는 다음과 같이 적을 수 있다.

$$x = a'b'c + a'bc$$

이 식을 좀 정리(간략화)할 필요가 있을 것 같다. 그 전에 중·고등학교의 수학 시간에 배웠던 인수 분해를 이용한 아래와 같은 식을 살펴보자.

$$x^2 + 2x + 1 = (x+1)(x+1)$$

위 식을 보면, 인수 분해를 하기 전에는 최종 결과값을 얻기 위해서 곱셈 2번, 덧셈 2번의 연산을 해야 결과가 나오지만, 인수 분해된 식은 덧셈 2번, 곱셈 1번만 하면 된다. 인수 분해를 통해서 식을 간단하게 함으로써 연산 횟수가 줄어든다. ◤

인수 분해를 하는 많은 이유가 있지만, 이것이 인수 분해를 하는 이유 중의 하나이다.

동일한 작업을 위의 논리식에 해보자. 4장에서 곧 배우겠지만 불 대수(boolean algebra)에서도 교환 법칙, 결합 법칙과 비슷한 법칙들이 존재하기 때문에 아래와 같이 식을 정리할 수 있다.

$$
\begin{aligned}
x &= a'b'c + a'bc \\
&= a'(b'c + bc) \\
&= a'c(b'+b) \\
&= a'c(1) \\
&= a'c
\end{aligned}
$$

이를 통해서 아래의 식이 나오는 것이다.

$$x = a'c \quad \circ\text{------------------}$$

이 식을 보면 전등 x는 a 스위치가 off이고 c 스위치가 on일때만 켜진다는 말이다.

이제 출력 y를 살펴보자. 출력 y는 아래와 같고, 이 식은 더 이상 간소화 할 방법이 없다.

'(apostrophe): 논리 회로
에서는 NOT의 의미. 즉,
a'bc라는 말은 abc 각각이
011인 경우를 의미한다.
이 경우에는 abc 각각이
011 또는 100인 경우에 y가
1이 출력됨을 의미한다.

$$y = a'bc + ab'c'$$

여기서 이런 질문이 나올 수 있다. 아래의 그림에 대해서 만약에 $x = a' + c$ 라고 하면 안될까? 즉, 스위치 a가 off이거나 스위치 c가 on이면 전등 x 가 불이 켜진다는 말이다.

a	b	c	x	y
0	0	0	0	0
0	0	1	1	0
0	1	0	0	0
0	1	1	1	1
1	0	0	0	1
1	0	1	0	0
1	1	0	0	0
1	1	1	0	0

이 말을 이해해야 한다. 필수적으로!!!

이렇게 표현할 수 없다. $x = a' + c$는 아래의 사각형 모두를 의미하기 때문이다.

a	b	c	x	y
0	0	0	0	0
0	0	1	1	0
0	1	0	0	0
0	1	1	1	1
1	0	0	0	1
1	0	1	0	0
1	1	0	0	0
1	1	1	0	0

위의 회로는 아래와 같이 그릴 수 있다. 아래 그림을 논리도(logic diagram) 또는 회로도(circuit diagram)라고 한다. 이렇게 회로도를 그릴 때 앞에서 보았던 게이트 심볼 그림을 사용한다.

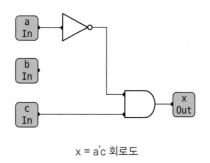

x = a'c 회로도

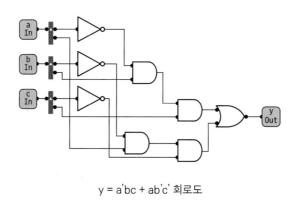

y = a'bc + ab'c' 회로도

3.3.3 논리식/ 논리도/ 진리표

논리 회로의 동작 원리를 설명하기 위한 논리 회로를 표현하는 방식을 정리해보자. 논리 회로의 동작이나 기능을 기술하는 방식은 다음 3가지가 있다.

- 논리식(logic expression, boolean expression): 논리 연산자(and, or, not 등)로 구성된 식별자들의 나열로써 표현되는 식(expression)

- 논리도(logic diagram): 논리 게이트들을 이용해서 그림으로 표현하는 방법

- 진리표(truth table): 논리 회로에 입력 가능한 모든 경우의 수에 대응하는 회로의 출력값을 정의한 표

이 그림에서 중요한 점은, 하나의 진리표를 구현하는 다수의 방법이 있을 수 있다는 점이다. 여러 구현 방법에서 최적의 방법을 찾는 것이 목표다.

위의 3가지 표현 방법은 아래와 같은 관계가 있다. 즉, 논리식이 주어지면 1대 1로 대응되는 논리도를 그릴 수 있다. 그 반대도 마찬가지다.

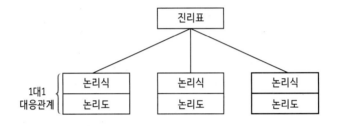

이제부터는 논리식, 논리도, 진리표 사이의 변환 방법을 배울 차례이다. 이 3가지 표현법 사이의 변환 방법을 알아보자.

- 논리도↔ 논리식: 어떤 회로도(논리도)가 주어지면, 이를 논리식으로 적는 방법을 한번 생각해보자. 일반적으로 논리도의 왼쪽에 입력, 오른쪽에 출력을 표시하고, 입력 신호가 왼쪽에서 오른쪽으로 한 방향으로만 진행되게 논리도를 그리기 때문에, 논리도가 주어지면 왼쪽부터 순서대로 게이트의 기능에 따라 식을 써주면 된다. 아래와 같이 각 게이트 옆에 출력값을 적어서 회로의 이해를 돕기도 한다.

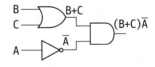

F=(B+C)·A′ 의 논리도 및 최종 논리식

위의 반대의 과정, 즉 논리식에서 논리도를 만드는 과정은 위의 과정을 역순으로 수행하면 된다.

- 논리식→진리표: 논리식에서 어떻게 진리표를 만들 수 있을까? 다음의 논리 식에 대한 진리표를 구해보자.

$$F = (B+C) \cdot A'$$

위의 식을 보면 등호의 우측에 3개의 심볼이 있다. 입력 종류가 3개라는 말이다. 입력이 3개이고, 각 입력이 2진수로 표현되니까 모든 가능한 입력의 경우의 수는 2^3=8이다. 위의 A, B, C 3개의 입력 각각에 대해서 모든 가능한 경우의 입력을 일일이 넣어서 출력을 확인하면 된다.

A	B	C	F
0	0	0	0
0	0	1	1
0	1	0	1
0	1	1	1
1	0	0	0
1	0	1	0
1	1	0	0
1	1	1	0

F=(B+C)·A' 의 진리표

- 진리표→논리식: 이제 마지막 하나가 남았다. 진리표에서 논리식을 구하는 문제다. 이 변환은 조금 더 자세한 설명이 필요하다. 이 내용은 4장에서 논의하기로 한다. 이 내용이 4장의 핵심이다. ▰

제작해야 하는 회로가 정해지고, 그 회로의 동작 기능이 진리표로 적혀지면, 진리표로부터 회로를 제작하는 단계가 가장 핵심적인 부분이다.

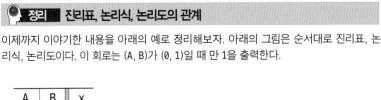

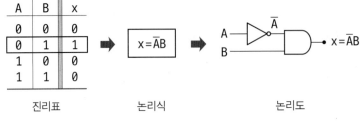

3.3.4 논리 회로의 2가지 종류: 조합 논리 회로/ 순서 논리 회로

실제의 컴퓨터를 만들기 위해서 논리 회로에서는 게이트들을 아주 많이 연결하여 컴퓨터의 회로를 만들게 되는데, 게이트를 이용하여 회로를 만드는 방법은 크게 2가지로 나눌 수 있다:

교재에서 이제까지 예로 보인 회로는 모두 조합 논리 회로다. 어떤 회로가 입력값에 따라 출력값이 결정되는 것이 당연하게 들리겠지만 다음에 소개되는 '순서 논리 회로'를 보면 이해될 것이다.

- 조합 논리 회로(combinational logic circuit): 입력값 만으로 출력값이 결정되는 회로 ◥

상태를 저장한다는 의미에서 정보를 저장할 수 있는 부품(메모리)이 필요하다.

- 순서 논리 회로(순차 논리 회로, sequential logic circuit): 입력값과 회로 내부의 상태가 출력값을 결정하는 회로

위에서 설명한 바와 같이, 조합 회로와 순서 회로의 차이점은 '회로 내부의 상태값'을 저장하는지 여부이다. 순서 논리 회로는 정보를 기억하는 기억 소자가 필요하다. 단어만을 보면 왠지 조합 논리 회로가 더 복잡할 것 같은데, 실제로는 순서 논리 회로가 일반적으로 더 복잡하다. 왜냐하면 조합 논리 회로의 출력은 언제나 입력 결과에만 의존하기 때문이다. 이 말은 조합 논리 회로는 입력이 동일하면 언제나 같은 값을 출력한다는 의미이다. 그렇

지만, 순서 논리 회로는 입력이 동일해도 출력 결과가 다를 수 가 있다.

그러니까 순서 논리 회로는 기억 장치가 있어서 회로의 상태를 저장하며, 동일한 입력이라 하더라도 내 상태 정보에 따라서 다른 값이 출력될 수도 있다.

아래 그림이 조합 논리 회로와 순서 논리 회로의 차이를 보이는 그림인데, 순서 논리 회로는 조합 논리 회로에 메모리 기능(회로의 상태를 저장하기 위한)을 첨가한 회로라고 생각하면 될 듯 하다. 그림에서처럼, 순서 논리 회로는 클럭(clock)이 필요하다. 클럭에 따라서 상태 저장을 위한 회로가 동기적으로 작동되어야 하기 때문이다.

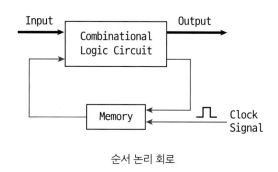

순서 논리 회로

[질문] 사람도 일종의 시스템인데… 사람은 조합 회로라고 할 수 있을까? 아니면 순서 회로에 더 가까운 것일까?

[정답] 사람은 순서 회로에 더 가깝다. 친한 친구가 내 등을 손바닥으로 쳤을 때, 내 기분이 좋으면 반갑게 맞이할 수 있지만, 내 기분이 좋지 않을 때는 친구에게 화를 낼 수도 있다.

즉, 입력이 동일하더라도 내 기분에 따라 반응이 달라질 수 있다는 것이다. 이 때 내 '기분'이라는 것이 일종의 '내부 상태'인 셈이다.

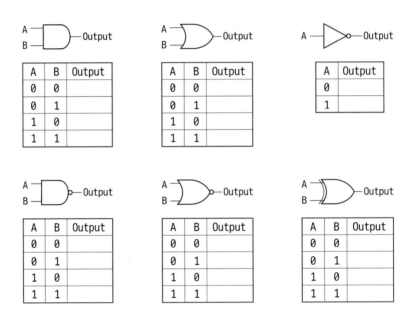

논리식과 논리도에 익숙해
지자.

1. 다음 게이트의 진리표를 작성하시오. 또한 각 게이트의 결과(Output)를 식으로 표현하시오.

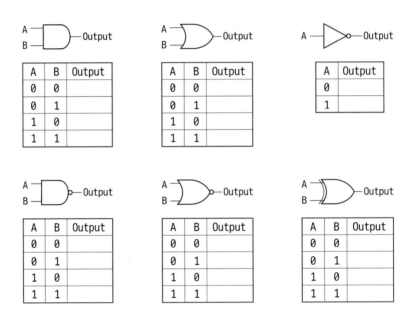

A	B	Output
0	0	
0	1	
1	0	
1	1	

A	B	Output
0	0	
0	1	
1	0	
1	1	

A	Output
0	
1	

A	B	Output
0	0	
0	1	
1	0	
1	1	

A	B	Output
0	0	
0	1	
1	0	
1	1	

A	B	Output
0	0	
0	1	
1	0	
1	1	

2. 다음의 논리도의 표시된 부분의 값을 논리식(boolean expression)으로 표현하시오.

3. 다음은 전자식 컴퓨터의 기본 하드웨어 소자의 변천 순서이다. 빈 곳 2곳을 한글 또는 영어로 채우시오.

[   ] → [Transistor] → [IC] → [   ]

CHAPTER **4**

조합 논리 회로

조합 논리 회로

(Abstract)

지금부터는 조합 논리 회로에 대해 이야기하려고 한다. 3장에서 예제로 들었던 회로처럼, 우리가 만들 조합 논리 회로는 입력값이 주어지면 그에 따라서 출력이 결정되는 회로이다. 아래 진리표를 자세히 살펴보자.

입력		출력
A	B	X
0	0	1
0	1	1
1	0	1
1	1	0

위의 회로는 진리표의 윗 부분 3줄의 경우에만 1을 출력하면 된다. 이를 논리식으로 적으면 아래와 같다.

$$X = \overline{A} \cdot \overline{B} + \overline{A} \cdot B + A \cdot \overline{B}$$

> A라는 표현은 A' 와 동일하다. 이를 hat 또는 bar 라고 읽으면 된다.

그렇지만 이 회로는 조금 다른 방향에서 생각하면 아래와 같이 생각할 수도 있다. 아래의 논리식은 위의 논리식보다 사용하는 게이트의 개수가 훨씬 적다. ◥

$$X = NOT(A \cdot B) = (\overline{A \cdot B})$$

> 이 이야기를 하는 이유는 진리표를 잘 분석하면 회로를 간단히 할 수 있다는 것을 보이기 위한 것이다. 이제 회로를 간소하게 만들 수 있는 방법을 공부해 보자.

4 장에서는 아래의 내용을 다룬다.

- 불 대수 법칙을 배우고,

- 조합 논리 회로를 만들기 위해서 논리식을 간소화하는 방법을 배운다.

- 이론적인 학습 후에 시뮬레이터를 통해서 회로 제작을 실습한다.

4.1 조합 논리 회로를 만들자

이제 어떤 회로를 만든다고 상상해보자. 조합 논리 회로는 입력값에 따라 출력이 결정되는 회로라고 하였다. 아래의 진리표를 한번 보자. 진리표가 가지고 있는 정보는 가능한 모든 입력 조건에 대해서 어떤 입력일 때 1을 출력하고, 또 어떤 입력일 때 0을 출력하는 지를 적은 것이다.

예를 들어, (X=0 and Y=1) 일 때만 출력을 1로 만들려는 경우의 출력 논리식과 진리표는 아래와 같다.

$$F= \bar{X}Y$$

입력		출력
X	Y	F
0	0	0
0	1	1
1	0	0
1	1	0

조금 다른 경우로, (X=0 and Y=1) or (X=1 and Y=0) 일 때 출력을 1로 만들려는 경우의 논리식과 진리표는 아래와 같다.

$$F= \bar{X}Y+X\bar{Y}$$

입력		출력
X	Y	F
0	0	0
0	1	1
1	0	1
1	1	0

실제로 위의 진리표는 XOR 게이트의 특성이다. 따라서 아래와 같이 쓸 수도 있다.

$$F = \bar{X}Y + X\bar{Y} = X \oplus Y$$

아래의 진리표를 통해서 각자 연습해보자. 출력 F를 원하는 대로 기입해보고 해당하는 논리식을 만드는 방식으로 연습할 수 있다.

입력			출력
X	Y	Z	F
0	0	0	
0	0	1	
0	1	0	
0	1	1	
1	0	0	
1	0	1	
1	1	0	
1	1	1	

4.1.1 불 대수 법칙

이제까지는 진리표를 보고 직감적으로 회로를 구성했었다. 그러나 이러한 방법은 복잡한 회로에 적용하기에는 무리가 있다. 최종으로 완성된 회로가 최적의 회로인지 확신하기 힘들기 때문이다.

이제부터 '불 대수(boolean algebra)'라는 것을 바탕으로 시스템을 만들자. 불 대수란 1854년 George Boole이 논리학을 체계적으로 표현하기 위해 만든 방법으로써, 지금의 디지털 컴퓨터의 기본 원리로 사용되고 있다.

불 대수란 하나의 명제가 참 또는 거짓임을 판단하는 데 이용되는 수학적인 방법을 말한다. 산수에서 덧셈, 곱셈과 관련된 기본적인 연산에서 사용되는 여러 가지 규칙들이 있다. 아래와 같은 것을 '덧셈에 대한 곱셈의 분배 법칙(배분 법칙)'이라고 한다.

(a+b)×c = a×c + b×c

수학에는 이와 비슷한 '교환 법칙', '결합 법칙' 등 다양한 규칙들이 있다. 이러한 규칙을 이용해서 식을 사용하기 편한 형태로 변환해서 사용하곤 한다.

논리 회로에서도 그와 유사한 것이 있다. 자세한 사항을 지금부터 알아보자 (아래에서는 AND 연산자를 위해서 * 기호를 사용하였다).

> 아래 사항들은 외우지 말고 그 의미를 이해해야 한다. 각 게이트의 특성을 생각하면서 이해해보자. 불 대수에서 각 변수는 0 또는 1의 값을 가질 수 있다는 것을 염두에 두고, 각 식이 의미하는 것을 생각해보자.

- Commutative (교환 법칙)
  - x + y = y + x
  - x * y = y * x
- Associative(결합 법칙)
  - (x+y) + z = x + (y+z)
  - (x*y) * z = x * (y*z)
- Distributive(분배 법칙)
  - x+(y*z) = (x+y)*(x+z)
  - x*(y+z) = (x*y)+(x*z)

> 수학에서 사용하는 분배 법칙과는 조금 다르다. 즉, 아래의 2개가 다 만족한다.
>
> - and에 대한 or의 분배 법칙
> - or에 대한 and의 분배 법칙
>
> 이에 반해서, 수학에서는 "덧셈에 대한 곱셈의 분배 법칙"만 성립한다.

- Identity(항등 법칙)
  - x+0 = x
  - x+1 = 1
  - x*0 = 0
  - x*1 = x
- Complement(보수 법칙)
  - x+x'=1
  - x*x'=0
- Idempotent property(멱등 법칙)
  - x+x=x
  - x*x=x

- Absorption theorem(흡수 법칙)
  - ‣ x+(x*y) = x
  - ‣ x*(x+y) = x

- De Morgan's law(드모르강의 법칙)
  - ‣ (a*b)' = a' + b'
  - ‣ (a+b)' = a' * b'

- Complement theorem(부정)
  - ‣ (x')' = x
  - ‣ 1' = 0
  - ‣ 0' = 1

참고 dual expression(짝 수식, 상대 수식)

불 대수에서는 dual expression(짝 수식, 상대 수식)이 존재한다. dual expression이란 원래의 식을 아래와 같이 변경하면 그에 대응하는 불 식(boolean expression)이 있다는 의미이다.

- +와 *를 서로 맞바꾸고,
- 1과 0을 서로 맞바꾼다.

예를 들어서 아래의 식으로 이야기해보자.

$$x + x' = 1$$

위의 식을 변환 방법에 따라서 +와 *을 서로 바꾸고, 1과 0을 서로 바꾸면, 아래와 같은 식이 된다. 이 두 개의 식을 서로 dual expression이라고 한다.

$$x * x' = 0$$

이러한 것이 모든 불 식에 대해서 만족하는데, 이러한 식을 dual expression이라고 한다.

위의 불 대수 법칙의 여러 규칙들이 성립함을 증명하는 다양한 방법이 있다. 일반적인 수학에서도 두 식이 동일함을 증명할 때, 인수 분해 등을 이용해서 식을 간단히 했었던 것처럼, 불 대수에서도 위에서 설명한 여러 규칙들을 써서 증명할 수 있다. 조금 복잡하기는 하지만 말이다. 이에 대한 논의는 이 책에서는 하지 않기로 하자.

위의 규칙들을 증명하는 가장 간단한 방법은, 아래와 같이 진리표를 이용해서 설명하는 방법이다. 아래의 식이 만족함을 보이려면, 식의 좌변과 우변을 각각 진리표를 작성해보면 된다.

$$X + (Y \times Z) = (X + Y) \times (X + Z)$$

이 식은 and에 대한 or의 분배법칙이다.

X Y Z	좌측식		우측식		
	Y*Z	X+(Y*Z)	X+Y	X+Z	(X+Y)*(X+Z)
0 0 0	0	0	0	0	0
0 0 1	0	0	0	1	0
0 1 0	0	0	1	0	0
0 1 1	1	1	1	1	1
1 0 0	0	1	1	1	1
1 0 1	0	1	1	1	1
1 1 0	0	1	1	1	1
1 1 1	1	1	1	1	1

4.1.2 And-Or/Or-And 회로

앞에서 보았던 논리식 중의 하나를 다시 살펴보자. 아래의 논리식에서 어떤 특성을 발견할 수 있을까?

$$F = \overline{X}Y + X\overline{Y}$$

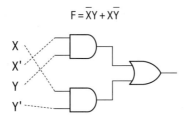

회로가 2단계로 구성된다는 점이다(모든 입력의 NOT(') 입력값이 있다고 가정할 때). 이런 회로는 And-Or 회로라고 한다. AND와 OR 게이트의 순서가 중요한데, 아래와 같은 순서다.

- 1단계는 AND 게이트들로 구성되고,

- 2단계는 OR 게이트들로 구성된다.

이를 조금 더 자세하게 살펴보자. 논리 회로를 구성하는 기본적인 방법은 2가지가 있다.

수학에서의 '곱셈'은 'AND' 게이트의 특성과 유사하고, '덧셈'은 'OR' 게이트와 유사하다. 그래서 이름이 이렇게 정해진 것이다.

- 곱의 합(Sum of Product: SOP): And-Or 회로

- 합의 곱(Product of Sum: POS): Or-And 회로

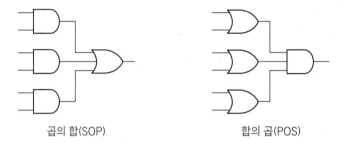

곱의 합(SOP)   합의 곱(POS)

그런데, f = abc+(bc)(a+b) 이와 같은 회로는 SOP(곱의 합) 회로가 아니다.

'곱의 합(Sum of Product: SOP)' 방식은 가장 기본적인 회로 형식으로써, 1단계는 AND 항(곱의 항, product term)으로 구성되고, 2단계는 OR항(합의 항, sum term)으로 구성되는 논리식을 말한다. 즉 아래와 같은 식이 SOP 회로이다.

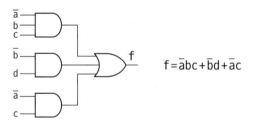

$f = \bar{a}bc + \bar{b}d + \bar{a}c$

이제 합의 곱 회로를 알아보자. 합의 곱(Product of Sum: POS)은 아래와 같다. 합의 곱 회로는 1단계는 OR 항(합의 항, sum term)으로 구성되고, 2

단계는 AND 항(곱의 항, product term) 으로 만들어진 논리식이다.

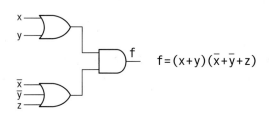

$$f=(x+y)(\bar{x}+\bar{y}+z)$$

곱의합, 합의곱 회로라는 것을 왜 언급했을까? 궁금하지만 조금만 참자. 바로 설명이 나온다.

4.1.3 논리식(부울식: boolean expression)의 간소화

회로를 만들 때는, 보통은 다음과 같이 문제가 주어진다.

　　1. "이러 이러하게 동작하는 회로를 만들어주세요".

또는

　　2. "이 진리표처럼 동작하는 회로를 만들어주세요"

가장 중요한 단계는, 위의 1번과 같은 형식으로 문제가 주어졌을 때, 문제가 요구하는 회로의 특성을 진리표로 작성할 수 있는 능력이다. 이에 대한 사항은 향후에 예제 문제 등에서 논의하자.

지금은 2번과 같은 방식으로 진리표가 주어졌을 때, 이를 논리식으로 변환하는 방법을 알아보자. 앞에서 소개한 바와 같이 논리식(boolean expression)에서 논리도(logic diagram)로의 변환은 거의 기계적인 작업이다. 그렇기 때문에, 이제부터는 진리표에서 논리식을 도출하는 방법을 본격적으로 이야기하려고 한다.

아래의 그림은 동일한 논리식을 간소화하기 전(前)과 후(後)의 회로도다. 좌·우의 회로는 동일한 기능을 수행한다. 그러나 오른쪽이 훨씬 간단한 회로다. 이와 같이 논리식을 간단하게 하면, 이에 따라 실제 회로가 간단하게 되고, 이는 곧 사용하는 게이트의 숫자에 영향을 미친다. 이는 비용과 밀접한 관련이 있다.

	변환 전(前)	변환 후(後)
논리도		
논리식	$F = A(A' + B)$	$F = A(A'+B) = AA' + AB$ $= 0 + AB = AB$

이제까지의 경험에서 알 수 있듯이 부울식이 제공되면 앞에서 배운 불 대수(boolean algebra)의 여러 정리들을 이용해서 식을 간단하게 할 수 있다. 아래와 같은 진리표를 한번 보자. ◥

그렇지만 이 작업은 좀 머리가 아프다. 수학에서 인수 분해에 해당하는 과정인데, 아마도 중·고등학교에서 인수 분해를 하는 과정이 어렵게 기억에 남아 있는 사람들이 많이 있을 것이다. 어떻게 쉽게 식을 간단하게 하는 방법이 없을까?

입력		출력
a	b	f
0	0	0
0	1	1
1	0	1
1	1	1

위의 진리표를 곱의 합(Sum of Product) 표현에서는 아래와 같이 표현할 수 있다.

논리 회로를 표현하는 또 다른 방법이다. 위의 진리표에서의 1,2,3번째 줄의 합을 의미한다(줄 번호는 0부터 시작한다).
진리표 상의 각 줄(최소항, 민텀/min-term)을 더한다(sum)는 의미를, $\sum$ 기호(시그마 기호)를 사용하여 최소항들의 합으로 표현할 수 있다.
f(a, b)는 f라는 출력이 입력 a와 b를 사용한다는 의미이다.

$$f(a,b) = \sum(1,2,3)$$

즉, 진리표의 각 줄 번호를 $\sum$ 심볼을 이용해서 합하는 것을 의미한다. ◥

이 진리표는 아래와 같이 표현할 수 있다.

(a=0 AND b=1) OR (a=1 AND b=0) OR (a=1 AND b=1)

→ $f = a'b + ab' + ab$

$$= a'b + a(b'+b)$$

$$= a'b + a1$$

$$= a'b + a$$

$$= (a'+a)\ (b+a)$$

$$= 1(a+b)$$

$$= a+b$$

이 단계에서는 AND에 대한 OR의 분배 법칙을 사용한다. 수학에서의 분배 법칙과 조금 달라서 익숙하지 않을 수 있다.

바로 위의 첫 번째 표현으로부터 식을 간단히 해서 최종적으로 이 식을 얻을 수 있다.

이제 부터는 이와 같은 식을 간단히 하는 새로운 방법을 배워보자.

4.2 논리식의 간소화: Karnaugh map(K-map)

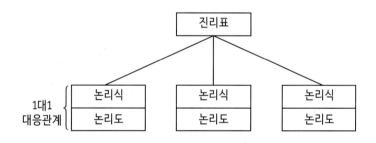

진리표와 동일한 기능을 수행하는 다양한 논리식, 논리도를 만들 수 있다. 논리식과 논리도는 '1 대 1' 대응 관계가 성립한다.

지금까지 배운 내용을 복습하자. 위의 그림이 무엇을 말하고 싶은 것일까? 진리표가 주어지면 다양한 논리식과 논리도를 만들 수 있는데, 우리는 그 중에서 가장 간단한 논리식(논리도)을 구하려고 한다.

앞에서 불 대수를 이용해서 논리식을 간소화하는 예제를 봤었다. 식을 간소화하는 방법은 중·고등학교 시절에 배웠던 인수 분해와 비슷하다. 4칙 연산(+, −, *, /)을 사용하여 식을 간단히 하는 인수 분해와 개념상으로 유사하기 때문이다.

그런데 인수 분해에서 사용하는 규칙들의 종류가 많아서 효과적인 인수 분해를 수행하려면 많은 연습이 필요한 것과 같이, 불 대수에서의 식의 간소화는 쉽지 않다.

이제 논리회로 이야기로 넘어간다. 몇 가지 용어를 정리하자.

기본적으로 기억할 내용은, 이제까지 배운 방식대로 진리표로부터 논리식을 도출해 나가면 곱의합(Sum of Product) 형태로 식이 구성되게 된다. 이 곱의합 식을 체계적으로 간소화하는 방법이 K-map(Karnaugh map, K-맵, 카노맵, 카르노맵)이다. 그럼 이제 가장 간단한 예제를 통해서 K-map을 사용하는 방법을 배워보자.

K-map

주어진 문제로부터 조합 논리 회로의 설계 절차는 아래와 같다.

1. 문제가 제시된다.

2. 입력 신호와 출력 신호에 문자 기호를 정한다.

3. 진리표를 만든다.

4. 각 출력 신호에 대한 간소화된 논리식을 만든다.

5. 논리도를 그린다.

최소항(min-term)
예를 들어 4개의 입력이 있다면 A'BCD는 최소항이다. 그러나 ABC와 같은 항은 최소항이 아니다. 최소항(min-term)을 이렇게 정의하면, 개념상으로 최소항은 진리표의 1줄에 해당한다. 즉, 최소항이란 '모든 가능한 입력의 경우의 수 중에 하나의 경우'를 의미한다.

여기서 한가지 개념을 더 설명해야 한다. '곱의 합' 회로에서 최소항(min-term, 민텀)이라는 것이다. 이 내용은 바로 다음 절에서 사용될텐데, 기본적인 개념은 여기서 살펴보고 넘어가자. 최소항이란 '모든 입력 변수를 포함하는 AND 항(AND term)'을 의미한다.

'합의 곱' 회로에서는 모든 변수를 포함하는 OR 항(OR term)을 최대항(max term, 맥스텀)이라고 한다. 4개의 입력에 대하여 A+B+C+D와 같은 식이 최대항이다.

합의 곱 형식의 회로는 차후에 dual K-map 부분에서 자세히 다루기로 하자.

4.2.1 2개의 입력

이제부터 가장 간단한 경우부터 시작해서 K-map을 구성하는 법을 배워 보자.

1. 2개의 입력이 있는 진리표에 대해서 K-map은 아래와 같이 그린 다. 각각의 입력을 a, b라고 하자. K-map의 셀 안의 숫자는 최소항 (min-term)의 순서를 10진수로 표현한 것이다(최소항의 번호는 0부 터 시작한다. 즉 입력 (a, b)가 각각 (0 ,0)이면 0, (0,1)이면 1이 되는 방식이다).◤

K-map은 진리표를 2차원 모양으로 다시 정리한 것 이다.

a	b	f
0	0	1
0	1	1
1	0	1
1	1	0

진리표

a\b	0	1
0	0	1
1	2	3

K-map

2. 최소항의 출력이 1인 곳(진리표에서 출력이 1인 행)을 K-map에 아 래와 같이 1로 채우자.◤

K-map은 입력 (a,b)가 (0,0) 또는 (0,1) 또는 (1,0) 인 경우에 출력이 1이 되 는 회로를 의미한다. 즉, K-map은 1차원으로 적혀 있는 진리표를 2차원 모양 으로 바꿔서 표현한 것이다.

a\b	0	1
0	1	1
1	1	

3. 이제, K-map 상에서 셀들을 그룹핑(grouping)해야 한다(왜 그룹으 로 만들어야하는지는 곧 이야기한다). 그룹을 만들때는 아래와 같은 규칙을 지켜야한다.

- 이웃한 셀들끼리 묶는다. 떨어져 있거나 대각선으로 이웃한 항은 묶을 수 없다.

- 셀들을 2, 4, 8, 16개(2의 지수승 개수)로 그룹을 지어 묶는다.

- 셀들은 반드시 직사각형이나, 정사각형의 형태로 묶어야만 한다.

그러면 아래와 같이 묶을 수 있다. 여기서 아래 그림의 사각형을 잘 보자.

이 설명을 꼭 이해해야 한다. K-map의 원리를 설명하는 부분이기 때문이다.

- (a, b)가 (0,0) 또는 (0,1)인 경우에 출력이 1이다. 이 말은 b의 값을 고려할 필요없이 a가 0인 경우라고 할 수 있다. 그래서, 첫번째 사각형은 a'라고 표현할 수 있다. ◣

- (a, b)가 (0,0) 또는 (1,0)인 경우에 출력이 1이다. 이 말은 a 값에 상관없이 b가 0인 경우라고 할 수 있다. 그래서 이 사각형은 b'라고 할 수 있다.

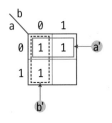

불 대수를 이용하여 식을 간단히 할 수 있지만, 이와 같은 K-map을 이용하면 직관적으로 식을 간단히 할 수 있다는 장점이 있다.

[중요] 여기서 이상한 점이 있다. (a, b)가 (0, 0)인 셀은 두 번 고려된다. 어떤 셀을 여러 번 묶음에 사용해도 상관없다. 어차피 각 항들은 OR 조건이기 때문이다. 중복 사용되더라도 전체적으로 회로를 간단히 하는 것이 더 좋다.

4. 이렇게 묶은 사각형은 f = a'+b'라고 적을 수 있다. 실제로 이 결과는 아래와 같이 논리식을 간략화한 결과와 동일함을 알 수 있다. ◣

$$f(a,b) = \sum(0,1,2) = a'b' + a'b + ab' = a'b' + a'b + a'b' + ab'$$
$$= a'(b' + b) + b'(a' + a) = a'1 + b'1 = a' + b'$$

기본 아이디어

K-map에서 그룹으로 묶는 동작의 효과에 대해서 이야기해보자. 조금 전에 언급한 사각형을 묶는 규칙을 지킨다면, 사각형이 커져갈수록 회로가 간단해진다는 것을 알 수 있다.

묶어가는 사각형은 셀의 개수가 $2(2^1)$개, $4(2^2)$개 와 같이 지수 승의 개수가 된다. 이렇게 묶어가는 셀의 개수가 커질수록 사용하는 심볼의 개수는 하나씩 줄어들게 된다.

4.2.2 3개의 입력

위에서 살펴본 2개의 입력인 경우는 가장 간단한 상황이다. 이제 조금씩 입력의 개수가 많아지는 상황을 살펴보자.

3개의 입력인 경우에 K-map은 아래와 같이 구성된다. 아래의 각 셀의 순서 관계에 유의해서 K-map을 보자. 왜냐하면 0, 1, 2, 3의 순서가 이상하기 때문이다. 또한 4, 5, 6, 7도 순서가 이상하다. 왜 이렇게 배치할까?▶

a\bc	00	01	11	10
0	0	1	3	2
1	4	5	7	6

그러면 이제 아래의 진리표를 K-map으로 묶어보자. 아래와 같이 진리표의 각 최소항(민텀)들을 1의 출력을 가지는 입력에 대해서, 우측의 K-map에 정해진 순서대로 1이라고 기입해주면 된다. 그리고 아래와 같이 묶으면 된다.

각 셀들의 위치에 표시된 2진수 비트를 잘 보자. 00, 01, 10, 11의 순서로 되어 있지 않다.

셀들을 묶을 때 이웃한 셀들을 묶게 되는데, 이웃한 셀들은 1비트씩만 달라야 하기 때문이다.

이웃한 셀들이 왜 1비트씩만 달라야 할까? 1비트만 달라야, 묶을 때 해당하는 변수를 1개씩 삭제할 수 있기 때문이다. 중요하다. 이 이유를 이해하자.

a	b	c	f
0	0	0	0
0	0	1	0
0	1	0	0
0	1	1	1
1	0	0	0
1	0	1	1
1	1	0	1
1	1	1	1

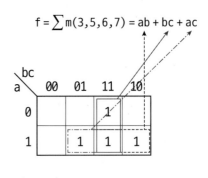

$$f = \sum m(3,5,6,7) = ab + bc + ac$$

아래에 다양한 3개의 입력에 대해서 K-map 예제을 묶어가는 예를 살펴보자. 묶여지는 각 그룹의 크기에 따라서 변수의 개수가 줄어드는 것을 꼭 확인하자.

① 2개씩 묶는 경우의 예

K-map의 좌우 또는 상하의 양 끝은 원통처럼 말려 있는 상태로써 연결되어 있다. 서로 1 비트만 다르기 때문이다.

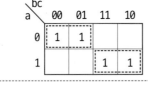

$$f = \bar{a}\,\bar{b} + ab$$

$$f = \bar{a}\,\bar{c}$$

② 4개씩 묶는 경우의 예

$$f = c$$

$$f = \bar{a}$$

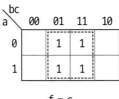

$$f = \bar{c}$$

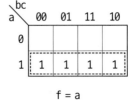

$$f = a$$

③ 이제 조금 복잡한 경우를 살펴보자. 아래 경우를 생각해보자.

a \ bc	00	01	11	10
0	1	1	1	1
1	1			1

이 경우는 아래와 같이 다양한 방법으로 묶을 수 있다.

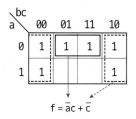

$$f = \overline{a}c + \overline{c}$$

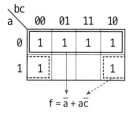

$$f = \overline{a} + a\overline{c}$$

변수가 2개인 경우에서 언급했던 사항을 다시 한번 강조하자. 위와 같이 묶을 수도 있지만, 아래와 같은 묶음이 가장 좋은 묶음이다. 하나의 셀이 두 번 이상 사용되더라도 크게 묶는 것이 가장 좋다. 이 3가지 경우에 대해서 논리식에서 사용되는 연산자의 개수를 서로 비교해보자.

중요하다! 셀들이 중복 사용되더라도 최대한 크게 묶어야 한다.

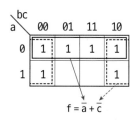

$$f = \overline{a} + \overline{c}$$

4.2.3 Don't Care 조건

어떤 특정 입력값은 출력값을 고려할 필요가 없는 경우(즉, 출력값에 전혀 영향을 미치지 않는 입력)가 있는데, 이를 don't care 조건(don't care condition)이라고 한다. 즉, 이러한 입력값은 회로를 구성할 때 고려할 필요가 없다는 말이다.

Don't care 조건의 의미를 설명하기 위해서 인위적인 예를 만들어보자. 예를 들어, 지금 만들려고 하는 시스템은 3개의 입력 신호가 있다. 그러니까 입력이 0에서 7까지의 숫자를 2진수로 입력할 수 있다. 이 중에서 '입력값이 3의 배수일 때만 1을 출력'하는 시스템을 만들려고 한다. 즉, 아래의 진리표에서 abc가 입력을 의미하는데 이를 2진수 표현이라고 생각할 때 진리표는 아래와 같이 된다.

abc	입력의 10진수 값	f
000	0	1
001	1	0
010	2	0
011	3	1
100	4	0
101	5	0
110	6	1
111	7	0

3개의 입력 단자가 있으므로, 모든 가능한 8가지 경우, 즉 숫자 0~7까지의 모든 입력에 대해서 '3의 배수'를 구별하는 회로를 위해서 아래와 같이 K-map을 구성해야한다.

$$f = a'b'c' + a'bc + abc'$$

그런데 진짜 하고 싶은 이야기는 지금부터 시작이다. 만약 우리가 어떠한 사정으로 인하여 입력 대상으로 0~5까지만의 숫자 만을 고려하기로 한다고 가정해보자. 즉, 우리는 6 또는 7이라는 입력이 들어오면 그 결과는 신경을 쓰지 않기로 한다는 말이다. 달리 말하면 6, 7이라는 입력은 원천적으로 발생하지 않는 상황을 생각하는 것이다(그렇기 때문에 입력이 6이나 7인 경우는 무시해도 된다).

그렇게 되면 진리표 상에서 가장 아래의 2개의 최소항(min-term)은 고려할 필요가 없다. 어차피 발생하지 않는 입력이기 때문이다. 이를 'don't care 조건'이라고 한다.

그러면 아래와 같이 해당하는 don't care minterm은 x로 표시해두고 '병합할 필요가 있을때 만 선택적'으로 사용하면 된다. 즉, 필요하지 않으면 사용하지 않아도 된다는 말이다. 그래서 don't care condition이라고 한다.

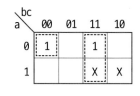

$$f = a'b'c' + bc$$

> don't care 조건을 고려하지 않은 경우에는,
> $f = a'b'c' + a'bc + abc'$ 이었다. 이처럼 don't care 조건을 사용하면 조금 더 회로가 간소화될 수 있다.

4.2.4 4개의 입력

입력이 4개인 경우는 아래와 같은데, 이것은 3개의 입력 경우를 그대로 일반화 시켜서 생각하면 이해될 수 있다. 일단 아래의 K-map에서의 셀들의 순서 관계를 자세히 살펴보자.

이 경우에도 셀들의 순서 관계를 잘 보자. 입력이 3개인 경우에서 이야기한 바와 같이, 이웃한 최소항(민텀)들이 1비트만 다르게 배치한다.

cd\ab	00	01	11	10
00	0	1	3	2
01	4	5	7	6
11	12	13	15	14
10	8	9	11	10

아래에서 다양한 4 변수 K-map을 묶어가는 예제를 보자.

① 2개씩 묶는 경우의 예

K-map의 좌우 또는 상하의 양 끝은 원통처럼 말려 있는 상태로써 연결되어 있다.

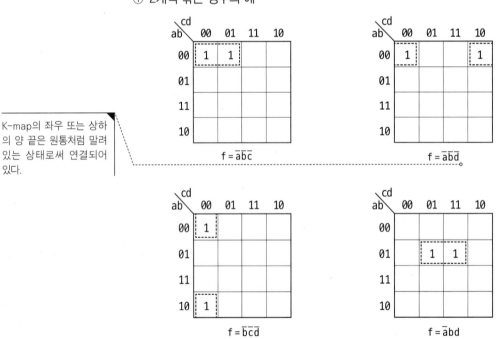

$f = \overline{a}\overline{b}\overline{c}$

$f = \overline{a}\overline{b}\overline{d}$

$f = \overline{b}\overline{c}\overline{d}$

$f = \overline{a}bd$

② 4개씩 묶는 경우의 예

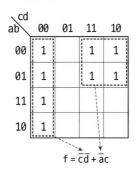

$f = \overline{c}\overline{d} + \overline{a}c$

$f = a\overline{d}$

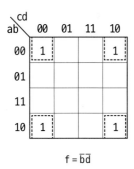

$f = \overline{b}\overline{d}$

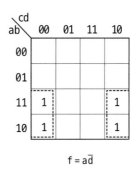

$f = a\overline{d}$

③ 8개씩 묶는 경우의 예

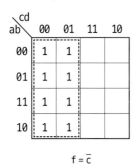

$f = \overline{c}$

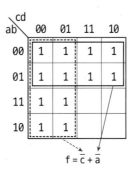

$f = \overline{c} + \overline{a}$

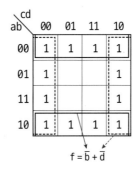

$f = \overline{b}$

$f = \overline{b} + \overline{d}$

④ 이제 조금 복잡한 경우를 살펴보자. 아래 경우를 생각해보자.

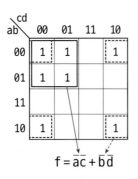

$$f = \overline{a}\,\overline{c} + \overline{b}\,\overline{d}$$

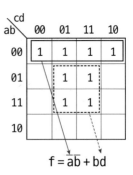

$$f = a\overline{b} + bd$$

아래의 예제는 4개의 입력에 대한 don't care 조건을 포함한 예제이다. don't care 조건을 잘 활용하면 더 크게 묶을 수 있는 장점이 있다.

a	b	c	d	f
0	0	0	0	x
0	0	0	1	1
0	0	1	0	x
0	0	1	1	1
0	1	0	0	x
0	1	0	1	1
0	1	1	0	1
0	1	1	1	1
1	0	0	0	0
1	0	0	1	0
1	0	1	0	0
1	0	1	1	0
1	1	0	0	0
1	1	0	1	1
1	1	1	0	1
1	1	1	1	0

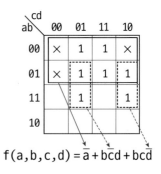

$$f(a,b,c,d) = \overline{a} + b\overline{c}d + bc\overline{d}$$

Don't care 조건을 포함한 다양한 예제를 살펴보자.

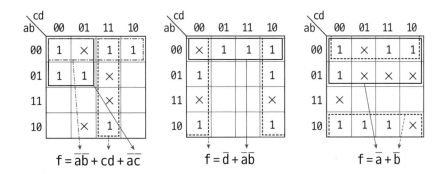

$$f = \overline{ab} + cd + \overline{ac} \qquad f = \overline{d} + \overline{ab} \qquad f = \overline{a} + \overline{b}$$

4.2.5 Don't Care 실용적인 예제

Don't care 조건을 사용하는 조금 더 실용적인 경우를 살펴보자. 아래와 같은 물건을 '7-세그먼트(seven segments) 디스플레이'라고 한다. 숫자를 7개의 LED로 표현하기 때문에 이렇게 부른다. 엘리베이터의 층 번호에서 많이 보았을 것이다.

2진수로 입력되는 숫자를 7-세그먼트로 출력하는 회로를 BCD -to-7 세그먼트 디코더(BCD-to-7 segments decoder)라고 한다.

BCD는 Binary-Coded-Decimal 이라는 의미다. 즉, 0..9까지의 숫자(decimal)를 이진수로 표현하는 방법. 즉, 이진수 4비트를 이용해서 10진수 숫자(0..9)들을 표현하는 방식을 말한다. 2장에서 소개되었었다.

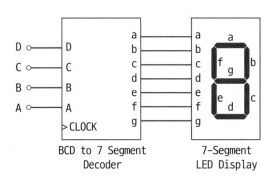

BCD to 7 Segment
Decoder

7-Segment
LED Display

BCD-to-7 세그먼트 디코더는 위의 그림과 같이 입력이 4비트가 들어오면, 출력이 7비트인 회로이다.

표 4.9 BCD 코드 테이블

10진수	0	1	2	3	4	5	6	7	8	9
BCD code	0000	0001	0010	0011	0100	0101	0110	0111	1000	1001

여기서 주의해야 하는 사항이 있다. 입력이 4개이므로 총 2^4개(16개)의 입력이 가능하지만, 십진수 심볼은 0에서 9까지 10개만 사용되기 때문에 후반부의 6개의 입력은 don't care condition으로 활용할 수 있기 때문에 회로가 간단해진다. ◥

아래의 7-세그먼트에서 7개의 LED에 대한 회로를 각각 구성해야한다. 아래에서는 a와 e 세그먼트의 경우만 살펴 보자. 0-9까지의 입력에 대해서 세그먼트 a의 출력을 하나씩 진리표에 기입하고 10~15까지의 값은 don't care로 처리하면 된다. ◥

Don't care의 실제적인 예제다. 잘 이해하자.

숫자 0부터 9까지 중에서 LED 세크먼트 a가 켜져야 하는 상황을 진리표로 작성하는 과정이다.

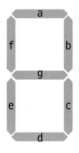

10진수	A	B	C	D	a
0	0	0	0	0	1
1	0	0	0	1	0
2	0	0	1	0	1
3	0	0	1	1	1
4	0	1	0	0	0
5	0	1	0	1	1
6	0	1	1	0	1
7	0	1	1	1	1
8	1	0	0	0	1
9	1	0	0	1	1
10					X
11					X
12					X
13					X
14					X
15					X

숫자 입력이 $0000_{(2)}$ 즉, $0_{(10)}$일 때는 a 세그먼트가 불이 켜져야 한다는 말이다.

숫자 입력이 $0001_{(2)}$ 즉 $1_{(10)}$일 때는 a 세그먼트가 불이 꺼져야 한다는 말이다.

숫자는 0에서 9까지만 입력이 가능하다. 따라서 진리표 상의 10~15까지는 원천적으로 사용하지 않는 입력이다. 따라서 don't care.

이 진리표로부터 k-map을 적으면 아래와 같이, 이를 묶어보자.

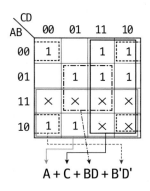

$$A + C + BD + B'D'$$

세그먼트 a를 위한 진리표와 K-map

아래는 세그먼트 e에 대한 내용이다.

10진수	A	B	C	D	e
0	0	0	0	0	1
1	0	0	0	1	0
2	0	0	1	0	1
3	0	0	1	1	0
4	0	1	0	0	0
5	0	1	0	1	0
6	0	1	1	0	1
7	0	1	1	1	0
8	1	0	0	0	1
9	1	0	0	1	0
10					X
11					X
12					X
13					X
14					X
15					X

이 진리표로부터 k-map을 적으면 아래와 같이, 이를 묶어보자.

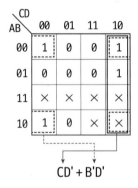

$$CD' + B'D'$$

4.2.6 Dual K-Map

이제까지는 곱의 합 형식의 조합 논리 회로만을 다루었다. 즉 진리표 상의 최소항들을 묶음으로써 최종적으로 OR 게이트로 합하는 모양이다.

이러한 곱의 합(Sum of Product) 형식과 다르게, 아래와 같이 합의 곱 (Product of Sum: POS)의 형태로 표현하기도 한다고 앞에서 이야기했었다. 최소항(minterm, 민텀)을 사용하는 '곱의 합' 경우와 비슷한 방식으로 용어를 설정하면, '합의 곱' 회로에서는 최대항(maxterm, 맥스텀)이라는 것을 만들 수 있으리라고 유추할 수 있을 것이다.

그럼 여기서 질문이 있다. '곱의 합' 식과 '합의 곱' 식 사이에는 어떤 관계가 있을까? 이 둘은 서로 완전히 다른 것일까? 아래의 그림에서 힌트를 얻어보자.

'곱의 합'과 '합의 곱'의 관계는 중요한 부분이다.

아래의 왼쪽은 원래의 k-map을 이용해서 만들어서 '곱의 합' 회로가 되고, 오른쪽 그림은 x'를 표시하고 묶는 과정이다. 즉, 반전(invert)한 x'를 k-map을 묶으면 '합의 곱' 회로가 된다.

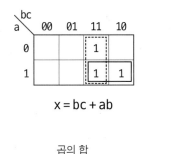

$$x = bc + ab$$

곱의 합

$$x' = b' + a'c'$$
$$x = (x')' = (b' + a'c')' = b(a + c)$$

합의 곱

위의 그림에서 알 수 있듯이, '곱의 합'은 (용어 뜻 그대로) 최소항들의 '합집합'을 만들어가는 방식이고, '합의 곱'은 최대항의 '교집합'을 만들어가는 방식임을 알 수 있다. 또한 곱의 합은 출력값 1을 중심으로 묶고, 합의 곱은 출력값 0을 중심으로 묶고나서 NOT를 취하면 된다.

'곱의 합' 회로와 '합의 곱' 회로의 비교

이 의미를 다른 예를 통해서 다시 한번 보자. 아래와 같은 진리표가 있다고 생각하자.

xyz	f
000	0
001	1
010	0
011	0
100	1
101	1
110	1
111	0

위의 진리표로부터 논리식을 다음과 같이 구할 수 있다.

- 곱의 합(Sum of Product):

  $$f = x'y'z+xy'z'+xy'z+xyz'$$
  $$= y'z(x'+x) + xz'(y+y')$$
  $$= y'z + xz'$$

  곱의 합의 동일한 결과는 아래의 K-map을 통해서 구할 수도 있다.

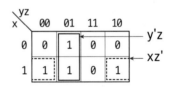

- 합의 곱(Product of Sum):

  $$f' = x'y'z'+x'yz'+x'yz+xyz$$
  $$= yz + x'z'$$
  $$f = (f')' = (y'+z')(x+z)$$

이와 같이 하나의 회로는 진리표로부터 '곱의 합' 형식이나 '합의 곱' 형식 모두 만들 수 있다.
여기에서는 드모르강의 법칙을 사용해서 식을 전개하였다.

합의 곱의 동일한 결과는 아래의 K-map을 통해서 구할 수도 있다. f에 대해서 동일하게 K-map을 적용하면 위의 논리식과 동일한 결과를 얻을 수 있다. 즉, 0을 묶으면 된다.

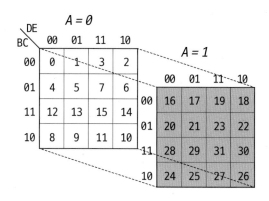

위의 두 식(곱의 합과 합의 곱)이 동일한 기능을 수행한다는 것을 진리표를 이용해서 각자 증명해보자.

> 드모르강의 법칙을 생각해 보면 왜 이렇게 되는지 알 수 있을 것이다.

x	y	z	y'z	xz'	y'z + xz'	(y'+z')	(x+z)	(y'+z')(x+z)
0	0	0						
0	0	1						
0	1	0						
0	1	1						
1	0	0						
1	0	1						
1	1	0						
1	1	1						

4.2.7 입력이 4개 보다 많은 경우

5개 이상의 입력 변수가 있는 경우는 아래의 5 변수 K-map 처럼 상당히 복잡해진다. 이 교재에서는 이와 같은 경우는 다루지 않기로 하자.

4.2.8 NAND 게이트

이론적으로 AND, OR, NOT 게이트들만 있으면 모든 회로를 만들 수 있다. 그런데 실제로는 AND, OR, NOT 게이트들의 조합 대신에 NAND 게이트 한 종류만(또는 NOR 게이트 한 종류만)을 사용한다. 그 이유를 알아보자.

아래는 불 대수에서의 드모르강의 법칙이다.

$$(abc)' = a' + b' + c'$$
$$(a+b+c)' = a'b'c'$$

이를 게이트로 표현하면 아래와 같다.

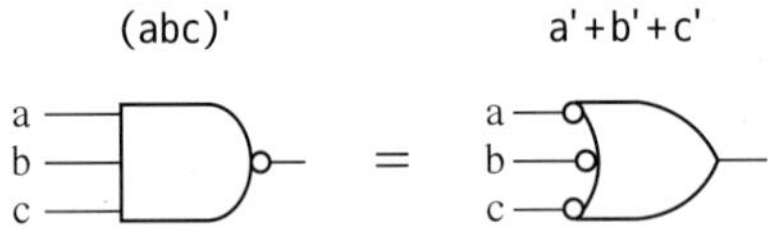

NAND 게이트

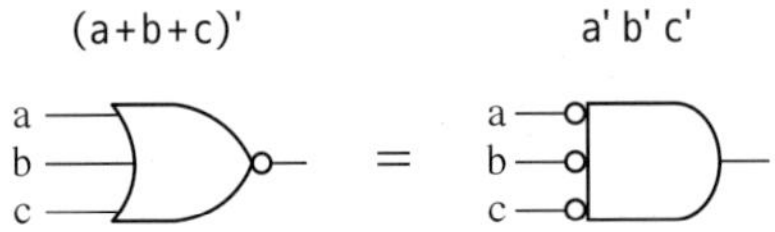

NOR 게이트

이를 바탕으로 조금 더 구체적인 예를 보자. 아래와 같이 And-Or 회로는 NAND 만을 이용한 회로로 바꿀 수 있는데, 실제 회로 제작에서는 한 종류의 게이트만으로 설계하면 편리한 장점이 있기 때문에, 주로 NAND게이트 만을 이용해서 회로를 만든다. ◣

NOR 게이트도 동일한 특성이 있다.

$$abc+def = (abc)'' + (def)'' = (\ (abc)'\ (def)'\ )'$$

이 식은 '드모르강의 법칙'을 활용한 식이다. 이 식의 의미를 다음의 그림을 비교하면서 살펴보자.

아래의 회로도는 위의 식의 변경 과정을 그림으로 나타낸 것이다. 논리식과 회로도를 비교하면서 보자.

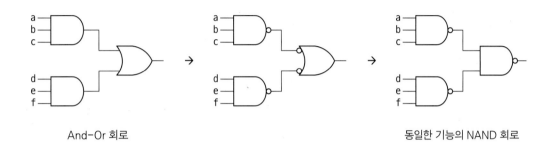

And-Or 회로   동일한 기능의 NAND 회로

그럼 본격적으로 NAND를 이용한 회로 구성을 예를 살펴보자. 다음의 K-map을 NAND 게이트들로만 구성해보자.

1. 먼저 And-Or 회로를 구성한다.

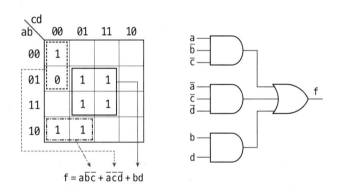

$$f = a\overline{b}\overline{c} + \overline{a}\overline{c}\overline{d} + bd$$

2. 이를 드모르강의 법칙을 이용해서 아래와 같이 변경할 수 있다. 실제로는 위에서 설명한 바와 같이 And 층의 출력에 NOT를 첨가하고, Or층의 입력에 NOT를 첨가해서, 전체적으로 모든 게이트를 NAND 게이트로 만들면 된다.

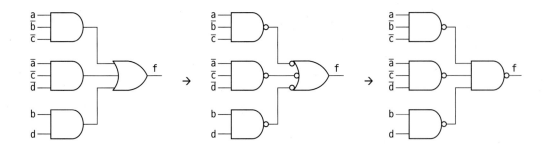

> **참고**
> K-map과 같은 직관적인 방법이 어느 정도 문제를 해결해 줄 수 있지만, 조금 더 체계적으로 회로를 간략화할 수 있는 방법들이 있다. 대표적인 방법이 Quine-McCluskey 최소화 알고리즘이다. 이 방법은 K-map 방법에 비해서 컴퓨터 알고리즘으로 구현하기 조금 더 좋은 표현 체계를 하고 있는데, 이 책에서는 자세한 내용은 소개하지 않기로 한다.

4.3 조합 논리 회로 실습

실제로 브레드보드와 게이트, 전선 등을 이용해서 실습을 하면 조금 더 재미있을 것이다. 그러나 실습에서 전원, 전선, 게이트 등을 포함한 각각의 부품들의 상태와 연결성에 따라서 오류가 날 수 있어서 짜증스러운 상황이 발생할 수도 있다. 따라서 시뮬레이터 소프트웨어를 활용해서 실습하는 것이 그 대안이 될 수 있다.

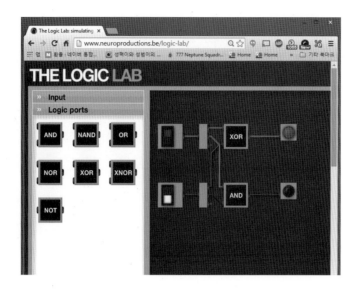

http://www.neuroproductions.be/logic-lab/

논리 회로 시뮬레이터는 여러 종류가 있다. 지금 사용하는 것은 아주 간단한 버전이다.

위의 사이트에 접속해서 앞에서 다루었던 다양한 회로들을 테스트해보자. 이 시뮬레이터 사용법은 간단하다. 왼쪽의 탭을 눌러서 원하는 부품을 오른쪽 화면으로 끌어놓기(drag and drop) 하면 된다. 그리고 마우스로 부품들을 연결하면 된다. 입력은 스위치로 하고, 출력은 LED로 표현하면 된다. 기본적인 부품은 아래의 표를 참고하자.

스위치 값: 0	스위치 값: 1	출력 LED	다양한 게이트	전선 분할

웹브라우저에서 아래의 주소에 연결해보자. 이 웹 사이트에서 기본적으로 구성해둔 회로가 보일 것이다. 스위치를 조작함으로써 각 게이트가 어떻게 동작하는지 눈으로 확인하자.

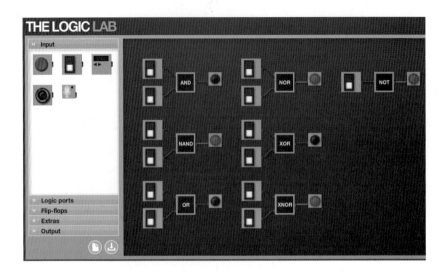

http://www.neuroproductions.be/logic-lab/index.php?id=57173

이 사이트는 회로를 저장하는 기능이 있다. 화면의 왼쪽 하단의 버튼 중에
서 '저장 버튼'을 누르면, 아래 우측과 같은 화면에서 회로의 이름을 저장
할 수 있다. 저장된 URL 주소를 기억하고 있으면 언제든 다시 사용할 수
있다.

4.3.1 다양한 시뮬레이션 예제

앞에서 보았던 아래의 k-map에 해당하는 회로를 구성해보자.

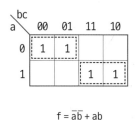

$$f = \overline{a}\overline{b} + ab$$

아래와 같이 구현하였다. 아래 회로의 주소는 다음과 같다.

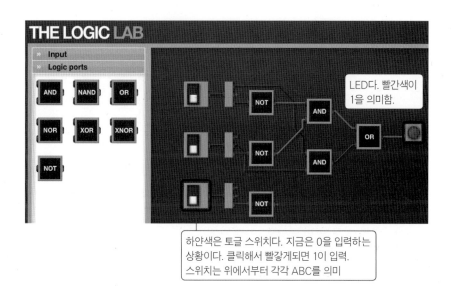

http://www.neuroproductions.be/logic-lab/index.php?id=84152

4.3.2 회로 제작 실습 문제

1. 아래의 진리표에 해당하는 회로를 시뮬레이터 상에서 구현하시오.

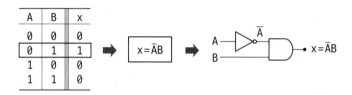

A	B	x
0	0	0
0	1	1
1	0	0
1	1	0

2. 아래의 진리표에 해당하는 회로를 시뮬레이터 상에서 구현하시오.

A	B	C	X	Y
0	0	0	0	0
0	0	1	1	0
0	1	0	0	0
0	1	1	1	1
1	0	0	0	1
1	0	1	0	0
1	1	0	0	0
1	1	1	0	0

3. 아래의 회로를 만드시오. 아래는 1비트 덧셈기 회로이다.

A	B	S	C
0	0	0	0
0	1	1	0
1	0	1	0
1	1	0	1

4. 아래와 같은 회로를 만드시오. 짝수인지를 판별하는 회로입니다. 즉,
   짝수이면 출력이 1, 홀수이면 출력이 0인 회로입니다. 이를 시뮬레이
   터 상에서 구현하시오.

A	B	C	X
0	0	0	1
0	0	1	0
0	1	0	1
0	1	1	0
1	0	0	1
1	0	1	0
1	1	0	1
1	1	1	0

4.4 디지털 부품

자동차를 만들 때 모든 부품을 일일이 손으로 하나하나 만들어 가면서 완
성할 수도 있지만, 컴퓨터의 각 부품을 기성품으로 만들어 놓고 이를 조합
하는 방식으로 만들어 갈 수 있을 것이다. 이제 컴퓨터에서 자주 사용하는
조합 회로 부품들을 살펴보자.

'소자(素子, an element, a device)'라는 용어는 작은 부품이라는 뜻이다.
지금부터 몇가지 기본 소자를 소개하려고 한다. 조합 회로를 만들 때 자주
사용되는 부품들을 미리 만들어둔 것이라고 생각하면 된다.

4.4.1 작동 구동 신호(Enabling Lines)

지금까지의 회로는 '언제나 작동한다'고 가정하는 회로들이었다. 즉, 언제
나 작동하고 있는 상태에서 입력이 바뀌면 출력이 바뀌는 구조다. 그런데

다른 한편으로는 어떤 한 순간에만 회로를 작동시키고 싶은 경우가 있을 수 있다. 즉, 회로를 작동시키는 '스위치'를 만들어보자. 이렇게 '스위치'처럼 동작하는 회로가 필요한 경우에는 아래와 같은 AND 게이트를 이용하여 Enable 신호로 사용할 수 있다.

이 소자의 진리표를 만들어보자. 아래와 같이 Enable이 1일때만 입력이 그대로 출력으로 전달되게 된다. Enable이 0일때는 언제나 0이 출력된다. 즉 Enable 신호를 '스위치' 처럼 사용할 수 있다. ◥

이 소자는 이 책의 향후에 계속 사용하게 된다.

Enable = 1		Enable = 0	
a	x	a	x
0	0	0	0
1	1	1	0

이와 비슷하게 XOR 게이트를 사용하여서 신호를 반전(invert)할 수도 있다. 아래의 회로도와 진리표를 살펴보자. 아래와 같이 Invert 신호가 1일 때는 신호가 반전되고, 0인 경우는 원래의 값이 그대로 출력된다. ◥

이 2개의 소자는 향후에 아주 긴요하게 사용된다. 잘 이해하자.

Inverter= 1		Inverter = 0	
a	x	a	x
0	1	0	0
1	0	1	1

4.4.2 멀티플렉서(multiplexer)와 디-멀티플렉서(de-multiplexer)

멀티플렉서를 줄여서 먹스 (MUX)라고도 한다.

멀티플렉서란 여러 개의 입력 신호로부터 원하는 하나의 신호를 선택해서 출력하는 것을 말한다.

가장 간단한 멀티플렉서는 아래와 같이 2개의 입력 신호 중에 하나를 골라서 출력하는 것이 될 것이다. 즉, 아래의 그림에서는 Sel_0의 값에 따라서 I_0 또는 I_1의 값이 출력되는 회로이다. 이러한 멀티플렉서를 2-to-1(Two to One) 멀티플렉서라고 한다.◤

Sel 신호가 입력 신호 중 하나를 선택하는 역할을 한다.

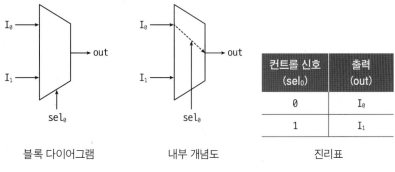

컨트롤 신호 (sel₀)	출력 (out)
0	I_0
1	I_1

블록 다이어그램　　내부 개념도　　진리표

2-to-1 멀티플렉서

2-to-1 멀티플렉서의 내부는 어떻게 구성될까? 조금 전에 배웠던 AND 게이트를 Enabling 신호로 사용하는 방식을 취해보자. 아래의 그림에 Sel_0에 0 또는 1 입력을 부여했을 때 출력값을 생각해보자. 위의 진리표처럼 동작하는가?◤

여기서도 AND 게이트가 일종의 Enabling 신호로 사용되었다.

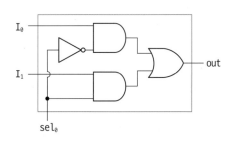

2-1 멀티플렉서의 구현

4개의 신호 중에 하나의 신호를 선택하는 4-to-1 멀티플렉서는 아래와 같이 구성하면 된다. 2-to-1 멀티플렉서는 1개의 select 단자가 필요하고, 4-to-1 멀티플렉서는 4개의 입력에서 선택을 해야하기 때문에 2개의 select 단자가 필요하다. 즉, n개의 select 단자가 있으면 2^n개의 입력 신호 중에 하나를 선택할 수 있게 된다.

실제로 멀티플렉서의 내부가 게이트들로 어떻게 구현되어 있는지 궁금하면 Wikipedia 등을 참고하자.

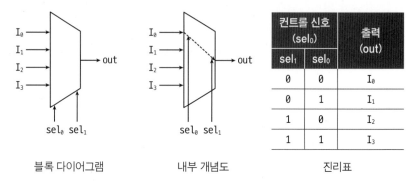

컨트롤 신호 (sel_0)		출력 (out)
sel_1	sel_0	
0	0	I_0
0	1	I_1
1	0	I_2
1	1	I_3

블록 다이어그램   내부 개념도   진리표

4-1 멀티플렉서의 구현

4-to-1 멀티플렉서는 아래와 같이 구성할 수 있다. 2-to-1 멀티플렉서의 단순한 확장이다.

아래의 그림에서는 그림을 간단하게하기 위해서 입력 개수가 3개인 AND 게이트를 사용하였다. 이것은 입력 3개가 모두 1일때만 1을 출력한다.

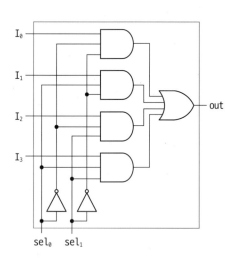

4-to-1 멀티플렉서의 구현

멀티플렉서의 반대 기능을 수행하는 소자를 디-멀티플렉서(de-multiplexer)라고 한다. 즉, 1개의 입력을 여러 출력 라인 중 하나로만 출력해주는 회로이다. 즉, 입력되는 신호를 여러 개의 출력선 중 하나로 전달하는 기능을 수행한다.

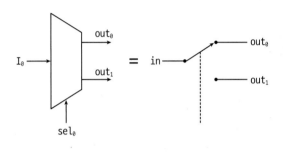

컨트롤 신호 (sel$_0$)	입력(I$_0$)	출력(out)	
		out$_1$	out$_0$
0	0	0	0
0	1	0	1
1	0	0	0
1	1	1	0

블록 다이어그램   진리표

1-to-2 디-멀티플렉서의 구현

디-멀티플렉서는 아래와 같이 구현할 수 있다.

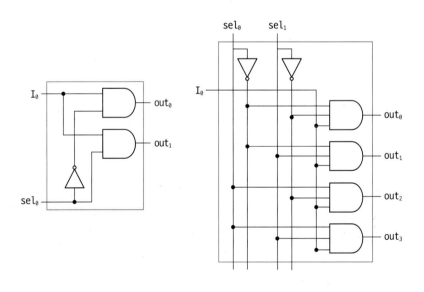

1-to-2 DeMultiplexer   1-to-4 DeMultiplexer

디-멀티플렉서의 구현

4.4.3 이진 디코더(binary decoder)와
이진 인코더(binary encoder)

이진 디코더는 2진수를 입력받아 출력 신호 중 하나만 1로 셋팅하고 나머지는 0으로 만드는 회로를 말한다. 예를 들어, 2진수로 0이 입력되면 0번째 신호가 1로 켜지고, 1이 입력되면 1번째 신호가 1로 켜지는 식이다. 아래의 진리표를 살펴보자.

아래는 '1-to-2 이진 디코더'다. 즉 한 비트를 입력받아 0인지 1인지에 따라서 해당 출력 포트를 불을 켜주는 것이다.

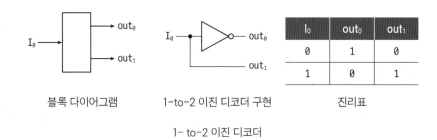

| 블록 다이어그램 | 1-to-2 이진 디코더 구현 | 진리표 |

I_0	out_0	out_1
0	1	0
1	0	1

1- to-2 이진 디코더

아래는 '2-to-4 이진 디코더'이다. 2개의 신호를 4개의 신호로 복호화한다는 의미이다. 디코더도 멀티플렉서와 유사하게 n개의 입력 신호가 있으면 2^n개의 복호화된 출력 신호를 만든다.

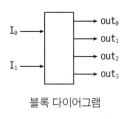

블록 다이어그램

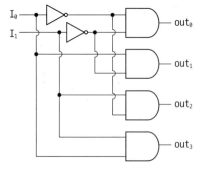

2-to-4 이진 디코더 구현

입력		출력			
I_1	I_0	out_0	out_1	out_2	out_3
0	0	1	0	0	0
0	1	0	1	0	0
1	0	0	0	1	0
1	1	0	0	0	1

진리표

2- to-4 이진 디코더 ▼

• decoder: 복호화기
• encoder: 부호화기

인코딩과 디코딩의 의미를 생각해보자.
어떤 정보를 표현할 때, 더욱 짧은 비트로 표현하는 방법으로 변환하는 것은 '인코딩', 그 반대를 '디코딩'이라고 생각하면 된다.

멀티 플렉서의 쌍으로 디-멀티플렉서가 있는 것 처럼, 이진 디코더에 대응되는 이진 인코더(binary encoder)도 있다.

이진 인코더는 2진 비트열을 입력받아 이를 이진수로 출력하는 회로이다. 예를 들어 0010이 입력되면 2진수로 $10_{(2)}$가 출력되고, 0100이 입력되면 2진수로 $11_{(2)}$된다. 일반적으로 이진 인코더는 입력에 '1'이 1개만 허용한다. 즉 0110과 같은 입력은 사용할 수 없다는 의미이다. 이러한 입력을 위해서는 '우선 순위 인코더(priority encoder)'라는 것을 사용해야한다.

필요하다면 '우선 순위 인코더'는 각자 찾아보자.

우선 순위 인코더는 회로가 조금 복잡하다. 관심있으면 직접 찾아보자.

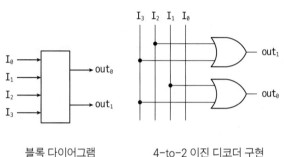

블록 다이어그램	4-to-2 이진 디코더 구현	진리표

4-to-2 이진 인코더

입력				출력	
I_3	I_2	I_1	I_0	out_1	out_0
0	0	0	1	0	0
0	0	1	0	0	1
0	1	0	0	1	0
1	0	0	0	1	1

1. 다음의 논리식을 간소화 하시오. 부울 대수를 이용할 수도 있고 논리식으로부터 진리표를 만든 후 K-map을 거쳐서 간소화할 수도 있다.

   Y = A + AB'

   Y = AB + AB' + A'B

   Y = A + AB + AC

   Y = (A+B)(A+C)

2. 아래의 회로도를 간소화 하시오. 논리도로부터 진리표를 만든 후 K-map을 거쳐서 간소화할 수도 있다.

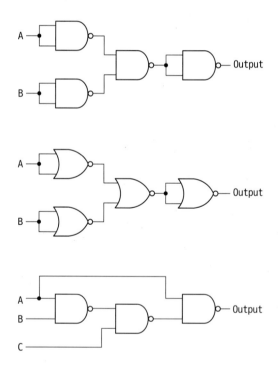

3. 아래의 회로를 NAND 게이트만 사용하여 바꾸시오.

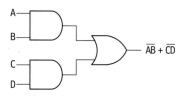

4. 다음의 진리표는 입력 A, B, C에 따른 출력 F값을 제시한 것이다. 이 진리표에 따라 F값을 출력하는 논리 회로를 NAND 게이트만을 이용하여 회로를 구성하시오.

A	B	C	F
0	0	0	1
0	0	1	1
0	1	0	1
0	1	1	1
1	0	0	0
1	0	1	1
1	1	0	0
1	1	1	0

5. 다음 k-map에 대한 최대한 간소화된 부울식을 작성하시오(XOR 연산자가 포함될 수 있는지 확인해야 한다).

	00	01	11	10
00		1	1	
01	1			1
11		1	1	
10	1			1

wx \ yz

6. 다음의 논리식과 논리도는 일명 "짝수 패리티(even parity) 발생기"라는 회로이다.

오른쪽의 표에 이 회로의 진리표를 채우시오.

$x = a \oplus b \oplus c$

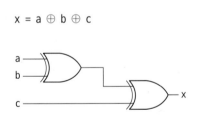

입력(a, b, c)			출력(x)
a	b	c	x

7. XOR 게이트를 AND, OR, NOT 게이트를 활용해서 구현하려고 한다. 즉 아래의 회로는 XOR 게이트와 동일하게 동작하는 회로이다. 빈 박스에 들어갈 게이트 이름을 회로 내부의 박스 안에 적으시오.

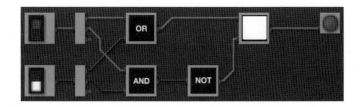

순서 논리 회로(순차 논리 회로)

CHAPTER 5

순서 논리 회로(순차 논리 회로)

(**Abstract**)

지금까지 설명한 조합 논리 회로만으로는 컴퓨터를 만들 수 없다. 왜냐하면 조합 논리 회로의 모든 출력 결과는 '입력값에만' 의존하기 때문이다. 즉, 동일한 입력에 대해서는 언제나 동일한 출력 결과를 가지는 것이 조합 논리 회로인데, 이런 조합 논리 회로만으로는 메모리 기능을 필요로 하는 회로를 만들 수 없기 때문이다. ◣

메인 메모리를 한번 생각해보자. 동일한 주소값을 메인 메모리에게 주더라도, 메인 메모리의 내용물의 값에 따라 다른 값이 출력되어야 한다. 즉, 메인 메모리는 순차 논리 회로이다.

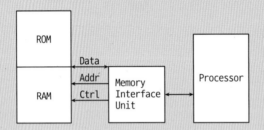

메인 메모리 작동 방식

위의 그림과 같이 메인 메모리는 CPU로부터 주소(address)와 제어 신호(read/ write와 같은 control signal)를 전달받으면, 메모리 내부의 데이터가 출력되어야 한다. 그리고 메모리 내부의 데이터는 하나의 값으로 고정되어 있지 않고 변경될 수 있다. 이 때문에 메모리 기능을 수행할 회로가 내부적으로 필요하다.

5 장에서는 아래의 내용을 다룬다.

- 1비트 저장 소자인 플립플랍의 원리

- 다양한 종류의 플립플랍의 특성

- 카운터 회로를 동기식과 비동기식으로 만들면서 순서 논리 회로의 원리

- 이론적인 학습 후에 시뮬레이터를 통해서 순서 논리 회로를 제작한다.

5.1 Stable(안정)/Unstable(불안정)

조합 논리 회로는 '입력값'이 출력값을 결정하지만, 순서 논리 회로는 '입력값'과 '회로의 상태', 이 2가지에 의해서 출력값이 결정된다.

회로의 상태를 저장하기 위해서 플립플랍(flip-flop)이라는 회로를 사용하는데, 플립플랍은 한 비트의 정보를 저장하는 이진 셀(binary cell)로써, 입력 신호가 변하기 전까지는 현재의 상태를 그대로 유지한다. 즉, 메모리로써의 기능을 수행할 수 있다.

플립플랍은 두 가지 상태(0과 1)를 저장할 수 있는 전자 회로로써, 현재의 상태를 바꿀 수 있고(0 에서 1로, 또는 1 에서 0으로), 또 그 상태를 계속 유지할 수 있기 때문에 한 비트의 정보를 저장할 수 있는 능력을 가지고 있다. 따라서 램(RAM)이나 레지스터(register) 등을 구현할 때 사용된다. 아래와 같은 4 종류의 플립플랍을 많이 사용한다:

• SR 플립플랍(또는 RS 플립플랍)

• JK 플립플랍

• D 플립플랍

• T 플립플랍

플립플랍이 어떻게 1비트의 정보를 저장할 수 있는지 그 원리를 먼저 알고 넘어가는 것이 좋을 듯 하다. 그래서 회로의 안정(stable) 상태에 대한 이야기로 시작해보자. "회로가 안정(stable)하다" 또는 "회로가 불안정(unstable)하다"라는 의미는 아래를 보면 이해할 수 있을 것이다.

아래 회로의 오른쪽의 최종 출력값 f는 시간이 지남에 따라 계속적으로 변하게 된다. 특정 위치의 값이 0 또는 1로 가정하고 시간이 지나면 이 값이 계속 바뀌게 되기 때문에 이러한 회로는 불안정(unstable)한 상황이다.

플립플랍

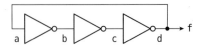

그러나 아래의 회로는 일정한 값이 유지된다. 즉 stable한 회로이다. stable 하다는 의미는 특정 값이 계속 유지된다는 의미이고, 메모리의 기능을 수행할 수 있다는 말이 된다. 아래의 회로는 f 지점에서 값이 유지된다.

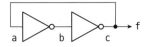

이렇게 '피드백(feed-back)'을 가지는 회로를 통해서 1비트의 정보를 저장할 수 있다. 그럼 이 회로를 이용하여 메모리를 만들 수 있을까? 메모리는 값을 저장할 수도 있어야 하고, 저장된 값을 변경할 수도 있어야 한다. 이것이 플립플롭의 역할이다. 그렇지만 위의 회로는 아직 내부 값을 변경할 수 는 없다.

5.1.1 SR latch

플립플롭을 배우기 전에 여기서 우리는 Latch(래치)라는 회로를 만나게 된다. Latch 는 '빗장'이라는 뜻인데, '무언가를 꽉 고정시켜둔다'는 의미일 것이다. 아래가 NOR 게이트를 이용해서 만든 SR Latch인데, 플립플롭의 값을 S(Set) 또는 R(Re-Set)한다는 의미에서 SR Latch라고 한다. 출력은 Q와 $\overline{Q}$(Q Bar)가 있는데 $\overline{Q}$는 Q의 inverse(반대값)이다.

이제부터 피드백(feed-back)이 있는 회로들을 본격적으로 만나게 된다. 피드백으로 인해서 회로 분석이 조금 복잡해진다.

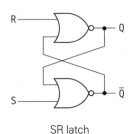

SR latch

이제 위의 회로가 어떻게 작동하는지 살펴보자. 아래의 표는 SR Latch의 동작 방식을 단계별로 설명하고 있다. 회로에 피드백이 있기 때문에 계속적으로 변하는 값의 상황을 잘 살펴봐야한다.

일단 현재 SR=00, Q=0이라고 가정해보자(Q가 0이라는 의미는, 현재 이 플립플롭이 0이라는 값을 기억하고 있다는 의미다). 그런데 아래 표와 같이 S, R의 입력을 바꾸면 시간이 지남에 따라 출력값이 단계적으로 변경되는 과정을 거쳐서 안정(stable)한 상태에 도달하게 된다.

즉, SR에 입력을 주고 몇 번의 동작 이후에 SR 래치는 안정 상태를 찾게 된다. 여기서 여러분은 메모리를 만든 셈이다. ▰

위의 SR latch를 이용해서 각 단자의 값을 입력하고 새로운 출력 값을 구해보자. 그렇게 만든 것이 아래의 표이다.
아래 표의 음영으로 표시된 부분들을 잘 보자.

Time	S	R	Q	Q̄	안정성
0	0	0	0	1	stable
1	1	0	0	0	unstable
2	1	0	1	0	stable
3	1	0	1	0	stable
4	0	0	1	0	stable
5	0	1	0	0	unstable
6	0	1	0	1	stable
7	0	1	0	1	stable
8	0	1	0	1	stable

unstable 하다는 의미는 Q와 Q'가 동일한 값을 가지는 경우다. 아직 자리를 잡지 못한 상황이다.

여기서 알 수 있 듯이 SR=10으로 한다는 말은 회로의 상태를 Set한다는 의미다.

이 회로를 앞에서 사용했던 시뮬레이터를 이용해서 구성해보았다.

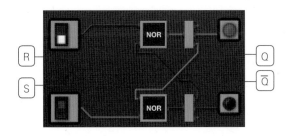

http://www.neuroproductions.be/logic-lab/index.php?id=84155

위의 신호는 SR=10을 입력해서 회로에 1을 기억시킨 신호이다. 유사하게 SR=01을 입력해서 회로의 출력값(Q)을 0으로 만들 수 있다. 그렇다면 현재의 SR 래치의 값을 읽기 위해서는 어떻게 하면 될까? S=0, R=0을 입력하면 현재의 값이 출력된다.

이제까지 1 비트 메모리의 값을 Set(S=1, R=0), ReSet(S=0, R=1), Read(S=0, R=0)하는 기능을 살펴보았다. 이제 조금 더 자세하게 살펴보도록 하자.

플립플랍에서는 이와 같은 표를 진리표라고 부르지 않고, 특성표라고 한다

아래가 SR Latch의 특성표다. 이 특성표를 보면 S(Set)와 R(Re-set)의 의미를 알 수 있다. SR=11인 경우는 출력값 Q와 $\overline{Q}$가 동일한 값을 가지게 되어서 부정(不定, 정할수 없음)상태라고 하고, 이러한 SR=11 입력값은 SR 플립플랍에서는 사용하지 않는다.

표 5.1   SR 래치 특성표(characteristic table)

S	R	Q(t+1)
0	0	Q(t) 불변
0	1	0
1	0	1
1	1	부정

위의 설명이 이해되지 않으면, 특성표의 모든 경우를 하나씩 설명하는 아래의 그림을 참고하자.

• S = 0, R = 0일 때

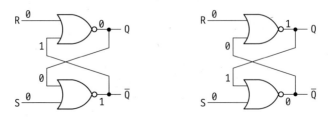

➡ 출력은 현재상태 유지

• S = 0, R = 1일 때

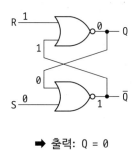

➡ 출력: Q = 0

• S = 1, R = 0일 때

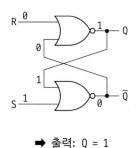

➡ 출력: Q = 1

• S = 1, R = 1일 때

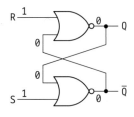

➡ 출력: 부정(Q = 0, $\bar{Q}$ = 0)

위에서는 NOR 게이트를 통해서 SR Latch를 만들었지만 아래와 같이 NAND 게이트를 이용해서 구성할 수 도 있다.

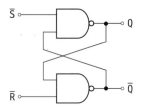

아래의 그림을 보자. 아래와 같은 파형을 S-R 래치에 인가했을 때, 출력 Q 값을 시간 축으로 그린 것이다. Q는 0으로 초기화되어 있고, 게이트에서의 수행 지연 시간이 없고(즉, 게이트의 동작에 시간 지연이 없음), 안정화를 위한 동작 과정(위에서 설명한 바와 같이 실제로는 한 클럭 만에 래치가 안정(stable) 상태로 돌아오는 것은 아니다)은 생략해서 그렸다.

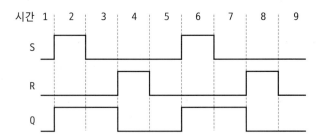

5.1.2 SR flip-flop

CPU를 포함한 컴퓨터 내의 모든 부품은 클럭에 맞추어 동작한다. 즉 클럭은 컴퓨터 내부의 시계와 같은 역할을 한다. 버스를 통해서 모듈들이 서로 데이터를 송수신하기 위해서도 모듈들 간의 동기화가 필요하며, 이런 경우를 포함하여 컴퓨터 내부의 많은 모듈들의 동기화를 이루면서 동작하기 위해서는 클럭 신호가 꼭 필요하다.

예를 들어 클럭 속도가 1.6Mhz라면, 클럭 발생기(오실레이터)는 1초당 1,600,000 번의 클럭을 발생시키게 설정된다. CPU를 포함한 모든 부품들은 클럭이 발생할 때 마다, 그 클럭에 맞춰서 일을 한다. 따라서 클럭 속도가 높으면 초당 처리하는 명령어의 개수가 많아지므로, 컴퓨터의 수행 속도가 빨라질 수 있다. 이를 위해서 컴퓨터의 클럭을 인위적으로 빠르게 하는 오버 클러킹(over-clocking)을 하곤 하는데, 그러나 시스템이 안정되게 작동되는 속도를 넘어선 over-clocking은 정상적인 가동을 보장할 수 없는 상황이 일어나는 요인이 될 수 있다.

또한 이러한 클럭과 관계된 문제는 비단 단일 컴퓨터 내부의 문제이기도 하지만, 서로 다른 컴퓨터 사이의 통신이 필요할 때도 통신 속도 설정을 위해서 고려해야 하는 사항이다.

컴퓨터의 주기판(mother-board)의 아래와 같은 부분이 클럭 발생기(clock generator)이다.

> 최근까지만 해도, 클럭의 숫자가 클수록 즉, 클럭이 빠를수록 시스템 전체의 성능이 높음을 의미했지만, 최근의 멀티 코어 CPU의 등장으로 클럭의 속도보다 컴퓨터의 병렬화, 다중화가 더욱 중요한 이슈가 되어 가고 있다.

clock generator

아래의 그림에서 T를 클럭 주기(clock period)라고 한다. 앞에서 오버 클러킹을 이야기했었는데, 클럭 주기가 짧을수록 컴퓨터가 빨라진다. 그러나 무작정 클럭 주기를 짧게만은 할 수 없다. 왜 그럴까?

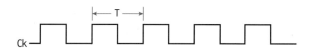

우리가 지금 사용하는 게이트는 입력을 받고 출력을 내기까지 시간이 걸린다. 클럭을 빨리한다는 말은 게이트로의 입력이 빨리 제공되는 셈인데, 그

전의 입력에 대한 결과가 나오지 않은 상황에서 새로운 입력이 들어가면 회로의 동작이 엉클어질 수 있기 때문이다.

이제부터는 SR 플립플롭을 살펴볼 것이다. 래치(latch)에 클럭을 추가한 회로를 플립플롭(flip-flop)이라고 하는데, SR latch에 클럭 신호를 추가한 것을 SR 플립플롭이라고 한다. 클럭을 이용해서 Enable 신호를 만들기 위해서, 이전에 배웠던 AND 게이트를 추가하면 된다. 그러면 SR 플립플롭은 아래와 같이 구성된다(4장에서 AND 게이트를 Enable 신호로 사용하는 것을 설명했었다). ◥

SR 플립플롭은 보통 아래와 같이 표현하는데, 좌측에 2개의 입력, 우측에 2개의 출력이 있다. SR 플립플롭은 출력이 2개로써, Q가 출력이며, $\overline{Q}$는 Q의 역(inverse)이다. 즉, Q가 0의 값이면, 그 순간의 $\overline{Q}$는 1이 된다.

플립플롭은 래치에 클럭 신호를 추가한 것

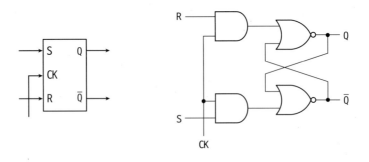

SR 플립플롭 블록 다이어그램   SR 플립플롭 내부도

SR 플립플롭이 SR 래치와 다른 점은 입력 부분에 AND 게이트를 Enable 신호로 사용하는 것만 다르다. 즉, 클럭(CK)이 들어올 때만 회로가 작동하도록 수정한 것이다.

이러한 플립플롭을 이용해서 회로의 상태를 저장하면서, 아래의 그림과 같이 조합 논리 회로와 함께 구성되는 회로가 바로 '순서 논리 회로'가 된다. 이러한 순서 논리 회로는 몇 가지 특성이 있다.

- '입력값'과 '현재의 상태'에 의해서 회로의 출력값이 결정된다.

- 피드백(feedback)을 가진다: 회로의 출력 결과가 회로의 상태 변경을 위해 서 다시 사용된다.

- 플립플롭과 같은 기억회로를 가진다.

- 클럭에 의해서 동작한다. 플립플롭의 값은 동일한 값이 들어오더라도 시간에 따라 값이 변할 수 있기 때문에 클럭에 의해서 회로의 동작을 제어해야 한다.

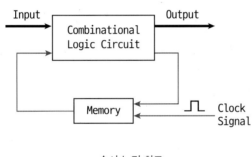

순서 논리 회로

표 5.2 SR 플립플랩 특성표

S	R	Q(t+1)
0	0	Q(t)
0	1	0
1	0	1
1	1	(부정)

SR 플립플롭의 특성표는 SR 래치와 동일하다. SR 플립플롭의 동작 방식을 아래와 같이 그림에서 확인해보자. 아래의 그림을 보는 방법은, 클럭 신호에 맞추어서 S와 R의 값에 따라 Q 값의 변화를 SR 플립플롭 특성표에 따라 살펴보면 된다. ▼

SR 플립플롭의 특성표는 SR 래치의 특성표와 동일 하다. 다만 클럭에 따라 동 작하는지의 여부만 다르다.

아래의 그림과 같이 클럭(CK)이 HIGH인 상황에서 SR의 값에 따라서 회로의 출력값이 변경된다.

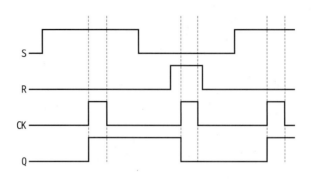

위의 그림에서도 확인할 수 있듯이 회로가 레벨 트리거(level trigger) 방식 (클럭 신호의 전압 레벨이 높을 때 동작하는 방식)으로 동작하게 된다. 그 이유는 Enabling 신호로 작동하는 AND 게이트가 클럭이 들어오면 언제나 작동하기 때문이다.

그런데 아래의 그림을 한번보자. 이때에는 어떠한 일이 생긴걸까? 클럭 신호가 1의 값을 가지는 시간 동안(a에서 b 사이)에 2번 동작(SR=10과 SR=01)함으로써 원하지 않은 결과를 얻을 수 있다는 것을 보인다. ◥

이건 큰 문제다. 플립플랍 회로가 정상적으로 작동하지 않을 수도 있기 때문이다. 그럼, 어떻게 이 문제를 해결하면 될지 생각해보자. … 만약, 클럭 주기 T를 아주 아주 짧게 가져가면?

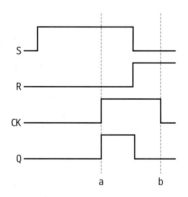

위의 내용을 조금 더 구체적으로 살펴보자.

순서 논리 회로를 만들기 위해서, 보통 아래와 같이 조합 회로와 플립플랍을 연결해 사용한다. 즉, 플립플랍의 출력이 다시 조합 회로에 피드백 되는 구조이다.

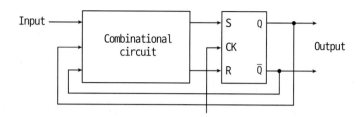

위와 같은 상황에서 SR = 10, Q$\overline{Q}$=01 인 상황을 생각해보자. 그러면 몇번의 게이트 지연 시간후에 Q$\overline{Q}$=10으로 바뀐다. 그런데 이 바뀐 Q$\overline{Q}$ 값이 다시 조합 회로에 피드백되어서 조합 회로에 의해서 SR=01로 되는 상황이 발생할 경우도 있다. 그러면 플립플랍이 다시 Re-Set 되어 버리는 상황이 발생해 버릴 수 도 있다. 불안정(unstable)한 상황이다. 이런 문제는 레벨 트리거(level trigger, level sensitive) 플립플랍의 문제점이다.

클럭에 대한 설명을 조금 더 해보자. 아래는 클럭 신호를 그린 것이다. 즉, 플립플랍이 어느 순간에 작동할지를 결정해야하는데, 앞에서 설명한 것처럼 레벨 트리거 방식은 문제가 발생할 수 있어서 실제로는 에지(edge) 트리거 방식을 사용한다. 에지 트리거 방식은 클럭이 상승할 때 플립플랍이 작동하는 positive 에지 트리거 방식과, 클럭이 하강할 때 동작하는 negative 에지 트리거 방식이 있다. ▛

레벨 트리거와 에지 트리거

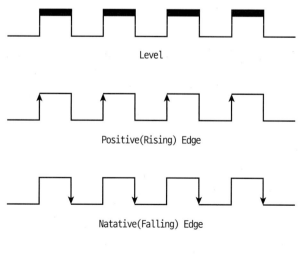

플립플랍의 트리거 방식

에지 트리거 방식이란 클럭의 값이 변하는 그 순간에만 동작하는 방식을 말한다. 아래에는 NAND 게이트를 이용한 SR 플립플랍인데, SR 래치의 왼쪽에 추가된 부분이 클럭의 에지를 탐지하는 회로이다(자세한 설명은 생략한다).

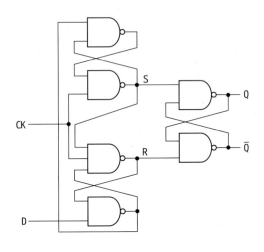

Master-slave 방식으로 레벨 트리거의 문제점을 해결할 수도 있다. 아래의 그림과 같이 클럭이 1일때는 Master가 동작하고, 클럭이 0일때는 Slave가 동작하는 방식으로 구현된다(자세한 설명은 생략한다).

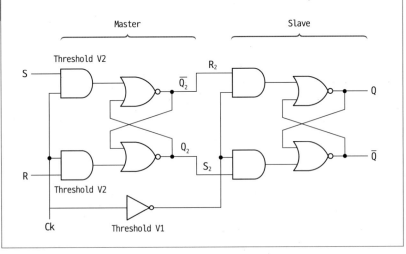

이제까지 배운 래치, 플립플랍, 그리고 트리거 방식에 따라서 회로도에서
는 아래의 그림과 같이 그린다. 회로도의 모양이 조금씩 차이가 있는데 눈
에 익혀 두도록 하자.

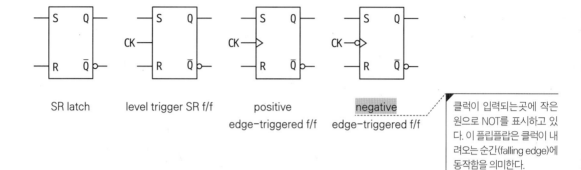

SR latch   level trigger SR f/f   positive edge-triggered f/f   negative edge-triggered f/f

클럭이 입력되는곳에 작은
원으로 NOT를 표시하고 있
다. 이 플립플랍은 클럭이 내
려오는 순간(falling edge)에
동작함을 의미한다.

5.2 다양한 종류의 플립플랍

위에서 이야기한 SR 플립플랍 이외에도 다양한 플립플랍들이 있다. 플립플
랍들은 종류 별로 동작 특성이 조금씩 다른데, 구성하고자 하는 회로에 따
라서 선택해서 사용한다. 아래의 4종류의 플립플랍의 동작 특성을 하나씩
살펴보자.

종류	기능
SR 플립플랍	Set/ Reset
JK 플립플랍	Set/ Reset/ Toggle
D 플립플랍	Data 또는 Delay
T 플립플랍	Toggle

5.2.1 SR 플립플랍

이제부터 각 플립플랍을 하나씩 배워볼 텐테, 플립플랍의 이름을 잘 기억
하자. 이름에 그 플립플랍의 기능이 있기 때문이다. 아래는 조금 전에 배웠
던 SR 플립플랍이다.

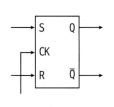

S	R	Q(t+1)
0	0	Q(t)
0	1	0
1	0	1
1	1	(부정)

SR 플립플랍   특성표(characteristic table)

특성표
(characteristic table)
조합 논리 회로의 기능을 나타내는 표를 '진리표'라고 하고, 순서 논리 회로의 기능을 나타내는 표를 '특성표'라고 한다. 특성표는 입력 값에 따라서 플립플랍의 출력값이 '현재 상태'에서 어떻게 바뀌는지를 나타낸다.

위의 특성표를 보면, (S,R) 입력에 (0,1)이 입력되면 현재 상태값과 상관없이 무조건 0의 상태를 만든다(reset). (1,0)이 입력되면 무조건 1의 상태를 만든다(set). SR에 (1,1)이 들어오면 플립플랍은 작동하지 않는다는 것을 알 수 있다. 아래의 표는 특성표를 조금 더 상세하게 나타낸것이다.

표 5.3 특성표 상세(characteristic table)

S(t)	R(t)	Q(t)	Q(t+1)	기능
0	0	0	0	변화 없음
0	0	1	1	
0	1	0	0	Reset
0	1	1	0	
1	0	0	1	Set
1	0	1	1	
1	1	0	–	정의되지 않음
1	1	1	–	

여기표는 특성표와 관점을 반대로 해서 만든 표를 말한다. 즉, 특성표는 입력값에 따른 플립플랍의 동작을 나타낸 표이고, 여기표는 원하는 출력을 얻기 위한 입력값을 적은 표이다. 여기표는 외우는 것이 아니다. 특성표로부터 만들 수 있다.

아래의 SR 플립플랍의 여기표(excitation table)를 보자. '여기표'라고 번역이 되어서 말의 의미를 알기 쉽지 않은데, 플립플랍의 상태를 특정 상태로 활성화(excitation) 하려면 플립플랍에 입력을 어떻게 해야하는지를 정의하는 표를 의미한다. 즉, '현재 상태' Q(t) 값을 '다음 상태' Q(t+1) 값으로 변경시키려면 입력값을 어떻게 해야하는지를 나타내는 표를 말한다. 다시 말하면, 출력을 이용해서 입력을 알아내는 것을 말한다.

여기표는 위의 특성표를 바탕으로 만들 수 있다. 여기표는 향후에 순서 논리 회로를 만들 때 긴요하게 사용된다.

표 5.4   여기표

Q(t)	Q(t+1)	S	R
0	0	0	X
0	1	1	0
1	0	0	1
1	1	X	0

X는 don't care. 즉, 이 경우에는 S에 0을 입력하면 R의 값에 상관없이(don't care) 플립플롭의 상태가 0 → 0의 상태로 바뀐다는 말이다.

5.2.2 JK 플립플랍

JK 플립플랍은 SR 플립플랍이 입력 (S, R)에 (1, 1)을 사용하지 못하는 것을 수정한 플립플랍이다. 즉, 입력이 (1,1)이면 현재의 출력값이 반전(toggle) 되도록 수정한 것이 JK 플립플랍이다.

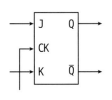

JK 플립플랍

J	K	Q(t+1)
0	0	Q(t) (불변)
0	1	0
1	0	1
1	1	(toggle)

특성표(characteristic table)

표 5.5   특성표 상세

J(t)	K(t)	Q(t)	Q(t+1)	기능
0	0	0	0	변화 없음
0	0	1	1	
0	1	0	0	Reset
0	1	1	0	
1	0	0	1	Set
1	0	1	1	
1	1	0	1	Toggle(반전)
1	1	1	0	

아래의 JK 플립플랍의 여기표를 보자.

표 5.6 여기표

Q(t)	Q(t+1)	J	K
0	0	0	X
0	1	1	X
1	0	X	1
1	1	X	0

아래와 같이 SR 플립플랍을 이용해서 JK 플립플랍을 만들 수 있다. 조합 회로에서 배웠던 K-map을 이용해서 만들 수 있는데, 이 교재에서는 그 내용을 다루지는 않고 결과만을 보이도록 하겠다.

이 회로도를 잘 보자. JK의 입력이 (1,1)인 경우에는 Q 와 Q̄의 값에 따라서 SR 플립플랍에 (1,0) 또는 (0,1) 이 입력되게 된다. 따라서 출력이 반전(toggle)되는 구조이다.

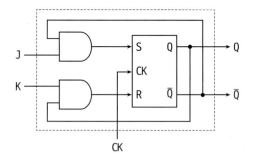

5.2.3 D 플립플랍

D 플립플랍의 D는 data 또는 delay 라는 의미다. D 플립플랍은 입력하는 값을 그대로 저장하는 기능을 수행한다.

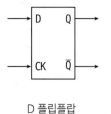

D	Q(t+1)
0	0
1	1

D 플립플랍　　　　　　　　　　　특성표

D(t)	Q(t)	Q(t+1)	기능
0	0	0	Delay
0	1	0	
1	0	1	Delay
1	1	1	

Q(t)	Q(t+1)	D
0	0	0
0	1	1
1	0	0
1	1	1

특성표 상세   여기표

아래의 타이밍 다이어그램은 positive edge에서 작동하는 예이다. 현재의
입력이 클럽 입력 이후에(delay되어서) 출력되는 구조다.

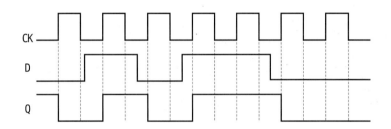

타이밍 다이어그램

D 플립플랍은 아래와 같이 SR 플립플랍을 이용해서 만들 수 있다.

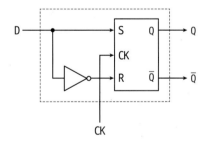

5.2.4 T 플립플롭

T 플립플롭의 T는 toggle을 의미한다.

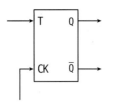

T 플립플롭

T	Q(t+1)
0	Q(t)
1	$\overline{Q}(t)$

특성표

T(t)	Q(t)	Q(t+1)	기능
0	0	0	변화
0	1	1	없음
1	0	1	Toggle
1	1	0	(반전)

특성표 상세

Q(t)	Q(t+1)	T
0	0	0
0	1	1
1	0	1
1	1	0

여기표

T 플립플롭은 SR 플립플롭을 이용해서 아래와 같이 만들 수 있다.

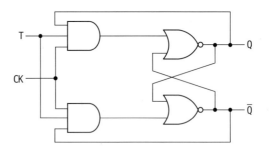

아래의 사이트에서 래치들의 동작 특성을 시뮬레이터에서 확인하자(우리
가 사용하는 시뮬레이터에는 D 래치는 제공되지 않는다).

http://www.neuroproductions.be/logic-lab/index.php?id=84777

지금까지는 4개의 플립플롭의 기본적인 특성만을 배웠었다. 이제부터는 실제로 플립플롭을 이용하여 순서 논리 회로를 만들어보자.

5.3 순서 논리 회로를 만들자: 카운터(counter) 회로 예제

순서 논리 회로는 조합 논리 회로 구성보다 조금 더 신경 써야 한다. 순서 논리 회로는 회로의 상태라는 정보를 생각해야하며, 클럭에 따른 신호의 타이밍(timing)을 고려해야하기 때문이다.

순서 논리 회로는 이에 따라 2 종류로 나뉜다.

- 동기(synchronous) 순서 회로: 클럭 펄스에 동기화되어서 동작하는 회로. 즉 클럭 펄스의 입력 시간에 모든 플립플롭이 동기(시간을 맞춰서 동시에)되어서 동작하는 회로.

- 비동기(asynchronous) 순서 회로: 클럭 펄스에 관계없이, 플립플롭의 입력이 변화하는 순서에 따라 동작하는 논리 회로. 각각의 플립플롭이 앞 단의 플립플롭의 출력 결과에 따라 차례로 동작하기 때문에 첫 플립플롭에만 클럭 펄스가 필요하다.

대표적인 순서 논리 회로인 카운터(counter)를 만들면서 동기 순서 회로와 비동기 순서 회로의 차이점을 살펴보자. 카운터란 숫자를 순서대로 출력하는 회로를 말한다. 즉 현재의 숫자값보다 1 크거나 또는 1 작은 값을 연속적으로 출력하는 회로로써, 이는 순서 논리 회로이다. 현재의 값을 저장하고 있어야하기 때문이다.

카운터 회로는 비동기식 또는 동기식으로 제작할 수 있다.

- 비동기식 카운터(asynchronous counter): 플립플롭들이 공통 클럭을 사용하지 않기 때문에, 플립플롭들의 동작 시간이 서로 일치하지 않는 방식의 카

운터다. 이 유형의 카운터에서는 한 플립플롭의 출력이 결정되면, 다음 플립플롭이 그 값을 받아서 동작을 수행하도록 구성되어 있다.

- 동기식 카운터(synchronous counter): 하나의 공통 클럭이 카운터의 모든 플립플롭들로 동시에 인가됨으로써, 플립플롭들의 동작 시간이 일치되는 방식의 카운터다.

5.3.1 비동기식 카운터

0부터 3까지의 숫자를 카운팅하는 비 동기식 카운터 회로를 만들어보자. 즉, 0 → 1 → 2 → 3 → 0 → 1 → 2 → 3 → 0 → ⋯ 과 같이 숫자를 표시하는 회로를 말한다.

지금부터의 내용은 조금 복잡하다. 차근차근 살펴보자.

먼저 우리가 지금 만들고자하는 회로의 출력 결과를 2진수로 적어보자. 사용하는 플립플롭을 negative(falling) 에지 트리거 방식으로 가정하면 아래와 같이 그릴 수 있다. 클럭이 떨어지는 시점에 00 → 01 → 10 → 11 → 00 → ⋯ 와 같이 변경되는 출력 신호를 펄스 모양으로 그려보았다.

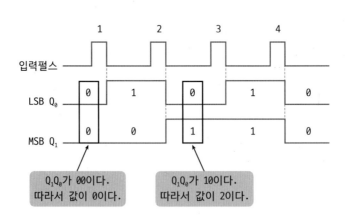

카운터의 타이밍 다이어그램(timing diagram)

저장해야하는 상태 정보(우리가 기억할 숫자가 0 ~ 3 까지 4가지 상태)에 따라, 플립플롭의 개수를 정한다. 4가지 상태를 2진수로 표현하려면 2비트가 필요하다. 즉 2개의 플립플롭이 필요하다. 각 플립필랍이 1비트를 저장하는 역할을 하기 때문이다.

비 동기식 카운터는 위의 타이밍 다이어그램에서 규칙성을 찾는 것으로부터 시작한다. 위의 타이밍 다이어그램을 잘 보자.

• LSB(Q_0) 비트는 클럭이 하강할 때 마다 값이 변경된다(toggle).

• MSB(Q_1) 비트는 LSB(Q_0) 값이 하강할 때 마다 값이 변경된다(toggle).

즉, LSB를 저장하는 플립플랍의 출력값을 MSB 플립플랍의 클럭으로 사용할 수 있게 된다.

위의 사항을 바탕으로 T 플립플롭을 사용한다고 가정하면 아래와 같이 그릴 수 있다. T 플립플롭의 입력에 '1'을 입력하면 클럭이 하강할 때마다 출력값이 바뀌기 때문이다.

아래의 플립플롭의 모양을 잘 보자. negative edge trigger 플립플롭이다.

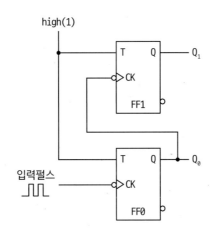

이를 바탕으로 비동기식 카운터를 만드는 원리를 정리해보자.

• 플립플롭들을 직렬로 연결한다. 즉, 모든 플립플롭이 한 줄로 연결되는 구조다.

• 클럭 펄스는 첫 번째 플립플롭의 클럭(CK) 입력으로만 들어가며, 그 플립플롭의 출력이 다음 플립플롭의 클럭 입력으로 접속되고, 그 다음 플립플롭들도 같은 방식으로 연결된다.

리플 카운터
(ripple counter)

리플이라는 말은 작은 파도
나 너울 같은 것을 의미한다.
즉, 각 출력 결과가 파도가
번져가듯이 차례로 변경되
는 회로를 의미한다.
이 책의 뒷 부분 6장에서 조
합 논리 회로를 이용한 덧셈
기 하드웨어를 만들 때, 이와
비슷한 내용이 소개된다.

이러한 비동기식 카운터는 플립플랍들이 앞에 위치한 플립플랍의 출력 결
과에 따라 순차적으로 트리거(trigger)되기 때문에, 플립플랍들의 상태 변화
가 시간 차를 두고 발생한다. 따라서 비동기식 카운터는 리플 카운터(ripple
counter)라고도 불린다. 그 중에서도 숫자가 커지는 카운터라서 리플 업
카운터라(ripple up counter)고 한다.◥

이를 조금 더 확장해보자. 0에서 15까지 업 카운터(up-counter)를 만들어
보자. 방법은 동일하다. 0000에서 1111까지의 출력이다. 출력 비트가 4비
트이므로 4개의 플립플랍이 필요하다. 동일하게 아래의 그림을 보고 규칙
성을 발견하자.

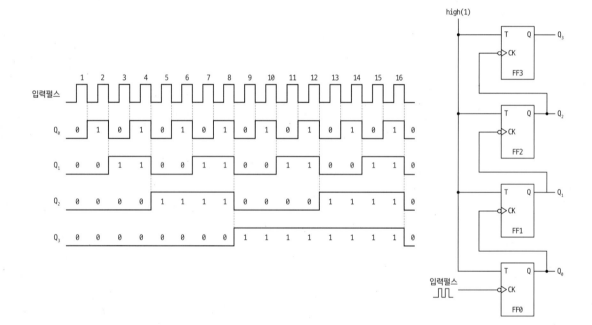

JK 플립플롭을 이용한 카운터

앞에서는 T 플립플롭을 사용하였다. 이제는 JK 플립플롭의 toggle 모드를 사용해서 구현해보자. 아래는 2비트 업 카운터다. 아래에서는 rising edge 트리거 플립플롭을 사용하는 경우이다.

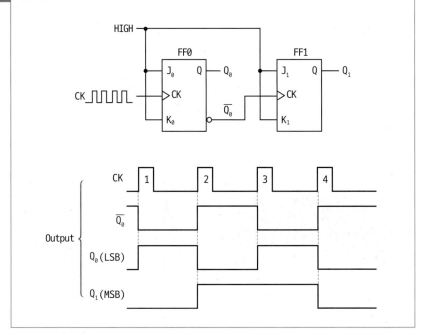

5.3.2 동기식 카운터

이제 동일한 업-카운터를 동기식으로 만들어보자. 2비트 카운터로 $00 \rightarrow 01 \rightarrow 10 \rightarrow 11 \rightarrow 00 \rightarrow 01 \rightarrow \cdots$으로 카운트하는 회로이다.

비동기식 카운터와 비교해서 어떻게 달라지는지 생각하면서 배우면 흥미로울 것이다.

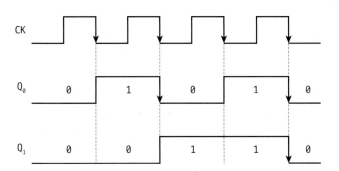

위의 그림과 같이 클릭(CK)이 하강할 때, 2개의 플립플롭이 동시에 변경되어야 한다. Q_0가 하위 비트이다.

JK 플립플롭을 이용해서 만들어보자. 비동기식에서와 같이 현재 상태에서 다음 상태로 바뀔 때 필요한 플립플롭의 입력을 적은 여기표를 만들어 보자. 여기표를 만들기 위해서는 JK 플립플롭의 특성표를 잘 살펴 봐야한다.

2개의 플립플롭 중에서 0번 플립플롭이 하위 비트, 1번 플립플롭이 상위 비트를 담당한다고 할 때, 다음 그림과 같이 여기표를 만들 수 있다.

• 특성표: 특정 입력에 대한 출력 결과를 정리한 것
• 여기표: 플립플롭의 현재 상태와 차기 상태가 정해진 상황에서 플립플롭의 입력값을 정리한 것.

아래의 여기표를 잘 보자. 업-카운터의 특성대로 표를 구성하면 된다.

X는 don't care

이 부분이 카운터의 상태가 변하는 모습이다. '현재 상태'에서 '다음 상태'로의 변화를 적고 있다.

현재 상태		다음 상태		플립플롭 입력			
Q_1	Q_0	Q_1	Q_0	J_1	K_1	J_0	K_0
0	0	0	1	0	X	1	X
0	1	1	0	1	X	X	1
1	0	1	1	X	0	1	X
1	1	0	0	X	1	X	1

3비트 동기식 업-카운터를 위한 여기표

Q(t)	Q(t+1)	J	K
0	0	0	X
0	1	1	X
1	0	X	1
1	1	X	0

JK 플립플롭의 여기표

위의 여기표를 어떻게 만들 수 있는지 첫번째 줄을 통해서 설명하자. 첫번째 줄은 플립플롭의 상태가 (0,0) 상태에서 (0,1) 상태로 바뀌는 상황이다.

여기표의 나머지 값들도 각자 완성할 수 있어야한다. 이 작업들은 절대 외우는 것이 아니다. 이해할 수 있어야한다.

• 상위 비트를 담당하는 JK 플립플롭은 0➔0으로 변경해야하기 때문에, JK 플립플롭의 입력으로 (0,0)을 입력하면 0이 그대로 유지되고, (0,1)을 입력하면 0이 출력되기 때문에, (0, X)를 입력하면 된다. JK 플립플롭의 여기표를 참고하자.

• 하위 비트를 담당하는 JK 플립플롭은 0➔1으로 변경해야하기 때문에, JK 플립플롭의 입력으로 (1,0)을 입력하면 1이 출력되고, (1,1)을 입력하면 togle 되어서 1이 출력된다(현재 값이 0이기 때문에).

이제, 위의 여기표를 바탕으로 K-map을 만들면 된다. 2개의 JK 플립플랍의 입력값이 4개이기 때문에, 총 4개의 입력값에 대한 K-map을 만들어야한다.

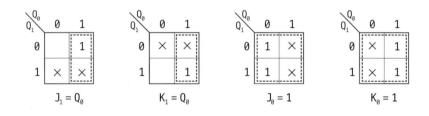

위의 K-map을 바탕으로 회로를 구성해보자. Q_0가 하위 비트이다.

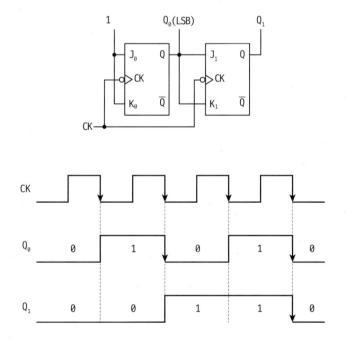

5.4 순서 논리 회로 실습

앞의 조합 논리 회로에서 사용한 시뮬레이터는 아주 간단해서 사용하기 어렵지 않았다. 그렇지만 순서 논리 회로 제작에 필요한 플립플롭이 다양하게 제공되지 않았다. 그래서 순서 논리 회로는 아래의 사이트에서 실습하자.

http://logic.ly/

이 사이트에는 다양한 예제 파일들도 있다. 각자 접속해서 직접 만들어보자. 사이트에 접속하면 웹에서 회로를 만들어보거나, 또는 실행 프로그램을 다운로드 받아서 사용할 수도 있다. 이 교재에서는 실행 프로그램을 다운로드 받아서 실습할 것이다. ◣

안타깝게도 이 사이트의 프로그램은 무료로 사용할 수 있지만 기능이 제한적이다. 다운받아서 사용하는 30일 무료 버전도 있지만 역시 기능이 제한적이다. 또한 웹 상에 사용하는 시뮬레이터는 만든 회로를 저장할 수도 없다.

5.4.1 프로그램 사용법 익히기

1. 일단, 위의 사이트에 접속해서 'Free Trial' 버전을 다운로드하자. 어느 정도의 기능의 제약이 있기는 하지만 30일간 무료로 사용할 수 있다.

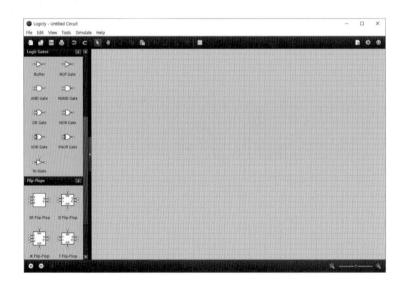

2. 입출력 소자들을 먼저 사용해보자. 아래의 그림을 통해서 각 입력 장
치와 출력 장치를 익혀보자. ◤

입력 장치는 순서대로 아래와 같다.

실습: 01_intro 파일을 열
어보자. 조합 논리회로 시
뮬레이터와 다르게 이 프
로그램은 서버에 회로를 저
장하는 기능을 제공하지
않는다. 자신의 PC에서 파
일을 읽거나 저장해야한다.

‣ 토클식 버튼

‣ 푸시 버튼

‣ 항상 1의 값

‣ 클럭

출력 장치는 LED와 7-세크먼트(BCD-to-7-세그먼트 회로가 내장
되어 있다)가 있다.

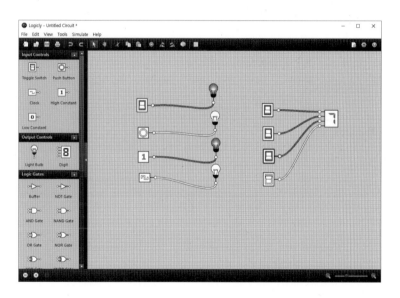

5.4.2 플립플랍의 사용 예

아래는 플립플랍의 사용 예제다. T 플립플랍을 사용하고 있다. 그림에서
플립플랍의 PRE, CLR 단자는 설명이 필요하다. 원래 플립플랍들은 전원이
처음 인가될 때 상태값(출력값)이 0이 될지 1이 될지 알 수 없다. 따라서 플
립플랍의 비동기식 입력 Preset과 Clear은 플립플랍을 원하는 상태로 초기

실습: 02_t-flipflop 파일을 열어보자.

화하고자 할 때 주로 사용된다. ◤

이 단자들은 클럭 신호에 상관없이 출력을 1로 만들거나, 0으로 만들 수 있는 별도의 비동기식 제어신호 PRE(pre-set)과 CLR(clear) 단자다.

- PRE=0이 입력되면 클럭을 포함한 모든 다른 입력 값에 상관없이 무조건 플립플롭의 출력은 1이 된다(Pre-Set).

- CLR=0이 입력되면 출력은 무조건 0이 된다(Clear). ◤

이 회로에서는 PRE', CLR'로 어포스트로피(')가 붙어 있다. 이는 NOT을 의미한다. 즉 CLR'에 0이 입력되면 CLEAR되는 것이다.

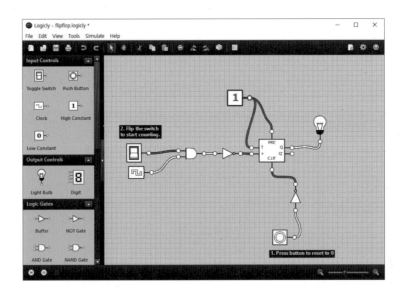

5.4.3 비동기식 카운터

아래는 T 플립플롭을 이용한 2비트 비동기식 카운터이다. 이론 설명에서 우리가 사용한 플립플롭은 falling-edge 플립플롭인데, 이 사이트에서 제공되는 riging-edge 플립플롭을 사용하기 위해서는 클럭의 입력 단자에 NOT 게이트를 추가하였다.

이 회로를 실행하려면 가장 먼저 하단의 푸시 버튼을 눌러서 플립플롭을 초기화해야한다. 그 다음에 좌측의 토글 스위치를 누르면 동작한다. ◤

실습: 03_RippleCounter-2bits 파일을 열어보자.

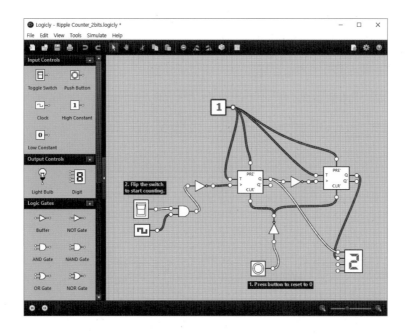

5.4.4 동기식 카운터

아래는 JK 플립플랍을 이용한 동기식 2비트 업 카운터 회로다.

실습: 04_jk-flipflop-synch-counter-2bits 파일을 열어보자.

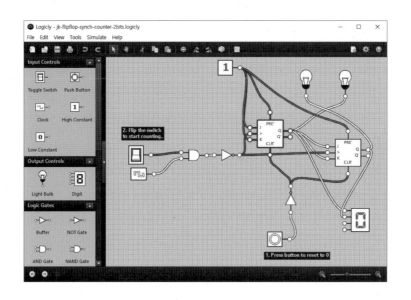

1. 1비트(bit)를 기억할 수 있는 기억 소자의 최소 단위로써 클럭이 있는 순서 회로에 사용되는 기억 소자는?

가. 플립플롭(Flip-Flop)   나. 전가산기(Full Adder)

다. 반가산기(Half Adder)   라. 부호기(Encoder)

2. 플립플롭의 종류 중 입력이 0 일 경우에는 상태가 불변이고, 1 일 경우에는 반전(toggle)되는 것은?

가. SR 플립플롭   나. JK 플립플롭

다. D 플립플롭   라. T 플립플롭

3. JK 플립플롭(Flip Flop)에서 보수(토글)가 출력되기 위한 입력값 J, K의 입력 상태는?

가. J=0, K=1   나. J=0, K=0

다. J=1, K=1   라. J=1, K=0

4. 누를 때마다 ON, OFF가 교차되는 스위치를 만들고자 할 때 사용할 수 있는 플립플롭은?

가. D 플립플롭   나. JK 플립플롭

다. T 플립플롭   라. SR 플립플롭

5. SR 플립플롭에서 S=1, R=1이면 출력은 어떤 상태가 되는가?

    가. 불능(Not Allowed)   나. 1로 Set됨

    다. 0으로 Reset됨   라. 불변 (No Change)

6. 토글되는 플립플롭으로서, JK 플립플롭의 J와 K를 묶어서 입력이 구성되며, 입력이 0일 경우에는 상태가 불변이고, 입력이 1일 경우에는 보수가 출력되는 것은?

    가. D플립플랍   나. RS플립플랍

    다. P플립플랍   라. T플립플랍

7. 논리회로란 무엇인지 설명하시오.

8. 불 대수가 무엇인지 설명하시오.

9. 민텀(minterm)과 K-map(카르노 맵/ 카르노 도표)가 무엇인지 설명하시오.

10. 조합 논리회로란 무엇인지 설명하시오. 그리고 순서 논리 회로와 비교해서 설명하시오.

11. 여기표가 무엇인지 설명하시오.

2

하드웨어 관점에서의 컴퓨터 구조

하드웨어 관점에서의
컴퓨터 구조

Abstract

이 책의 Part 1 에서는 로-레벨(low level)의 논리 회로 관점에서의 컴퓨터의 구조를 살펴 보았었는데, 지금부터는 논리 회로보다 조금 더 상위 단계에서 컴퓨터 하드웨어 구조를 전체적인 관점에서 다루자.

이 부분은 논리 회로에서 공부한 세부 회로들이 컴퓨터 내부에서 어떻게 사용되는지 실제 응용을 보는 관점에서도 필요하다.

이 부분의 내용은 전통적인 컴퓨터 구조 과목에서 배우는 꼭 필요한 내용을 추려서 CPU의 구조부터 동작 방식, 메모리, 입출력 장치 등의 순서로 기술하였다. 또한 기계어, 어셈블리어 프로그래밍을 통해서 컴퓨터 내부의 동작 방식을 이해하는 것을 돕고 있다.

Part 2에서는 아래와 같은 내용을 공부한다.

1. 컴퓨터 하드웨어
   - 중앙 처리 장치(central processing unit: CPU)
     ‣ 레지스터/ 연산 장치/ 제어 장치
   - 버스(Bus)
   - 기억 장치(memory)
     ‣ 주기억 장치/ 보조기억 장치/ 캐쉬 메모리
   - 입출력 장치(I/O)
     ‣ 입출력 장치 제어 방식
     ‣ 인터럽트

2. 기계어 프로그래밍을 통한 컴퓨터 구조 이해
   - 가상 머신 상의 기계어 프로그래밍
   - 가상 머신 상의 어셈블리어 프로그래밍
   - 명령어 집합

CHAPTER **6**

컴퓨터 하드웨어

컴퓨터 하드웨어

Abstract

아래의 그림은 컴퓨터 메인 보드 그림이다. 요즘은 컴퓨터를 열어서 메인 보드를 살펴볼 일은 거의 없겠지만, 아래의 그림에서 대략적인 부품들의 이름과 의미 정도는 이해해두도록 하자.

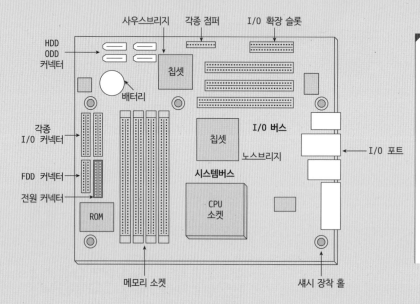

칩셋(chip set)

컴퓨터의 다양한 제어 회로를 통합한 칩이다. 이로 인해서 컴퓨터의 크기가 줄어들고 생산 단가를 낮출 수 있었다. 메인 보드의 핵심 부분이며 최근에는 칩셋의 기능 중 일부를 CPU 에 통합하고 있는 추세라서 그림처럼 사우스브리지(south bridge), 노스브리지(north bridge)로 나누던 것을 통합한 하나의 칩셋으로 구현한다.

PC 메인 보드 예

6장은 앞 부분의 논리 회로에서 배운 내용과 연결되는 부분이 많다. 6 장에서는 아래의 내용을 다룬다.

- 중앙 처리 장치

- 버스

- 기억 장치

- 입출력 장치

6.1 하드웨어 구성 요소

컴퓨터 하드웨어는 크게 중앙 처리 장치(CPU: Central Processing Unit), 메인 메모리(Main Memory), 입출력 장치(I/O Devices: Input/ Output Devices)로 나누며, 이들은 버스(Bus)로 연결되어 있다. 아래의 그림은 하드웨어를 구성하는 위의 4개의 세부 부분들이 버스를 통해 연결되는 구조를 나타낸다.

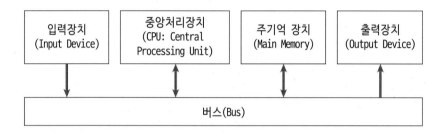

하드웨어 개념도

- 중앙처리장치(CPU: Central Processing Unit): 컴퓨터의 머리 역할을 하며, 연산(computation)과 제어(control)를 담당한다. '연산'은 덧셈, 뺄셈과 같은 실제 데이터의 계산/처리를 말하며, '제어'는 이를 위한 각종 세부 컴퓨터 시스템을 컨트롤하는 기능이다.

- 주기억 장치(Main Memory): 입력 장치로부터 읽혀진 데이터와 프로그램 코드가 저장되는 영역이다. 반도체 기술을 기반으로 하는 메모리이며 다른 I/O 장치에 비해서 고속이다.

- 입출력 장치(I/O Devices: Input/ Output Devices): 하드 디스크, 프린터, 키보드, 마우스, 모니터 등의 외부 장치로써, 외부에서 주기억 장치나 CPU로 데이터를 입력하거나, 컴퓨터 내부의 데이터를 외부로 출력할 때 사용되는 장치들이다.

버스는 기본적으로 데이터가 이동하는 전선(전기적인 선)을 의미한다. 이 선이 넓을수록 한번에 전송할 수 있는 데이터가 많아지기 때문에, 데이터 전송 속도와 버스의 대역폭은 상당한 관련이 있다.

• 버스(Bus): 컴퓨터의 구성 요소들(CPU, Main memory, I/O devices) 사이에 데이터를 주고 받기 위해 사용되는 경로다.

6.2 중앙처리장치(CPU: Central Processing Unit)

기계어 명령어(Machine Instruction)는 소프트웨어를 구성하는 각각의 명령어 하나 하나를 의미한다.

중앙처리장치는 컴퓨터의 두뇌에 해당하는 부분으로 '기계어 명령어'를 해독하여, 어떤 명령어인지 파악한 후, 해당 명령어를 수행하기 위한 세부 작업을 실행하는 장치이다.

CPU

CPU 냉각팬

• 전달: 버스를 통한 CPU 내의 모듈 간 또는 CPU와 외부와의 통신을 말한다. 메인 메모리의 데이터를 로드(load)해서 CPU 내의 레지스터 메모리에 저장하거나, 반대로 레지스터의 데이터를 메인 메모리로 스토어(store)하는 동작 등.
• 제어: 기계어 명령어를 해독하고 해당하는 기능을 수행하도록 제어 신호 발생

중앙처리장치는 다른 장치들에게 '제어 명령'을 보내거나, '연산 수행'이 가장 기본적인 역할이다. 즉 어떤 계산을 하거나, 또는 계산을 위해 필요한 기능을 수행하기 위해서 다른 모듈에게 제어 명령을 내리는 일을 의미하는데, 이를 위해서 기억, 연산, 전달, 제어 등의 기능을 수행한다.

CPU 내부에 있기 때문에 '내부 버스'라고 한다.
이에 대응하는 '외부 버스(external bus)'는 CPU, 메인 메모리, 입출력 장치 등을 연결하는 버스이다.

CPU는 내부적으로 3개의 세부 모듈로 나뉘는데, 산술/논리 장치(ALU: Arithmetic Logic Unit), 컨트롤 장치(CU: Control Unit), 레지스터(Register)로 구성되어 있으며, 이 들은 내부 버스(internal bus)로 연결되어 있다.

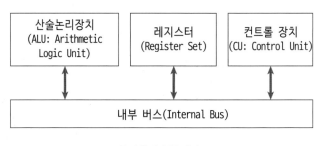

중앙처리장치 개념도

6.2.1 레지스터(registers)

CPU가 연산을 수행할 때 사용되는 모든 데이터는 주기억 장치(main memory)에 저장되어 있다. 그런데 실제 연산은 CPU 내부에서 수행되기 때문에, 연산을 위해 사용되는 데이터(피 연산자)를 CPU 내부에 저장할 공간과, 또한 CPU 내부의 상태를 저장하는 공간이 CPU 내부에 필요하다. 이를 레지스터(registers)라고 한다.

즉, 메인 메모리에 위치한 데이터들은 연산을 위해서 CPU 내부로 로드(load)되어야 하는데, 레지스터는 이들을 위한 임시 저장공간으로 사용되고, CPU 내부의 연산 중에 필요한 CPU 내부 상태를 보관하는 공간으로도 사용된다.

레지스터는 플립플랍 여러 개를 일렬로 배열해서 구성한다. 플립플랍 1개가 1비트 저장 장소인데, 레지스터의 동작 방식에 따라서 직렬로 데이터를 입/출력하거나, 병렬로 데이터를 입/출력할 수 있다.

> Part 1의 논리 회로 부분에서 배운 내용이다.

(1) 레지스터 구현 방법

예를 들어 4비트를 저장하는 레지스터가 있다고 할 때, 이 레지스터에 입력과 출력을 직렬(serial, 시리얼) 또는 병렬(parallel, 패러랠) 방법을 사용할 수 있다. 입력과 출력 각각 2종류(serial/ parallel)가 있으니 총 4가지 방식으로 구현할 수 있다.

- serial input serial output(SISO):

- serial input parallel output(SIPO):

- parallel input serial output(PISO):

- parallel input parallel output(PIPO):

- serial input serial output(SISO):

SISO 시프트(shift) 레지스터는 입력 데이터를 그대로 저장하고 있다가 클럭(CK)에 따라 플립플랍을 거치면서 시간 지연(delay)를 거쳐 출력되는 회로이다. 이러한 방식으로 클럭이 발생할 때마다 순차적으로 데이터를 이동시키며, 클럭이 발생하지 않는 동안은 데이터를 유지시켜주는 기능을 가진 회로를 시프트 레지스터(shift register)라고 한다. 출력 시에 플립플랍의 데이터가 변경된다는 단점이 있다.

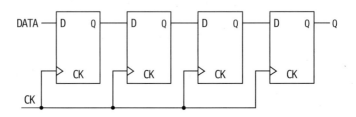

- serial input parallel output(SIPO):

다음 그림은 직렬 입력/병렬 출력(serial input and parallel output)을 위한 구성이다. 데이터가 입력으로 들어오면 클럭이 상승되기 전까지 대기하고 있다가 rising edge가 검출되면 Q_0로 데이터를 출력한다. 두 번째 클럭이 들어오면 DATA에 들어오는 새로운 입력이 Q_0로 출력되고 Q_0에 저장된 데이터는 Q_1으로 출력되는 방식이다. 아래 그림처럼 4비트의 2진수 데이터가

LSB(가장 오른쪽 비트)부터 들어오며, 연속되는 클럭을 통해서 4개의 플립
플랍으로 각 비트들이 옮겨가게 된다(shift). 그렇지만 출력은 현재의 값이
모두 동시에 병렬적으로 출력된다.

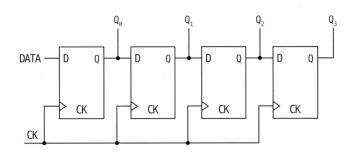

- parallel input serial output(PISO):

PISO 시프트 레지스터는 SIPO 시프트 레지스터와 반대로 다수의 입력 데
이터를 한 개의 출력으로 내보내는 회로이다. 데이터 입력을 받아들이는
구간에서 다수의 데이터들을 병렬로 받아들이면 클럭의 펄스에 맞게 순서
대로 하나씩 출력하는 방식이다.

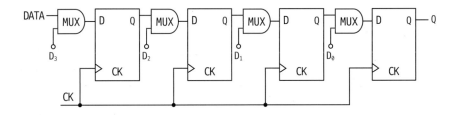

- Parallel input parallel output(PIPO):

4개의 플립플랍을 이용해서 4비트 데이터가 병렬로 입/출력되는 구조이다.
4비트의 데이터가 입력되고 클럭 펄스가 들어오면, 즉시 각 플립플랍의 내
용값이 수정되고, 클럭이 들어오지 않는 동안은 내용값이 유지된다. 즉, 클
럭이 들어오지 않는 상태에서는 이전의 플립플랍의 값들이 그대로 유지되

기 때문에 레지스터 역할(메모리 역할)을 할 수 있다.

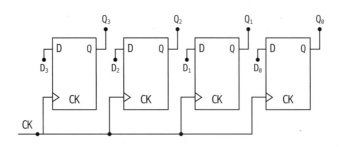

레지스터는 위의 그림과 같이 임시 데이터 저장 장소로 사용되기도 하지만, 레지스터 상에서 간단한 연산이 직접 수행되기도 한다. 레지스터 상의 데이터를 왼쪽 또는 오른쪽으로 비트(bit) 이동하는 연산인 쉬프트(shift) 또는 로테이트(rotate) 연산이 대표적인 연산이다.

이러한 연산은 바로 다음에 소개될 ALU(Arithmetic–Logic Unit: ALU)를 거치지 않고 바로 레지스터 상에서 수행될 수 있기 때문에 덧셈과 같은 산술 연산보다 수행속도가 빠르다는 장점이 있다.

아래는 parallel input parallel output 레지스터를 D 플립플롭으로 구현한 예제이다. 아래는 1010의 값을 레지스터에 입력해서 저장하고 있는 상황이다(스위치가 입력, 전등이 출력을 의미한다).

실습: 05_4bits_register
파일을 불러오자.

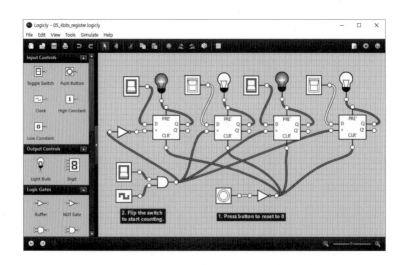

(2) 레지스터의 종류

레지스터는 다양한 용도로 사용될 수 있는 '범용 레지스터(general purpose registers)'와 '특수 목적 레지스터(special purpose registers)'로 구분할 수 있다. 이와 관련된 자세한 설명은 '7장. 기계어 프로그래밍을 통한 컴퓨터 구조 이해' 부분에서 자세하게 살펴보자.

> 몇몇 레지스터는 사용 목적이 정해져 있는 경우가 있다. 이들을 특수 목적 레지스터라고 한다.

- PC(program counter): 다음에 실행할 명령어의 주소를 기억하는 레지스터. 분기(branch) 명령어가 실행되는 경우 PC가 분기의 목적지 주소로 갱신된다.

- IR(Instruction register): 현재 실행 중인 명령어를 기억하는 레지스터.

- AC(Accumulator): 연산 결과를 일시적으로 저장하는 레지스터.

- MAR(Memory address register): 메인 메모리에 읽기/쓰기를 하는 주소를 저장하는 레지스터.

- MBR(Memory buffer register): 메인 메모리에 읽기/쓰기를 하는 데이터를 저장하는 레지스터.

- Status register(상태 레지스터): CPU 내부의 상태를 저장하는 레지스터(오버플로우, 언더플로우, 캐리, zero, 음수 등의 상태를 저장)로써 프로그램의 실행 제어와 밀접한 관련이 있음).

- Base register(베이스 레지스터): 간접 주소 지정 방식에서 주소의 시작 번지를 기억하는 레지스터.

- Index register(인덱스 레지스터): 프로그램에서 반복 연산의 횟수나 인덱싱을 위해서 사용되는 레지스터.

- Shift register(쉬프트 레지스터): 저장된 값을 왼쪽/오른쪽으로 1비트씩 자리를 이동하는 레지스터

위의 레지스터들의 용도를 지금 모두 이해하기는 쉽지 않다. 자세한 내용은 차차 설명될 것이다.

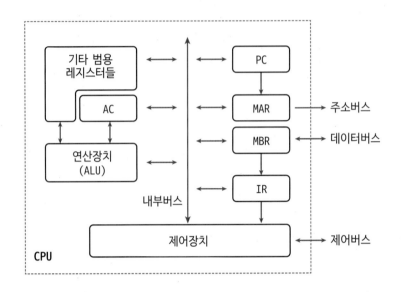

레지스터의 기본 구성

확인 코딩 1-8   레지스터 활용 예제

C 언어는 하드웨어에 접근하는 많은 기능을 가지고 있다. 그 중에 하나의 기능이 레지스터를 이용해서 연산의 속도를 향상 시킬 수 있다는 점이다. 이 책에서는 아래의 웹 컴파일러를 사용하여 코드를 테스트하였다.

https://www.tutorialspoint.com/compile_c_online.php

이 예제는 동일한 연산을 하나는 register 변수를 사용하고, 다른 하나는 일반 변수를 사용하였을 때의 속도 비교이다. register로 선언된 변수는 시스템이 허용하는 범위 내에서 해당하는 변수를 register에 할당함으로써 속도가 향상된다. 이 경우에는 거의 5배 정도 빨라짐을 확인할 수 있다. ◥

사용하는 시스템이나 상황에 따라서 레지스터 변수가 할당될 수도 있고 그렇지 않을 수도 있다. 또한 컴파일러의 최적화 기능에 따라서 다른 결과가 나올 수도 있다.
이 코드는 ideone.com 사이트에서는 서로 비슷한 시간이 걸렸다. 효과적인 설명을 위해서 웹 컴파일러를 다른 사이트로 변경해서 테스트하였다.

〈아래 코드의 URL: http://tpcg.io/Gbluul〉

레지스터 활용 예제

```c
#include <stdio.h>
#include <time.h>

int main()
{
        register int i, j;                                          레지스터 변수로 선언
        clock_t begin, end;
        double time_spent;

        begin = clock();
        for (i = 0; i<10000; i++)                                   별 의미는 없지만 레지스터
        {                                                           변수를 이용하여 반복문의
                                                                    인덱스로 사용하였다.
                for (j = 0; j<10000; j++)
                {

                }
        }
        end = clock();
        time_spent = (double)(end - begin) / CLOCKS_PER_SEC;
        printf("with register: time spent %f\n", time_spent);

        int a, b, temp2;                                            일반 변수로 선언해서 동일
        begin = clock();                                            한 동작을 수행하는데 걸
        for (a = 0; a<10000; a++)                                   리는 시간을 측정한다.
        {
                for (b = 0; b<10000; b++)
                {
                }
        }
        end = clock();
        time_spent = (double)(end - begin) / CLOCKS_PER_SEC;
        printf("without register: time spent %f\n", time_spent);
        getchar();
        return 0;
}
```

결과   웹에서 확인해보기

with register: time spent 0.068242
without register: time spent 0.298309

6.2.2 산술/논리 연산 장치(Arithmetic and Logic Unit: ALU)

ALU는 CPU 내부에서 실제 연산을 담당하는 부분으로써 산술 연산(덧셈, 뺄셈, 곱셈, 나눗셈 등)과 논리 연산(AND, OR, NOT, XOR 등)을 수행하는 부분이다.

- 산술 연산은 우리가 일상 생활에서 사용하는 사칙연산(+, -, *, /) 등을 말한다. 산술 연산을 위해서는 가장 기본적인 1비트 덧셈기(가산기, 加算器)를 만들고, 이를 병렬로 멀티 비트로 확장해서 바이트 단위의 덧셈기를 만들며, 이를 기반으로 하여 뺄셈, 곱셈, 나눗셈과 같은 다양한 종류의 연산을 수행한다. ◤

- 논리 연산은 피연산자(operand)로 0과 1(논리값)을 사용하는 연산이다. 논리 연산기는 기본적으로 이진수 값(binary data)을 대상으로 하기 때문에 논리 회로(logic gates)를 이용하여 산술 연산기보다 쉽게 구현할 수 있고, 연산 수행 속도도 훨씬 빠르다. ◤

다음은 가장 기본적인 논리 연산들이다. 아래의 기본 논리 연산을 하드웨어 게이트로 구현하고, 이들을 복잡하게 연결해서 각종 회로를 꾸미는 것이다.

> 컴퓨터 구현 시에 가장 기본적인 연산은 '덧셈기' 이다. 즉 산술 연산기의 기본은 덧셈기이며, 이를 활용하여 다양한 다른 종류의 연산기의 구현이 가능해진다.

> 동일한 기능을 수행한다면 논리 연산이 산술 연산보다 효율적으로 수행될 수 있다. 왜 그럴까?

and	or	xor	not
1 and 1 = 1	1 or 1 = 1	1 xor 1 = 0	not 1 = 0
1 and 0 = 0	1 or 0 = 1	1 xor 0 = 1	not 0 = 1
0 and 1 = 0	0 or 1 = 1	0 xor 1 = 1	
0 and 0 = 0	0 or 0 = 0	0 xor 0 = 0	

참고

논리 연산의 장점

논리 연산의 가장 큰 장점은 실행 속도이다. bit 연산은 가장 빠른 연산 중 하나다.
예를 들어, * 2를 하는 연산을 산술 연산자를 사용하는 것보다 shift 연산을 사용하면 속도를 높일 수 있다.

4 * 2 보다.
4 << 1 이 효율적이다.

아직 ALU 내부에서의 연산 절차를 설명하지 않았지만, 위의 2 연산의 다른 점을 설명해보자. * 연산은 해당하는 피연산자를 메인 메모리에서 CPU로 로드해서 연산을 수행하고, 그 결과를 다시 메인 메모리로 옮겨야한다. 그러나 << 연산은 레지스터 상에서 바로 이루어진다. 레지스터의 비트를 왼쪽으로 한번 이동시키기만 할 뿐이므로 효율적임을 직감할 수 있다. 이때 쉬프트 레지스터를 사용한다.

4 : 00 00 00 00 00 00 01 00
4 << 1 : 00 00 00 00 00 00 10 00 => 8

이는 나눗셈에도 동일하게 적용된다.

8 : 00 00 00 00 00 00 10 00
8 >> 1 : 00 00 00 00 00 00 01 00 => 4

실제로 지금은 속도 최적화를 위해서 이러한 논리 연산을 사용할 필요가 그리 많지 않다. 컴파일러의 최적화 옵션들이 많은 기능을 대신 해주기 때문이다. 그러나 많은 데이터를 다루어야 하는 서버 프로그램이나 PC에 비해서 자원이 제한된 임베디드 환경에서는 논리 연산이 중요하게 사용될 수도 있다.

<< 연산자는 대부분의 프로그래밍 언어에서 left shift 연산을 의미한다.
4 << 1 은 숫자 4를 왼쪽으로 1비트 시프트하라는 의미이다.
>> 연산자는 right shift 연산자.

연산 장치는 아래의 그림과 같이 연산될 데이터와 연산 결과를 저장할 레지스터가 필요하다. 또한 연산의 결과로써 생성되는 CPU 내부의 상태 변화를 저장할 상태 레지스터(status register)도 필요하다. 명령어 해독기(Instruction Decoder)는 향후에 설명될 제어 장치(control unit)의 일부이다. 다음의 그림에서 개략적인 CPU 내부의 구조를 파악할 수 있기를 바란다. 이제부터 ALU의 내부 모듈을 하나씩 살펴보자.

그림에서 이제까지 설명되지 않는 부분은 'Instruction Decoder' 부분인데, 처리해야하는 명령어(instruction)가 어떤 종류인지를 판별하는 부분이다. 자세한 설명은 곧 '제어 장치' 부분에서 설명될 것이다.

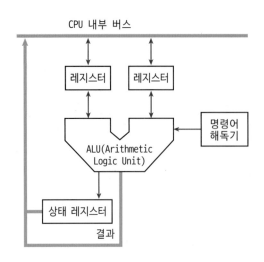

CPU 내부 버스

레지스터   레지스터

ALU(Arithmetic Logic Unit)

명령어 해독기

상태 레지스터

결과

CPU 내부에서의 ALU의 역할

컴퓨터의 가장 기본적인 연산은 덧셈이다. 이를 이용해서 '보수' 표현으로 뺄셈을 구성하고, 덧셈의 반복적인 연산으로 곱셈을 구현한다. 보수에 관한 설명은 2장을 참고하자.

반가산기
반(half)라는 의미는 올림수(carry)를 고려하지 않아 완전한 가산기 역할을 할 수 없는 반쪽짜리 가산기라는 의미이다.

전가산기
올라오는 올림수를 고려한 덧셈기이다.

(1) 산술 연산기

컴퓨터에서 가장 기본적인 연산은 두 수의 덧셈 연산이다. 지금부터 조합 논리 회로인 덧셈기 회로를 만드는 과정을 살펴보자. 덧셈기 구현 과정은 아래와 같이 3 단계로 나누어서 설명할 수 있다.

- 1비트 반가산기(half adder) 구성

- 2개의 반가산기를 이용해서 1비트 전가산기(full adder) 구성

- 여러 개의 전가산기를 이용해서 멀티 비트 전가산기 구성

▪ 반가산기(half adder)

아래 그림은 1비트 반가산기(half adder)라고 하는 가장 단순한 형태의 덧셈기이다. 1개의 XOR 게이트와 1개의 AND 게이트를 이용하여 만들 수 있다. 아래의 반가산기의 진리표를 잘 살펴보면 Sum을 위해서는 XOR 게이트를, Carry를 위해서는 AND 게이트를 사용하면 된다는 것을 알 수 있다.

입력		출력	
A	B	Sum(S)	Carry(C)
0	0	0	0
0	1	1	0
1	0	1	0
1	1	0	1

반가산기 진리표   반가산기 논리도   반가산기 논리식

$$S = A \oplus B$$
$$C = A \cdot B$$

이 진리표의 음영으로 표시된 부분의 입력에 대해서만 1이 출력되도록 회로를 구성하면 된다.

실습: 06_ 1-Bit-Half Adder 파일을 열어보자.

아래는 1비트 반가산기를 구현한것이다.

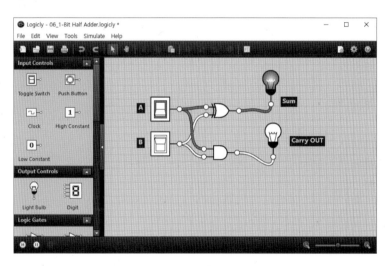

이제 1비트 반가산기는 완성되었다. 그러나 멀티 비트 가산기를 만들려면 하위 비트에서 올라오는 올림수(carry)를 포함해서 계산할 수 있어야 한다. 그러나 반가산기는 이에 대한 처리를 할 수 없다. 그래서 반(half) 계산기라고 하는 것이다. 이제 완벽한 가산기인 전가산기(full adder)를 만들어보자.

- 전가산기(full adder)

반가산기 2개를 이용해서 하위 비트에서 올라오는 캐리를 고려하는 전가산기(full adder)를 만들 수 있다.

다음은 1비트 전가산기의 진리표와 회로도이다. 아래의 진리표로부터 바로 전가산기 회로를 구성하는 것은 지금 단계에서는 설명이 쉽지 않다. 조금은 복잡한 부울 식(Boolean expression)의 전개 과정이 필요하기 때문이다.

Cin은 향후에 전가산기를 여러 개 묶어서 멀티 비트 전가산기를 만들 경우 하위 비트에서 올라오는 캐리를 받아들이는 용도로 사용된다. Cout는 상위 비트로의 캐리.

표 6.1 전가산기 진리표

행번호	입력			출력	
	Cin	B	A	Sum(S)	Cout
0	0	0	0	0	0
1	0	0	1	1	0
2	0	1	0	1	0
3	0	1	1	0	1
4	1	0	0	1	0
5	1	0	1	0	1
6	1	1	0	0	1
7	1	1	1	1	1

이 부분은 본 저자가 읽더라도 이해하기가 쉽지 않다. 그렇지만, 독자 스스로 진리표에서 어떠한 규칙성을 찾으려고 시도해보자.

- Sum이 1이 되는 경우를 살펴보자. Sum = $A \oplus B \oplus C_{in}$라고 할 수 있다.

- C_{out}가 1이 되는 경우를 살펴보자. 총 4 가지 경우가 존재하는데 2그룹으로 나누어보자. 아래의 2 경우를 OR하면 된다.

  ▸ 3, 7번 행: $C_{out} = AB$인 경우.

  ▸ 5, 6번 행: $C_{out} = C_{in}(A \oplus B)$인 경우.

흐린 사각형으로 표시된 부분이 하나의 반가산기다. 이렇게 반가산기 2개를 이용해서 전가산기 1개를 만들 수 있다.

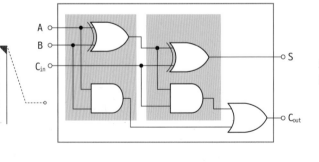

$$S = A \oplus B \oplus C_{in}$$
$$C_{out} = AB + C_{in}(A \oplus B)$$

전가산기 논리도   전가산기 논리식

위의 진리표에서 논리식을 만들어 내는 것은 이해하기 쉽지 않다. 이 교재의 Part 2의 논리 회로 부분에서 배운 내용을 바탕으로 만들어보자.

표 6.2 전가산기 진리표

행번호	입력			출력	
	C_{in}	B	A	Sum(S)	C_{out}
0	0	0	0	0	0
1	0	0	1	1	0
2	0	1	0	1	0
3	0	1	1	0	1
4	1	0	0	1	0
5	1	0	1	0	1
6	1	1	0	0	1
7	1	1	1	1	1

K-map for Sum

K-map for C_{out}

$$S = A'B'C_{in} + ABC_{in} + AB'C_{in}' + A'BC_{in}'$$

$$= (A'B' + AB)C_{in} + (AB' + A'B)C_{in}'$$

$$= (A \oplus B)'C_{in} + (A \oplus B)C_{in}'$$

$$= A \oplus B \oplus C_{in}$$

$$C_{out} = C_{in}'AB + C_{in}AB' + C_{in}A'B + C_{in}AB$$

$$= AB(C_{in} + C_{in}') + C_{in}(AB' + A'B)$$

$$= AB + C_{in}(A \oplus B)$$

논리식을 간단히 해서 만드는 경우

실습: 07_ 1-Bit-Full Adder
파일을 열어보자.

아래는 1비트 전가산기이다.

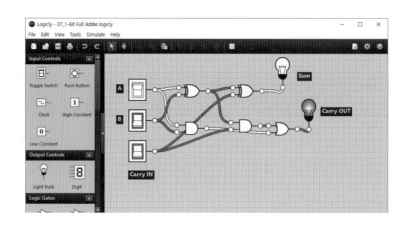

■ 멀티 비트 가산기(Ripple Carry Adder)

이제까지는 1비트 전가산기를 만들었었다. 이제 4비트 가산기를 만들어
보자.

아래는 위의 1비트 전가산기 4개를 연속적으로 배치해서 4비트 숫자 2개,
즉 $A_3A_2A_1A_0$와 $B_3B_2B_1B_0$ 를 더할 수 있는 4비트 전가산기 회로이다. 개념
적으로는 아래와 같은 회로를 만들려고 한다.

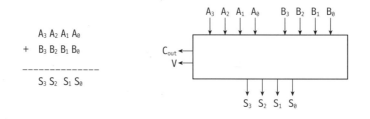

4비트 가산기 블랙박스

물론 앞에서 배웠던 1비트 전가산기를 활용할 것이다. 아래는 위의 1비
트 전가산기 4개를 연속적으로 배치해서 4비트 숫자 2개, 즉 $A_3A_2A_1A_0$와
$B_3B_2B_1B_0$ 를 더할 수 있는 전가산기 회로이다. 이제 그 내부를 들여다 보자.

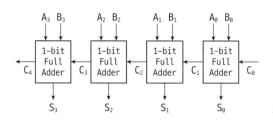

4 비트 리플 캐리 가산기(ripple carry adder)

ripple

작은 파문, 잔 물결을 의미한다. 캐리가 하위 비트에서 상위 비트로 전달되는 모습을 의미한다.

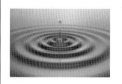

이와 같이 1 비트 전가산기들을 결합하여 멀티 비트 전가산기를 만드는 방법을 ripple carry adder 라고 한다. 즉, 그림에서처럼 오른쪽부터 캐리가 파도치듯 왼쪽으로 올라간다는 의미이다. 이런 ripple 회로는 논리회로에서 카운터를 만들때 소개되었다. 전가산기를 여러 개 이용하여 멀티 비트 전가산기를 만드는 방법은 이것 이외에도 다른 방식, 예를 들면 carry look-ahead adder라는 방식도 있다.

아래는 2비트 리플 캐리 가산기이다. A_1A_0와 B_1B_0를 더하는 회로다. 아래의 상태는 $01_{(2)}$ + $11_{(2)}$로써 결과값은 $00_{(2)}$이고 캐리가 1로 세팅되는 상황이다.

• 입력과 출력이 부호 없는 정수라고 생각하면, $01_{(2)}$ + $11_{(2)}$을 10진수로 1 + 3 이 되어서 오버플로우라고 생각할 수도 있고,

• 입력과 출력이 2의 보수 표현으로 생각하면, $01_{(2)}$ + $11_{(2)}$을 10진수로 1 + (-1) 이어서 결과가 0이된 것이라고 생각할수 도 있다. ▶

우리는 2의 보수를 배웠으니, 이제부터는 모든 입력과 출력은 2의 보수라고 생각하자.

실습: 08_2-Bits Ripple Carry Adder 파일을 열어보자.

회로의 입력과 출력이 의미하는 값의 의미를 말한 것이다. 꼭 이해하자.

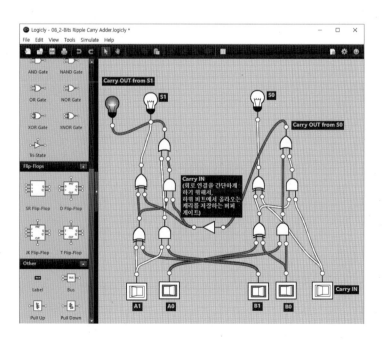

- **감산기(뺄셈기: subtractor)**

감산기 또한 가산기와 동일하게 반감산기를 만들고 이를 활용하여 전감산기를 만들 수 있다. 그렇지만 가산기를 활용해서 만들 수도 있다.

지금부터는 가산기 회로를 조금 수정해서 감산기 회로를 만들어보자. 아래의 식과 같이 두 수의 뺄셈은 보수로 변환한 뒤에 덧셈을 하면 된다. 이 원리를 이용해서 감산기를 만들어보자.

음수를 표현하기 위한 '2의 보수' 표현에 대한 설명은 2장을 참고하자.

$$A - B = A + (-B) = A + not(B) + 1 = A + (B \oplus 1) + 1$$

아래는 4 비트 감산기의 블랙 박스이다. 우측의 Sub 신호에 유의하자.

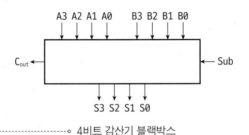

뺄셈을 할 때 Sub 신호에 1을 입력해서 뺄셈을 수행하도록 한다. 이 신호는 보수를 구하는 첨가된 회로에 입력으로 사용된다.

4비트 감산기 블랙박스

아래의 그림이 4비트 감산기 회로도다. 이 회로는 4비트 리플 캐리 감산기이다. 가산기에 XOR 게이트를 추가해서 만들었다. 'Sub' 신호는 뺄셈을 할때는 '1', 덧셈을 수행할 때는 '0'을 입력한다. 이 신호가 XOR 게이트를 통해서 2의 보수를 구하기 위해서 사용된다.

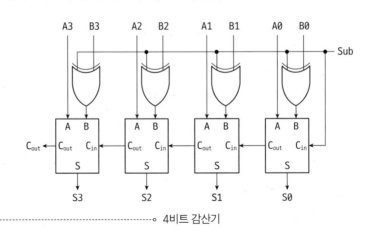

이 회로는 가산기와 감산기 모두 수행할 수 있다. 회로에 사용된 XOR 게이트는 4장에서 소개된 뺄셈 연산을 위한 Enable 신호인 셈이다.

4비트 감산기

아래의 그림은 2비트 감산기이다. 이때 주의해야할 사항이 있다. 이제부터는 입력과 출력을 모두 2의 보수 표현으로 읽어야한다. 따라서 아래 그림은 $A_1A_0 - B_1B_0$가 $01_{(2)} - 01_{(2)} = 1_{(10)} - 1_{(10)} = 1_{(10)} + (-1_{(10)})$이다. 즉 결과가 0이 되어야한다. 그런데 내부적으로는 $1 + (-1)$ 이기 때문에 2진수로 보면 $01_{(2)} + 11_{(2)}$이 되어서 S1에서 Carry가 발생한다.

실습: 09_2-Bits Ripple Carry Subtractor 파일을 열어보자.

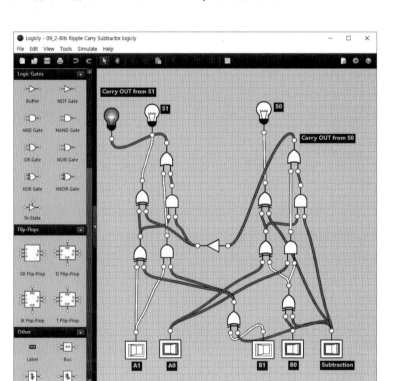

▪ 상태 레지스터

앞에서 상태 레지스터(status register)를 이야기했었다. 아래는 4비트 리플 캐리 덧셈기 회로에 덧셈/뺄셈 연산 후에 Negative(N), Zero(Z), Overflow(V), Carry(C)를 파악하기 위한 회로를 추가한 회로이다.

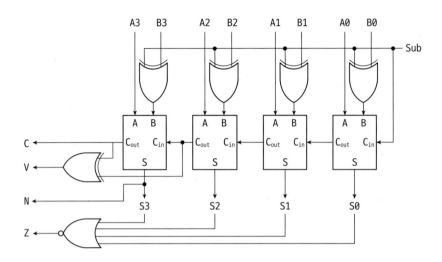

다른 부분은 쉽게 이해될 수 있을텐데, V(Overflow)를 파악하는 XOR 게이트를 살펴보자. 오버플로우가 일어나는 경우는 같은 부호의 숫자들을 더하는 경우에 발생한다. 다른 부호 사이의 덧셈은 절대값이 작아지기 때문에 오버플로우가 발생할 수 없다. 그러니까 오버플로우가 일어나는 경우는 아래의 2가지 경우 밖에 없다.

• 양수 + 양수

• 음수 + 음수

아래는 양수 사이의 덧셈이다. 아래의 예와 같이 양수 사이의 덧셈에서는 가장 상위 비트에서는 carry가 발생하지 않고, 그 바로 하위 비트에서는 carry 발생하는 경우이다.

$$
\begin{array}{rcl}
\overset{\times}{0}\overset{\circ}{1}11_{(2)} &=& +7_{(10)} \\
+\quad 0001_{(2)} &=& +1_{(10)} \\
\hline
1000_{(2)} &=& -8_{(10)}
\end{array}
$$

아래는 음수 사이의 덧셈이다. 아래의 예와 같이 음수 사이의 덧셈에서는
가장 상위 비트에서는 carry가 발생하고, 그 바로 하위 비트에서는 carry
발생하지 않는 경우이다. 발생하는 캐리는 아래에 적지 않았다.

$$
\begin{array}{r}
\overset{\circ}{\underset{\wedge}{\vphantom{x}}}\overset{\times}{\underset{\wedge}{\vphantom{x}}} \quad\quad\quad \\
1011_{(2)} \ = \ -5_{(10)} \\
+ \quad 1001_{(2)} \ = \ -7_{(10)} \\
\hline
0100_{(2)} \ = \quad 4_{(10)}
\end{array}
$$

따라서, 회로와 같이 왼쪽에서 2개의 플립플롭의 Cout 출력을 XOR하면 오
버플로우 여부를 확인할 수 있게 된다.

다음은 2비트 가산기에 상태 비트 출력을 위한 회로를 추가할 예제이다.
아래는 1 + (−1)을 해서 결과가 0이되는 상황이다. ◤

실습: 10_2-Bits Ripple
Carry Adder + Status 파
일을 열어보자.

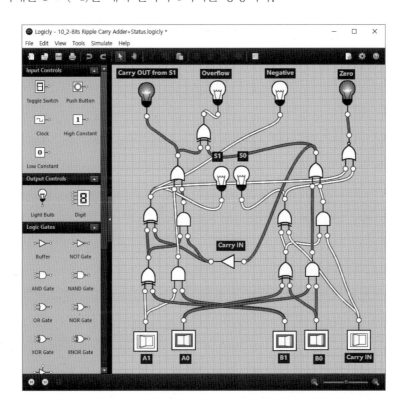

(2) 논리 연산기

논리 연산기는 AND, OR, XOR, NOT 등의 연산을 수행한다. 아래의 그림과 같이 1비트 논리 연산기는 4개의 게이트에 의해서 처리된 신호들 중 하나의 신호가 멀티플렉서(MUX)에 의해서 선택 단자에 의해서 출력되게 된다. 즉, 아래는 1비트 A와 B에 대하여 A and B, A or B, A xor B, not A를 수행한다. 아래에서 S_0, S_1은 MUX의 select 신호다.

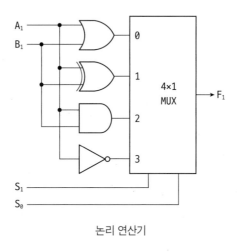

논리 연산기

실습: 11_1-Bit Logic Unit 파일을 열어보자.

아래는 간단하게 AND와 OR 연산 만을 수행하는 논리 연산기의 구현이다. 2개 중의 1개의 출력을 선택하면 되기 때문에, 2-to-1 MUX를 사용했다. 위의 그림과 같이 4개의 논리 연산을 수행하려면 4-to-1 MUX를 사용해야 한다(아래는 스위치로 select 신호를 만들었다).

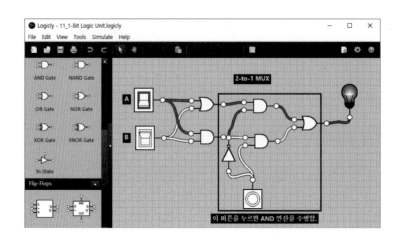

위의 1비트 논리 연산기를 4비트 논리 연산기로 확장하면, 아래와 같이 그릴 수 있다(선에 사선을 표시하고 적은 숫자는 비트 수를 의미한다). 아래의 회로는 S(select) 신호가 각 논리 회로 모듈의 Enable 신호로 입력되는 회로이다.

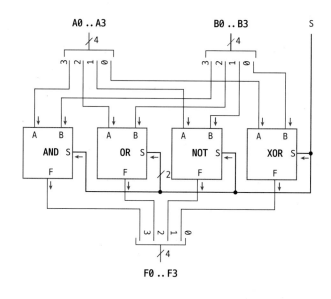

4비트 논리 연산기

(3) ALU 통합

이제까지 먼 길을 달려왔다. 이제는 앞에서 배운 내용을 통합하여 ALU를 만들어 볼 예정이다. 이 책에서는 ALU가 4비트 2진수 숫자 2개를 입력받아, 산술/논리 연산을 수행하는 것이 목표다. 또한 연산의 결과로 상태 레지스터들을 변경해야 한다. ▶

실제로는 위에서 이야기한 가산기, 감산기, 논리 연산기 이외에도 곱셈, 나눗셈 등의 부분도 필요하지만 이 교재에서는 생략한다.

이제부터 제작할 ALU가 수행할 연산의 종류를 조금 더 구체적으로 정해보자. 다음 그림은 산술 연산기(덧셈기)와 논리 연산기(and, or, xor, not)를 만들고 해당하는 인스트럭션에 따라 연산 종류를 지정하는 인스트럭션 디코더(instruction decoder)를 포함한다(다음의 그림은 지금 당장 이해하지 못하더라도 상관없다. 차근차근 설명할 예정이다.)

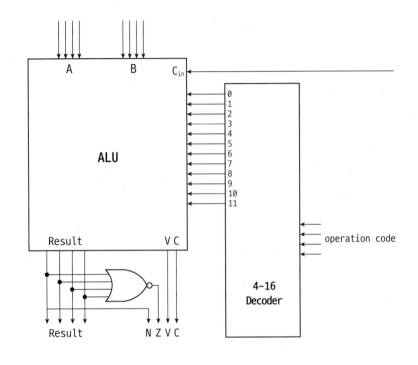

ALU

조금 후에 배울 제어 장치 (control unit)을 말한다. CU에서 명령어(instruction)을 해독한 후, ALU에게 제어 신호를 내리는데, 이 책에서는 이 제어 신호가 4비트라고 가정하고 만들어보자.

- CU에서 ALU로 4비트 ALU 제어 신호를 보낸다고 생각해보자. 그러면, 4비트 명령어 코드(operation code)가 4-to-16 decoder로 들어오면 16개 중의 하나의 연산(operation)이 선택된다(이 책에서는 16개의 연산 중 12개만 사용한다고 가정한다).

- ALU 내부에 12-to-1 멀티플렉서를 사용하면, 12개의 세부 모듈(세부 연산)들의 출력 결과중에 1개의 결과를 선택할 수 있다.

- ALU에서 꼭 필요한 연산부터 정해보자. 아래와 같이 가장 기본적인 덧셈/뺄셈/ and/ or/ xor/ not/ shift/ 연산을 중심으로 설계하였다. 덧셈/ 뺄셈 연산은 8비트 연산 확장을 위해서 하위 자리 올림을 받아들이는 연산은 별도로 만들자. 이렇게 하여서 총 12개의 연산을 수행하자.

연산자 코드(operation code)	의미
0000	$A + B$
0001	$A + B + C_{in}$
0010	$A + \overline{B} + 1$
0011	$A + \overline{B} + C_{in}$
0100	$A \cdot B$
0101	$\overline{A \cdot B}$
0110	$A + B$
0111	$\overline{A + B}$
1000	$A \oplus B$
1001	$\overline{A}$
1010	Shift left A
1011	Shift right A
1100	NA
1101	NA
1110	NA
1111	NA

Not Available(사용하지 않음)

6.2.3 제어 장치(control unit)

제어 장치(CU)는 처리해야 할 명령어들을 해석하고, 이 명령어 수행에 필요한 제어 신호를 생성해서 적절한 모듈에게 신호를 보낸다. 예를 들면, ALU에게 특정 연산 수행을 명령하거나, 메인 메모리에게 Read/Write 등의 제어 명령을 내리거나, CPU 내부의 다른 모듈이나 CPU외부의 장치(메모리, 입출력 장치 등)의 제어를 담당하는 컴퓨터의 컨트롤 타워 역할을 수행하는 것이 제어 장치이다. ◥

ALU 부분에서 설명한 산술/논리 연산 이외의 명령어(예를 들면 load, store 연산 등)들은 CPU가 메인 메모리에게 어떤 명령을 전달하는 일이다. 이런 일을 제어 장치가 명령한다. 제어 장치는 명령어를 해독하여 적절한 데이터 처리 신호를 위한 제어 신호를 발생시키는 장치로써, 명령어와 CPU의 상태 신호와 클럭을 입력으로 받아들인다.

그러니까 ALU는 CU의 부하라고 생각하는 것이 비유로는 그럴 듯 할 것 같다. 모든 명령은 CU로부터 출발한다.

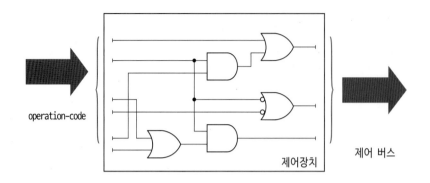

(1) 마이크로 프로그램 방식의 제어 장치 구현

제어 장치의 구현 방법은 크게 '하드와이어(hardwired) 제어 방식'과 '마이크로 프로그램 기반(micro-programmed) 제어 방식'이 있다.

- 하드와이어 방식은 조합 논리 회로를 이용하여 구현하는 방식이다.

  ▸ 하드웨어를 이용한 구성 방법으로 실행 속도가 빠르지만, 한번 만들어진 명령어 세트를 변경할 수 없다.

  ▸ 회로 구성이 복잡해서 RISC(Reduced Instruction Set Computer) 구조를 기본으로 하는 컴퓨터에서 주로 사용된다.

- 마이크로 프로그램 방식은 PROM(Programmable ROM)을 이용하여 필요한 제어 신호를 프로그래밍하는 방식이다. 마이크로 프로그램이란 제어 메모리(Control memory) 내부에 있는 마이크로 명령어들의 집합으로써, 하나의 기계어(예를 들면 add)를 실행할 때 필요한 일련의 제어 신호들의 묶음이라고 생각할 수 있다.

  ▸ 기계어가 더 작은 단위로 나뉘어서 실행되도록 하는 '마이크로 프로그램' 을 PROM에 프로그래밍하는 방식이다. 따라서 메인 메모리 외에 별도의 메모리가 필요하다.

  ▸ 명령어 세트 변경 시에 설계를 변경하거나 검증이 쉬운 장점이 있다.

  ▸ 하드웨어 방식에 비해 속도가 느리다.

▸ 다양한 어드레싱 모드(addressing mode)를 지원하는 등, 비교적 복잡한 명령어 세트를 가진 시스템에 적합하다.

이 교재에서는 마이크로 프로그램 방식을 설명하자. 아래의 그림은 마이크로 프로그램 방식의 제어 장치의 구조를 보인다.

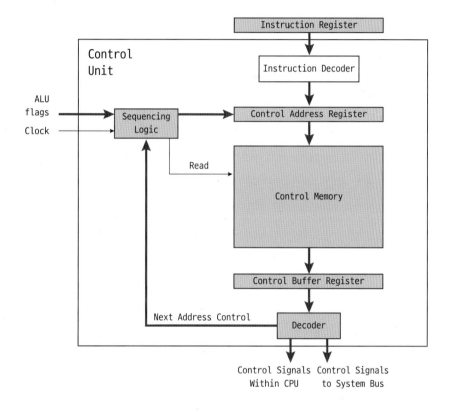

마이크로 프로그램 방식의 CU

위의 그림 속의 각 파트들을 설명하자.

• 명령어 레지스터(instruction register: IR): 현재 실행할 명령어를 기억하는 레지스터

• 명령어 해독기(instruction decoder): 명령어 레지스터(IR)에 있는 명령어의 연산 코드(operation code)를 해독하여 해당 연산을 수행하기 위한 루틴의 시작 주소를 결정한다.

- 제어 주소 레지스터(control address register: CAR): 다음에 실행할 마이크로 명령어의 주소를 저장하는 레지스터. 이 주소는 제어 기억장치의 특정 위치를 가진다.

- 제어 기억장치(control memory): 마이크로 명령어들로 이루어진 마이크로 프로그램을 저장하는 내부 기억장치▼

- 제어 버퍼 레지스터(control buffer register: CBR): 제어 기억장치로부터 읽혀진 마이크로 명령어 비트들을 일시적으로 저장하는 레지스터

- 디코더(decode): 명령어의 해독 결과로 생성된 마이크로 명령어에 따라서 각 장치로 보낼 제어 신호를 생성하는 회로

- 순서 제어 모듈(sequencing logic): 마이크로 명령어의 실행 순서를 결정하는 회로들의 집합. 기계어 명령어의 실행 순서(분기, 반복문 등)에 따라 다음에 실행할 명령어의 주소를 결정한다. 다음에 수행할 마이크로 명령어는 아래와 같은 내용에 의해서 결정된다.

  ‣ 제어 주소 레지스터(CAR): 하나의 명령어를 수행 중에 차례로 값을 1 증가

  ‣ 명령 레지스터(IR): 분기 명령어의 경우 지정하는 번지로 무조건 분기

  ‣ ALU 플래그(ALU flags): 조건에 따른 조건 분기

  ‣ 서브루틴의 Call과 Return 경우: 함수 호출과 관련된 경우

> • 마이크로 명령어(micro-instruction): 명령어 사이클의 각 주기에서 실행되는 마이크로-연산들에 대응되는 비트들로 이루어진 단어로서, 제어 단어(control word)라고도 한다.
> • 마이크로 프로그램(micro program): 마이크로 명령어들의 집합.

(2) 마이크로 인스트럭션 종류

마이크로 프로그램 제어 장치를 설계하려면 마이크로 인스트럭션의 순서 제어, 마이크로 인스트럭션의 실행, 오퍼레이션 코드의 해독 및 상태 ALU 플래그에 기초한 결정들에 대한 논리를 포함하여야 한다. 제어 메모리에 기억되는 마이크로 명령어 형식은 아래와 같다.

마이크로 오퍼레이션 필드	조건 필드	분기 필드	마이크로 주소 필드

마이크로 명령어 형식

그림에서 보는 바와 같이, 마이크로 명령어의 형식은 4개의 필드로 구성된다.

- 마이크로 오퍼레이션 필드: 컴퓨터의 마이크로 오퍼레이션 지정

- 조건 필드: 상태 비트 조건 선택

- 분기 필드: 분기의 종류 지정

- 마이크로 주소 필드: 분기 주소

이러한 마이크로 명령어의 형식에는 수평 마이크로 명령어, 수직 마이크로 명령어가 있다.

■ 수평 마이크로 명령어

마이크로 명령의 한 비트가 한 개의 마이크로 오퍼레이션을 관할하게 하는 명령이다. 수평 마이크로 명령은 여러 개의 하드웨어 구성 요소가 동시에 동작할 수 있게 하므로 효율적으로 사용할 수 있는 장점이 있다. 그러나 제어 워드의 비트들은 충분히 활용되지 못하며, 워드가 길어지기 때문에 하드웨어 비용이 늘어나며, 다음과 같은 특징이 있다.

- 명령어 형식이 길다.

- 마이크로 명령 수행 시에 병렬도가 매우 높다.

- 제어 정보에 대한 인코딩이 필요 없다.

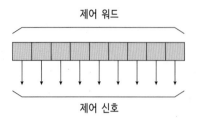

- **수직 마이크로 명령어**

제어 메모리의 외부에 디코딩 회로를 필요로 하는 마이크로 명령을 말한다. 수평 마이크로 명령은 각 비트가 하나의 마이크로 오퍼레이션을 제어하기 때문에 제어 비트의 디코딩이 필요하지 않았다. 예를 들면 9비트로 되어있는 수평 마이크로 명령은 9개의 마이크로 오퍼레이션을 나타낼 수 있기 때문에 9개의 마이크로 오퍼레이션을 동시에 수행할 수 있지만, 수직 마이크로 명령은 디코딩 회로를 필요로 하기 때문에 한 개의 마이크로 오퍼레이션 밖에 수행할 수 없다. 다음과 같은 특징이 있다.

- 명령어 형식이 짧다.

- 마이크로 명령 수행 시 병렬도가 매우 낮다.

- 제어 정보에 대한 인코딩이 필요하다.

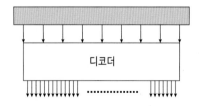

⑶ 폰 노이만(von Neumann)의 내장형 프로그램(stored-program) 방식

여기서 조금 더 큰 안목으로, 우리가 프로그램을 실행시키면 어떤 과정을 거칠지 생각해보자.

프로그램을 실행시키면, 하드 디스크에 있는 프로그램이 메인 메모리로 로딩된다. 이렇게 메인 메모리로 로딩된 프로그램의 명령어 하나 하나가 절차에 따라서 수행되는 것이다.

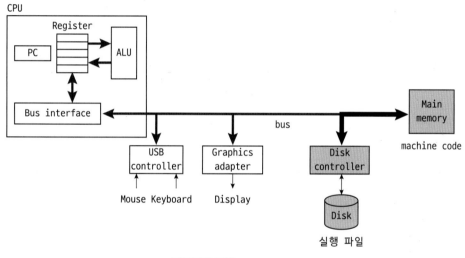

프로그램 로딩

Von Neumann의 내장형 프로그램 방식(Stored-Program Concept)은 프로그램을 메인 메모리에 데이터와 같이 내장한다. 그래서 메인 메모리에 있던 프로그램의 인스트럭션을 실행하려면 인스트럭션을 CPU로 가져와서 실행하는 구조로 운영된다.

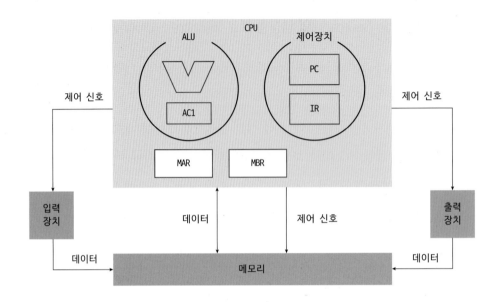

따라서 이러한 인스트럭션의 실행 과정을 알면 프로그램 수행 과정을 보다 잘 이해할 수 있게 된다. 이러한 과정을 '명령어 수행 사이클(Instruction Execution Cycle)'이라고 한다. 명령어 수행 사이클은 아래의 3 단계로 구성된다.

- 명령어 인출(Fetch): 메인 메모리로부터 수행할 명령어를 가져온다. 가져올 명령어가 있는 곳의 주소를 어떻게 알 수 있을까? 바로 PC(program counter) 레지스터가 다음에 수행할 명령어의 주소를 가지고 있다.

- 명령어 해독(Decode): 인출된 명령어의 종류를 해독한다.

- 명령어 실행(Execute): CPU 내부의 제어 장치(control unit)가 명령어 해독 결과에 따라 필요한 제어 신호를 실행한다. 명령어를 실행한다는 말은 제어 유닛에서 명령어 수행에 필요한 제어 신호를 제어 버스를 통해서 전송한다는 의미이다.

CPU 내부의 CU(Control Unit)이 명령어 해독과 실행을 담당한다.
명령어 수행 사이클은 Fetch, Decode, Execute 이외에도 피 연산자를 메인 메모리로부터 가져오기 위한 간접 사이클(indirect cycle), 인터럽트 사이클(interrupt cycle) 등으로 세분화할 수 있다.

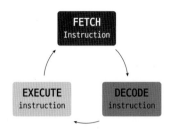

명령어 수행 사이클(instruction execution cycle)

명령어 수행 사이클의 전 과정을 좀 더 구체적으로 살펴보자. 아래에는 피연산자를 가져오는 간접(Indirect) 사이클과 인터럽트를 처리하는 인터럽트(interrupt) 사이클을 추가하였다(별도의 Decode 상태는 표시하지 않고 이를 Fetch 사이클에 포함시켰다).

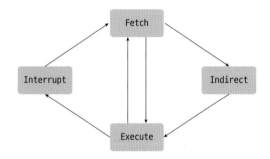

- 인출 단계 (Fetch Cycle): 주기억 장치로부터 명령을 읽어서 CPU로 갖고 오는 단계로써, 인터럽트를 처리한 후 다음으로 전환할 메이저 스테이트(major state)이다. ◥

아래에 각 단계의 마이크로 오퍼레이션을 예로 들었다. 각 단계 별 제어 장치의 기능을 이해해보자.

마이크로 오퍼레이션	의미
MAR ← PC	프로그램 카운터(PC)에 있는 명령어를 메모리 주소 레지스터(MAR: Memory Address Register)에 전송
MBR ← M[MAR], PC ← PC+1	메모리의 MAR 위치의 값을 MBR(Memory Buffer Register)로 전송하고 PC 1 증가
IR ← MBR[OP]	명령어의 OP 코드를 IR(Instruction Register)에 전송.
상태 전이	명령어의 모드(mode) 비트에 따라 아래의 동작을 수행한다. • indirect mode이면 Indirect Cycle로 상태 전이 • 그렇지 않으면 Execute Cycle로 상태 전이

IR(Instruction Register)
메인 메모리에서 가져온 명령어를 저장하는 레지스터

- 간접 사이클 (Indirect Cycle): 인출 단계에서 읽어온 명령 중, 주소 오퍼랜드
  에 해당하는 모드에 따라서 피연산자 값을 가져오는 단계이다.

마이크로 오퍼레이션	의미
MAR ← MBR[AD]	MBR에 있는 명령어의 주소를 MAR에 전송
MBR ← M[MAR]	메모리의 MAR 위치의 값을 MBR에 전송
상태 전이	Execute Cycle로 상태 전이

- 실행 단계 (Execute Cycle): 실제로 명령을 이행하는 단계, 인터럽트 요청 신
  호 플래그 레지스터를 검사하는 단계이다.

  예 아래는 ADD 연산의 예이다.

마이크로 오퍼레이션	의미
MAR ← MBR[AD]	MBR에 있는 명령어의 주소를 MAR에 전송
MBR ← M[MAR]	메모리의 MAR 위치의 값을 MBR에 전송
AC ← AC + MBR	누산기의 값과 MBR의 값을 더해 누산기에 전송
상태 전이	인터럽트 요청이 있으면 Interrupt 단계로 상태 전이하고, 그렇지 않으면 Fetch Cycle로 상태 전이

- 인터럽트 사이클(Interrupt Cycle): 인터럽트 발생시 복귀 주소(pc)를 스택
  (stack)에 저장(PUSH)한 후 인터럽트를 처리한다. 인터럽트 실행 시, IEN
  값은 0으로 변경한다(다른 인터럽트 요청을 막기 위함). 인터럽트가 끝나면,
  Fetch 사이클로 가서, 복귀 주소를 스택에서 POP 하여, 실행하던 것을 마
  무리한다.

Interrupt Enable 가능 여부를 알리는 신호

마이크로 오퍼레이션	의미
MBR[AD] ← PC, PC ← 0	MBR 주소 부분에 PC값을 전송, PC를 0으로 설정
MAR ← PC, PC ← PC+1	PC값을 MAR에 전송, PC를 1 증가
M[MAR] ← MBR, IEN ← 0	MBR을 메모리 MAR 위치에 저장, IEN(Interrupt Enable 플립플랍)에 0을 전송
상태 전이	Fetch Cycle로 상태 전이

6.2.4 파이프라이닝

아래와 같이 세탁기와 건조기가 나란히 있는 상황에서는 많은 빨래가 있을 경우에 세탁부터 건조까지 하나의 세탁기가 처리하는 경우보다 2배 정도 빨리 세탁할 수 있다.

CPU가 명령어를 수행하는 과정에서도 이와 비슷한 개념을 사용한다. 이를 파이프라이닝(pipelining)이라고 한다. 앞에서 설명한 명령어 수행 사이클(Instruction Execution Cycle)은 기본적으로 fetch, decode, indirect, execute, interrupt 등의 세부 단계로 이루어지는데, 각 세부 단계들을 인접한 명령어들 사이에 중복 수행하는 것을 파이프라이닝이라고 한다. 아래 그림에서는 명령어 수행 사이클을 Fetch, Decode, Execute로 간단한 경우를 들어 설명하였다.

예를 들어 1번째 명령어를 execute하면서, 2번째 명령어를 decode하고, 동시에 3번째 명령어의 fetch를 수행하는 것이 가능하다는 점이다. 이런 과정을 파이프라이닝(pipelining)이라고 한다.

N 명령어	Fetch	Decode	Execute		
N+1명령어		Fetch	Decode	Execute	
N+2 명령어			Fetch	Decode	Execute

세탁기와 건조기가 동시에 돌아가는 상황에서, 전체 세탁 시간을 2배로 높이려면, 세탁기와 건조기의 수행 시간이 동일해야한다. 이와 같이 명령어의 fetch, decode, execute 단계에 필요한 시간이 비슷할수록 파이프라이닝의 효과가 높아지기 때문이다.

즉, 파이프라이닝이란 순차적인 명령어들 간의 병렬성을 사용하는 기술인데, 동시에 수행 가능한 명령어의 개수를 증가시킴으로써 속도를 증가시킨다. 이렇게 파이프라이닝을 효과적으로 하기 위해서는 명령어 구조가 간단한 RISC 구조의 인스트럭션이 더욱 효율적이다. ◥

6.2.5 CISC/ RISC

기계어 명령어의 길이와 형식에 따라 CPU를 CISC(Complex Instruction Set Computer)와 RISC(Reduced Instruction Set Computer)로 나눌 수 있다.

- CISC(Complex Instruction Set Computer): RISC 구조가 나오기 전에 보편적으로 사용되던 구조로써, RISC에 비해서 상대적으로 명령어의 개수도 많고 구조도 복잡하다. 다양한 종류의 연산과 주소 지정 모드 등이 제공되기 때문에 자유로운 프로그래밍이 가능하지만, 명령어의 구조와 개수 등이 복잡하기 때문에, 명령어의 해독에 시간이 많이 걸리는 단점이 있다. 최근에는 CISC CPU도 내부적으로는 복잡한 명령들을 다시 단순한 명령들로 나누어 명령어 파이프라인에서 처리하는 경우가 있어서, 실제 내부 작동 원리는 RISC와 유사한 경우도 있다.

  ‣ CISC의 장점
    - 컴파일러 작성이 쉽다.
    - 복잡한 명령도 마이크로 코드(microcode)이므로 실행 효율이 좋다.
  ‣ CISC의 단점
    - 하나의 명령어가 복잡하여 명령어 디코딩에 시간이 오래 걸리며, 해석에 필요한 회로가 복잡하다.
    - 적은 수의 일부 명령어만 주로 쓰인다.
    - 명령어의 길이가 달라서 동시의 여러 개의 명령 처리는 어렵다.

- RISC(Reduced Instruction Set Computer): RISC는 고정된 길이의 명령어를 사용하고 명령어의 종류가 상대적으로 적다. 이러한 이유로 명령어들이 단순화되어서 연속적으로 중복 수행하는 '파이프라이닝' 기법을 효율적으로 적용할 수 있어 명령어 수행 속도가 빠른 방식이다. RISC는 요즘 대부분의 프로세서 디자인에 채택되고 있고, 비교적 전력 소모가 적기 때문에 임베디드 프로세서에도 많이 사용된다.

  ▸ RISC의 장점

    - 단순하다는 것은 프로세서 설계 비용이 줄어듦을 의미한다. 칩 제작에 드는 R&D 비용이 감소하게 되고, 버그의 존재 가능성이 줄어들어 설계가 쉬워져서 프로세서가 개발에서 제품 출시까지의 시간이 단축된다.

    - 마이크로 프로세서의 명령어를 사용하는 운영 체제 및 응용 프로그램 작성자들이 적은 수의 명령어 셋을 이용하므로 보다 쉽게 프로그램을 개발할 수 있다

    - 고급 언어 컴파일러들이 RISC 컴퓨터 내에 있는 소수의 명령어만을 사용하게 되므로 이전에 비해, 보다 효율적인 코드를 생산할 수 있다

    - 각 명령어가 한 클럭에 실행되도록 고정되어, 파이프라인 성능에 최적화할 수 있다.

    - 고정된 명령어이기 때문에 명령어 디코딩 속도가 빠르다.

  ▸ RISC의 단점

    - 컴파일러의 최적화 과정이 복잡해진다.

    - 명령어의 길이가 고정되어 있기 때문에 코드 효율이 낮다.

6.3 버스(bus)

CPU와 주기억 장치 그리고 외부의 입출력 장치 사이의 정보 전송을 위한 전기적 통로를 버스라고 한다. 컴퓨터 내부에는 CPU, 하드 디스크, RAM, 사운드 카드, 그래픽 카드 등 아주 많은 장치들이 있다. 버스는 이들이 서로 데이터를 주고받기 위한 통로로써, 버스의 크기 또는 버스를 통한 데이터 전송 속도가 시스템의 성능을 좌우한다. ◥

버스의 크기에 따른 차이점은 '2차선 도로'와 '4차선 도로'의 차이점과 동일하다.
그럼 왜 무한대로 버스를 키우기 어려울까? 예를 들면, 128비트 머신처럼…

버스에 실리는 신호의 종류에 따라 데이터 버스, 주소 버스 그리고 제어 버스로 구성된다.

- 데이터 버스(Data Bus): 메인 메모리와 CPU 사이, 입출력 장치와 메인 메모리 사이, 또는 CPU 내부의 모듈들 간의 '데이터'가 이동하는 경로

- 주소 버스(Address Bus): CPU가 사용하고자 하는 데이터가 위치한 '주소'가 이동하는 경로 ◥

예를 들면, 메인 메모리로부터 어떤 데이터를 CPU로 읽어들이려면, 필요한 데이터가 저장된 주소값을 메모리에게 전달해야한다. 이때는 원하는 값의 주소값을 주소 버스를 통해서 메모리에게 전달한다.

- 컨트롤 버스(Control Bus): CPU에서 발생하는 제어 명령이나 상태 신호(입출력 동기화 신호, CPU 상태 신호, 인터럽트 관련 신호, 클럭 관련 신호)들이 이동하는 경로로써, 아래와 같이 종류의 제어 신호들이 있다.

  ‣ 기억 장치 읽기/쓰기 신호

  ‣ 입출력 장치 입력/출력 신호

  ‣ 버스 중재(bus arbitration) 신호: 버스에 연결된 여러 장치가 동시에 버스를 사용하려고 할 때 이들을 중재하는 신호(bus request, bus grant, bus busy 신호 등)

  ‣ 인터럽트 신호

버스의 위치에 따라서 내부 버스(CPU 내부), 외부 버스(CPU 외부)로 구성된다.

- 내부 버스: CPU 내부에 위치한 버스

- 외부 버스(시스템 버스): CPU와 메인 메모리, 입출력 장치를 연결하는 버스

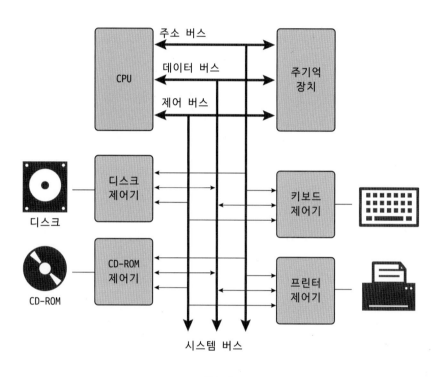

외부 버스

버스를 통해서 CPU와 주기억 장치 간의 접속 상황을 생각해보자. CPU가 주기억 장치에 데이터를 읽거나 쓰려면 아래와 같은 일을 수행한다.

1. CPU가 버스에 데이터를 싣는다

   - 주소 버스: 데이터를 쓰거나 읽고자 하는 주기억 장치의 주소값

   - 데이터 버스: 쓰는 경우에는 쓰고자 하는 데이터값

   - 제어 버스: 기억장치 읽기(memory read) 신호 또는 기억장치 쓰기 (memory write) 신호

2. 주기억 장치는 제어 버스에 실린 제어 신호를 확인하고

   - 읽기 신호인 경우에는 주소 버스에 실린 주소 값의 데이터 값을 주기억 장치에서 읽어서 데이터 버스에 싣고

   - 쓰기 신호인 경우에는 주소 버스의 해당하는 주소에 데이터 값을 쓴다.

3. 읽기 작업인 경우에는, 일정 시간 후 CPU는 데이터 버스에 실린 값을 CPU로 가져온다.

버스의 종류나 구조는 아주 다양하고, 다양한 모듈들이 버스를 공유하고 있기 때문에 버스 중재(bus arbitration) 방식도 다양한 방식이 있다. 버스 중재란 버스에 접속된 두 개 또는 그 이상의 모듈들이 동시에 버스를 사용하고자 할 때 순서대로 한 개씩 버스를 사용할 수 있게 해주는 제어를 말한다. 이를 위해서 아래의 신호들을 사용한다.

- 버스 요구(bus request) 신호: 특정 장치가 버스 사용을 요구했음을 알리는 신호

- 버스 승인(bus grant) 신호: 버스 사용을 요구한 장치에게 사용을 허가하는 신호

- 버스 사용 중(bus busy) 신호: 현재 버스가 사용되고 있는 중임을 나타내는 신호

6.4 기억(저장) 장치

주기억 장치부터 보조기억 장치까지 다양한 메모리들의 특성을 아래에서
비교해보자. 기억 장치의 계층 구조란 기억 장치를 속도, 용량 등의 성능에
따라서 계층적으로 분류한 것으로써, 총괄적인 비용 대비 용량과 접근 속
도를 최적화하기 위함이 목적이다.

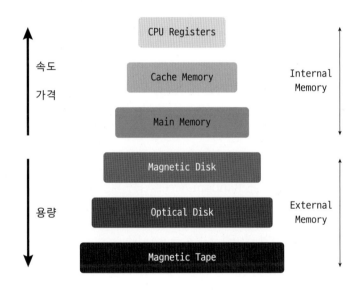

기억 장치 계층도

기억 장치의 특성을 결정하는 요소는 다음과 같다.

- 기억 용량: 동일한 비용에서의 기억 장치의 용량
- 접근 시간(access time): 기억 장치에 요청(읽기 또는 쓰기)을 한 후, 요청한
  정보를 꺼내서 사용 가능할 때까지의 시간
- 사이클 시간(cycle time): 기억 장치에 요청(읽기 또는 쓰기)을 한 후, 다시 요
  청할 수 있을 때 까지 기다려야하는 시간

  접근 시간과 사이클 시간
  의 차이점을 명확히 이해
  하자.

- 대역폭(bandwidth, 전송률): 기억 장치가 단위 시간에 처리할 수 있는 정
  보량

6.4.1 내부 메모리(internal memory)

컴퓨터는 실행할 프로그램과 데이터를 저장하기 위한 기억 장치가 필요한데, 저장 장치는 주기억 장치와 보조기억 장치로 나눌 수 있다.

컴퓨터는 외부로부터 데이터를 입력받아, 이를 가공/계산해서, 다시 외부로 출력하는 형식을 취한다. 앞에서 설명한 CPU는 여기서 '가공/계산'하는 부분을 맡을 뿐이다. 따라서 외부에서 들여온 데이터를 보관할 공간이 필요한데 이를 주기억 장치(메인 메모리)라고 한다. 즉, 메인 메모리는 CPU에 의해 수행될 프로그램과 데이터가 저장되는 곳이다. 주기억 장치는 아래와 같이 RAM과 ROM으로 나눌 수 있다.

- RAM(Random Access Memory): 공급되던 전원이 없어지면 저장된 내용이 지워지는 휘발성 메모리(volatile memory)이며, 대부분의 개인용 컴퓨터의 메인 메모리에 사용된다. Random Access라는 의미는 메인 메모리의 어느 주소(랜덤한 곳)이든지 동일한 접근 속도로 데이터를 사용할 수 있다는 의미이다. 우리가 주기억 장치라고 부르는 RAM은 두 종류가 있다.

  ▸ 정적(static) RAM: SRAM은 플립플롭으로 구성되며, 전원이 공급되는 동안 기억 내용이 유지된다. DRAM보다 훨씬 빠르고 더 비싸다. 그래서 SRAM은 캐시 메모리로 사용된다. ◥

  ▸ 동적(dynamic) RAM: DRAM은 콘덴서로 구성되며, 전원이 공급되어도 일정 시간이 지나면 전하가 방전되므로 주기적인 재충전(refresh)이 필요하다. 일반적인 주기억 장치에 사용된다.

- ROM(Random Access and Read Only Memory): 전원이 제거되어도 저장된 내용이 지워지지 않는 비휘발성 메모리(non-volatile memory)다. ROM 또한 당연히 Random Access의 특성을 지니고 있다. 전원이 없어도 내용이 지워지지 않는 특성을 제공하기 위해서, ROM내의 데이터는 읽을 수만 있고 보통의 방법으로는 변경할 수 없게 되어있다. 이렇게 전원이 제거되어도 데이터가 지워지지 않는 특성으로 인하여, 주로 기본 입출력 시스템(BIOS)

SRAM과 DRAM의 속도 차이를 만드는 이유는 메모리를 구성하는 기본적인 원리가 다르기 때문이다. 또한 SRAM은 DRAM 보다 트랜지스터를 더 많이 사용하며 따라서 더 낮은 집적 밀도를 가지며 비싸고 전력을 더 많이 사용한다.

과 컴퓨터를 부팅(처음 시동하는 것)할 때 수행되어야 하는 자가 진단 프로그램(POST), 부트스트랩 로더(bootstrap loader)들을 저장하고 있다. ROM은 저장하는 방식에 따라 아래와 같은 세부 종류들이 있다.

> 컴퓨터의 전원을 켜면 디스크 내의 운영 체제의 시작 부분을 RAM으로 load 하는 기능을 수행하는 특정 프로그램을 말한다. ROM 디바이스에 저장된 프로그램들은 종종 펌웨어(firmware)라고 부른다.

▸ PROM(Programmable ROM): 단 한번만 프로그래밍 할 수 있다. PROM은 각 메모리 셀에 많은 전류를 흘리면 한번에 끊어질 수 있는 일종의 휴즈(fuse)를 가지고 있다.

▸ EPROM(Erasable PROM): 자외선을 이용해서 프로그래밍할 수 있다. 이를 위해서 별도의 장치를 사용해야 한다.

▸ EEPROM(Electrically Erasable PROM): EPROM과 유사하지만 별도의 프로그램 장치없이 PCB에서 직접 재 프로그래밍 할 수 있다. 요즘 많이 사용하는 아래와 같은 아두이노(Arduino) 보드에 EEPROM을 사용한다.

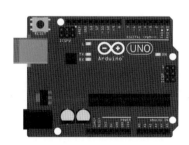

▸ 플래쉬 메모리(Flash Memory): RAM과 ROM의 장점을 잘 조합한 메모리로써 EEPROM에 기반하여 전원이 꺼진 상태에서도 데이터가 지워지지 않는 반도체 기반의 메모리이다. 플래쉬 메모리는 읽는 속도가 빠르고 하드 디스크보다 충격에 강하기 때문에, 스마트폰과 같은 휴대용 기기에 많이 사용된다. Solid-state Drive(SSD)는 플래쉬 메모리를 이용한 하드 디스크를 말하는데, 기존의 기계적인 부분을 지니고 있는 하드 디스크에 비해서 소음, 전기 소모, 안정성 등에서의 장점과, 반도체 기술의 발전으로 인한 가격 경쟁력을 갖추어 감에 따라 최근에 빠른 속도로 기존의 기계적 하드 디스크를 대체해 나가고 있다.

아래와 같은 그림이 메모리 카드다. 하나의 카드에 보통 8개의 칩이 붙어 있는 구조이다. 이러한 메모리가 논리 회로로 어떻게 구성되는지를 살펴보려고 한다.

'주기억 장치'와 'CPU에 내장되어 있는 레지스터'는 CPU가 직접 접근할 수 있는 유일한 저장 장치이다(인수로서 메모리 주소를 취하는 기계 명령어는 있지만, 디스크 주소를 취하는 명령어는 없다는 의미다). 실행 중인 모든 명령과, 명령에 의해 사용되는 데이터는 반드시 주기억 장치 내에 있어야 한다(만약 실행에 필요한 명령과 데이터가 주기억 장치에 없다면 CPU가 처리하기 전에 주기억 장치에 옮겨져야 한다).

주기억 장치의 구성을 그림으로 살펴보자. 아래의 그림은 $2^n \times m$ 용량의 메모리라고 할 때, 워드의 크기는 m비트이고 2^n개의 워드가 있다는 의미이다. 예를 들어, 256×8 크기의 메모리라면, 8비트 워드가 256(2^8)개 있는 경우로써, 주소 버스는 8비트가 필요하고, 데이터 버스는 8비트가 된다.

칩 선택 신호
하나의 메모리 카드가 여러개의 칩으로 구성되기 때문에 어떤 칩을 사용하는지 구분하는 신호이다.

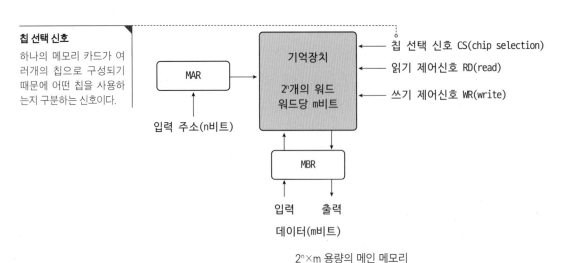

$2^n \times m$ 용량의 메인 메모리

주기억 장치의 특성은 다음과 같다.

- 컴퓨터가 프로그램을 수행하기 위해서 프로그램은 주기억 장치에 있어야 한다.

- 프로세서가 직접 접근할 수 있는 유일한 대량 저장 장치이다.

- 수십만에서 수억의 크기를 가진 바이트 혹은 워드의 배열로 구성되어 있으며, 각 워드는 자신의 주소를 가지고 있다.

- CPU와의 상호 작용은 특정 기억 장치 주소에 일련의 load(read)나 store(write) 명령을 통하여 수행된다.

  ‣ load: 주기억 장치로부터 중앙처리장치 내부의 레지스터로 워드를 이동시킨다.

  ‣ store: 레지스터의 내용을 주기억 장치로 이동시킨다.

아래의 그림은 동일한 총 용량 64비트 메모리의 주소를 할당하는 방법을 보인다. 동일한 총 용량의 메모리라고 하더라도, 주소를 할당하는 비트의 수에 따라 구성이 달라질 수 있다. 아래는 8bit로 구성된 메모리를 8개 구성하는 경우와, 4bit 로 구성된 메모리를 16개로 구성하는 경우를 보인다.

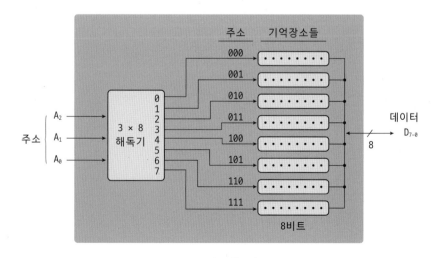

8×8 비트 메모리

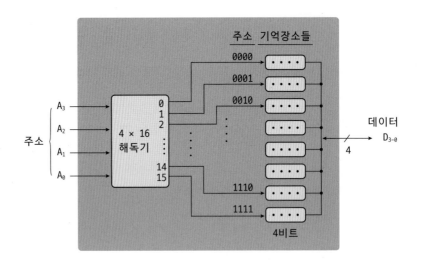

16×4비트 메모리

논리 회로 부분에서 배운 플립플랍을 이용한 내부 구성을 살펴보자. 아래
는 8개의 D 플립플랍을 이용해서 4×2 메모리 칩의 회로를 보인다.

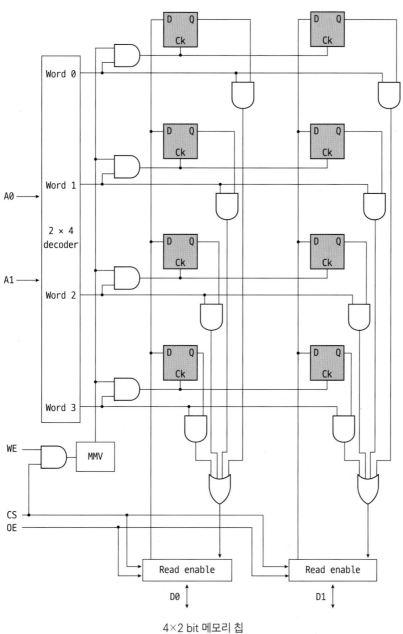

4×2 bit 메모리 칩

6.4.2 외부 메모리(external memory/ 보조 기억 장치)

보조기억 장치는 주기억 장치보다 속도는 느리지만 전원이 차단되어도 내용이 유지되고, 단위 비용 당 저장 용량이 크다는 장점이 있다.

(1) 자기 테이프

초기의 보조기억 장치로 사용되었으며 거의 영구적이며, 많은 양의 자료를 보관할 수 있다. 주기억 장치와 비교할 때 위치에 따라 접근 시간 차이가 심하고, 순차적 접근만이 가능해서 속도가 느린 단점이 있다. 따라서 예비용이나 자주 사용하지 않는 정보의 저장(back-up)에 사용하거나, 시스템 간의 정보 전송을 위한 매체로 사용된다. 아래와 같은 초창기 컴퓨터들의 저장 매체로 많이 사용되었다.

자기 테이프를 이용한 저장 시스템

요즘은 많이 사용하지는 않지만 테이프 장치는 최근까지 데이터 백업용으로 많이 사용된 장치이다. 이러한 테이프 기억 장치는 순차 접근(sequential access) 방식이라는 단점이 있다. 즉, 대용량 데이터를 순차적으로 처리해야하는 작업에는 적합하지만, 그때 그때 원하는 정보를 직접(direct) 접근하려는 업무에는 적합하지 않다.

(2) 자기 디스크

주기억 장치의 확장용으로 매우 큰 프로그램과 자료를 장기간 저장하는 용도로 사용되는 장치가 자기 디스크이다.

- 플래터(platter): CD처럼 생긴 원형 평판으로 되어 있고, 플래터의 양쪽 표면은 자기 물질로 덮여 있으며, 정보는 플래터 상에 자기적으로 기록된다. 디스크 표면은 트랙(track)이라 불리는 동심원으로 나뉘어져 기록되며, 트랙은 파이 조각 모양의 섹터(sector)로 구성되는데, 이 섹터 단위로 정보가 기록된다. 동일한 디스크 암 위치에 있는 트랙의 집합은 하나의 실린더를 형성한다.

- 읽기-쓰기 헤드: 모든 플래터의 각 표면 바로 위에서 움직이며, 헤드는 모든 헤드를 한꺼번에 이동시키는 디스크 암에 부착되어 있다.

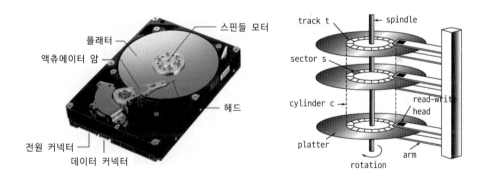

자기 디스크 구조

디스크 방식의 기억 장치는 디스크 헤드를 원하는 트랙에 직접 위치시킬 수 있기 때문에 직접 접근(direct access) 방식이라고 한다. 디스크의 직접 접근 방식과 달리, 이러한 기계적인 장비가 포함되지 않는 반도체 기반 기억 장치들은 임의 접근(random access) 방식이라고 하며, 기억 장치 내의 특정(random)한 곳에 접근하는데 걸리는 시간이 일정하다는 장점이 있다. 즉, 원하는 곳의 주소만 지정하면 해당 주소의 데이터를 동일한 시간에 획득하는 장점이 있다. ▸

플래쉬 메모리가 점점 많이 사용되고 있기는 하지만, 자기 디스크는 여전히 가장 보편화된 개인 저장 장치이다.

디스크와 같은 직접 접근 저장 장치는 데이터를 저장하거나 재생하기 위해서는 아래의 3 단계를 거쳐야 한다.

- 디스크 헤드를 적당한 트랙으로 옮기고(seek time),

- 디스크를 회전시켜 섹터를 찾고(rotation latency 또는 rotation delay),

- 디스크 헤드를 통해서 데이터를 전송한다(transfer time).

즉, 디스크를 사용하기 위해 필요한 총 수행 시간은 다음의 합이다.

디스크 접근 시간 = seek time + rotation latency + transfer time

(3) Solid State Disk(SSD)

플래쉬 메모리는 반도체로 구성되었으면서도 디스크와 같은 비휘발성의 장점이 있다. 속도는 자기 디스크보다 빠르며, 크기도 작고, 전력 소비가 적고, 충격에 강한 장점으로, 휴대용 정보 기기가 대중화되는 요즘 점점 더 플래쉬 메모리에 대한 수요가 많아지고, 그에 따라 가격이 내려가면서 자기 디스크와 비교하여 점점 경쟁력을 얻어가고 있다.

즉, 기계식 하드 디스크의 디스크 헤드의 물리적인 조작으로 인한 속도 저하, 충격에 의한 기기 손상 등의 단점으로 인하여, 최근에는 플래쉬 메모리를 이용한 SSD (solid-state drive or solid-state disk)의 사용이 보편화되고 있으며, 기존의 하드 디스크 드라이브에 비해 훨씬 빨라서, 최근 나오는 컴퓨터들은 SSD를 사용함으로써 컴퓨터 부팅 시간을 상당히 줄이고 있다. 또한 물리적인 충격에 강해 내구성이 커졌고, 더 조용해 졌으며, 전력 소모도 현저하게 줄일 수 있어서, 휴대용 컴퓨터에 많이 사용된다. 그러나 재생 속도에 비해 기록 속도가 상대적으로 느리고, 기록과 삭제 횟수가 한정되어 있기 때문에 기대 사용 수명이 미리 정해진다는 것은 단점이 있다.

SSD의 장단점

SSD는 회전하는 디스크들과는 다른 성능 특성을 가진다. 순차적인 읽기와 쓰기는 비슷한 성능을 가지며(순차적인 읽기는 순차적인 쓰기보다 약간 더 빠르다), 랜덤 순서로 접근할 때는 읽기가 쓰기보다 더 빠르다. 이러한 읽기와 쓰기의 성능 차이는 플래시 메모리의 근본 특성 때문에 생긴다.

⑷ RAID (Redundant Array of Inexpensive Disks)

RAID(레이드)는 중요한 데이터를 가지고 있는 서버(server)에 주로 사용되며, 여러 대의 하드 디스크가 있을 때 동일한 데이터를 다른 위치에 중복해서 저장하는 방법이다. 데이터를 여러 대의 디스크에 저장함에 따라 입출력 작업이 균형을 이루며 겹치게 되어 전체적인 입출력 성능이 개선된다. 여러 대의 디스크는 MTBF(Mean Time Between Failure)를 증가시키기 때문에 데이터를 중복해서 저장하면 고장에 대비하는 능력도 향상된다.

> 이와 관련해서 최근에 많이 사용하는 하둡(Hadoop)이라는 분산 시스템에 관련된 자료를 각자 한번 살펴보자.

즉, 한 개의 대형 디스크를 사용하는 것보다, 크기가 작은 여러 개의 디스크들을 서로 연결하여 하나의 큰 용량을 가진 디스크 배열(disk array)을 구성하면, 보다 더 저렴한 가격으로 더 큰 용량을 가진 디스크 시스템을 구성할 수 있다. 이를 통해서 다음과 같은 장점이 있다.

- 데이터 분산 저장에 의한 동시 액세스(concurrent access) 가능

- 병렬 데이터 채널에 의한 데이터 전송 속도 향상

> 단점으로 여러 개의 디스크를 사용하기 때문에 고장이 잦아질 수 있다.

하나의 RAID는 운영 체제(operating system)에게 논리적으로는 하나의 하드 디스크로 인식된다. RAID는 스트라이핑(striping) 기술을 채용하여 각 드라이브의 저장 공간을 1 섹터(512 바이트)의 크기에서부터 수 MB에 이르는 공간까지 다양한 범위로 파티션할 수 있다. 모든 디스크의 스트라이프는 인터리브(interleave)되어 있다.

참
고

디스크 인터리빙 (disk interleaving)
- 데이터 블록들을 여러 개의 디스크들로 이루어진 디스크 배열(disk array)에 분산 저장하는 기술(아래의 그림처럼 B1에서 B16까지의 연속된 데이터를 나누어서 저장한다).
- 균등 분산 저장을 위하여 라운드-로빈(round-robin) 방식을 사용할 수 있다.

RAID는 실제 구현 방법에서 여러가지가 있다.

- RAID-0: 이 방식은 스트라이프를 가지고는 있지만 데이터를 중복해서 기록하지 않는다. 따라서, 가장 높은 성능을 기대할 수 있지만, 고장 대비 능력이 전혀 없으므로 이 방식은 진정한 RAID라고 하기는 어렵다.

- RAID-1: 이 형식은 흔히 디스크 미러링(disk mirroring)이라고도 하는데, 중복 저장된 데이터를 가진 적어도 두 개의 드라이브로 구성된다.

  ▸ 각 드라이브를 동시에 읽을 수 있으므로 읽기 성능은 향상된다. 쓰기 성능은 단일 디스크 드라이브의 경우와 정확히 같다. RAID-1은 다중 사용자 시스템에서 최고의 성능과 최고의 고장 대비 능력을 발휘한다.

  ▸ 거의 완전한 결함 허용도(fault tolerance)를 제공한다.

  ▸ 가격이 높다. 따라서 높은 신뢰도를 요구하는 결함 허용 시스템에 주로 사용되며, 시스템 소프트웨어 혹은 중요한 데이터 파일 저장에 사용된다.

- RAID-2: 비트-단위 인터리빙 방식을 사용하여 데이터를 각 디스크에 비트 단위로 분산 저장한다. 필요한 검사 디스크들의 수가 많아서 가격이 비싸며, 오류가 많이 발생하는 환경에서 사용한다.

6.4.3 캐쉬 메모리(cache memory)

캐쉬 메모리란 빠른 CPU와 상대적으로 느린 메인 메모리 사이에 위치하여, 이와 같이 서로 속도 차이가 있는 메모리 사이의 데이터 접근 효율성을 향상시키기 위한 메모리이다. ◤

일반적으로 속도 차이가 나는 부품들로 이루어져있는 경우, 전체적인 속도는 당연히 느린 부품의 속도에 영향을 받게 된다. 따라서 이들 간의 속도 차이를 줄일 수 있는 방법이 필요하다. 캐쉬 메모리는 CPU와 메인 메모리 사이의 속도 차이를 줄이기 위한 메모리이다.

이러한 가정을 기반으로 메인 메모리로부터 CPU로 로드되어 사용된 데이터를 캐쉬 메모리에 보관함으로써, 이후의 사용 시에는 캐쉬 메모리 내의 데이터를 먼저 사용함으로써, 메인 메모리로의 접근 횟수를 줄임으로써 속도를 향상할 수 있다. ◤

캐쉬 메모리는 CPU와 메인 메모리 사이의 속도 차이를 줄이기 위한 메모리다. PC의 캐쉬 메모리의 용량은 일반적으로 수십 K bytes ~ 수백 K bytes이다.

아래의 순으로 단위 용량당 가격이 저렴해지며, 접근 속도가 느려진다.

- 레지스터
- 캐쉬 메모리
- 메인 메모리
- 하드 디스크
- 자기 테이프

캐쉬 메모리를 사용하는 기본적인 가정(assumption)은 당연하게도 캐쉬 메모리가 메인 메모리보다 속도가 빨라야 한다는 점이다.

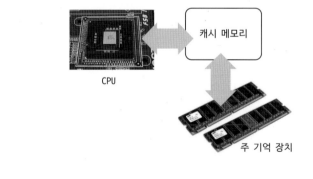

CPU

캐시 메모리

주 기억 장치

캐쉬 메모리의 개념도

캐쉬 메모리는 지역성의 원칙(principle of locality)을 활용한 아이디어이다. 일반적으로 프로그램은 시간적 지역성(temporal locality)와 공간적 지역성(spatial locality)를 가진다.

- 시간적 지역성: 한번 사용한 정보는 시간적으로 곧 다시 사용될 가능성이 많다는 의미. 메인 메모리로부터 CPU로 가져온 데이터는 향후에 다시 사용될 가능성이 있다. 여기서 데이터는 프로그램의 명령어일 수도 있고 프로그램이 사용하는 데이터일 수도 있다.

  예) 아래와 같이 한번 사용된 변수 a가 가까운 시간 내에 다시 사용될 가능성이 많다.

```
a = a + 1;
a = a * 10;
```

- 공간적 지역성: 한번 사용된 정보의 근처 영역이 다시 사용될 가능성이 많다는 의미. 메인 메모리의 특정 영역이 사용되었으면, 그 다음에는 그 주위 영역이 사용될 가능성이 높다는 의미.

  예) 아래와 같이 배열은 공간적으로 연속적으로 저장되며 연속적으로 사용될 가능성이 많다.

배열의 인덱스로 사용되는 변수는 시간적 지역성에 의해서 자주 사용될 가능성이 많다.

```
for(i=0; i<10; i++)
{
    myArray[i]++;
}
```

캐쉬 메모리로부터 읽거나 쓰는 동작은 캐쉬 메모리와 메인 메모리 간의 동질성(integrity)을 유지해야하기 때문에 조금은 복잡한 과정을 거친다. 즉, 캐쉬 메모리 내부의 데이터와 메인 메모리 내부의 연관된 데이터가 동일한 값을 가지는 것을 보장하기 위해서 조금은 복잡한 읽기/쓰기 기법이 필요하다.

그럼 캐쉬 메모리는 어떻게 작동할까? CPU가 메인 메모리로부터 데이터를 읽을 때는 먼저 캐쉬 메모리를 조사하고, 여기에 있으면 바로 CPU에게 전달된다. 만일 없다면 메인 메모리에서 가져와야 한다. 메인 메모리에 데이터를 쓸 때도 동일하다. 캐쉬 메모리에 먼저 쓰고 필요하다면 주기억 장치에도 쓰게 된다.

1. 데이터를 주기억 장치로부터 캐시로 복사한다

2. 캐시에서 데이터를 꺼내어 처리한다.

3. 다음 번 데이터 요구 시 캐시를 검사하여 원하는 데이터가 있으면 꺼내온다

4. 만일 캐시에 원하는 데이터가 없으면 주기억 장치에서 꺼내온다

5. 다시 사용하는 메모리 부분을 캐시에 복사한다

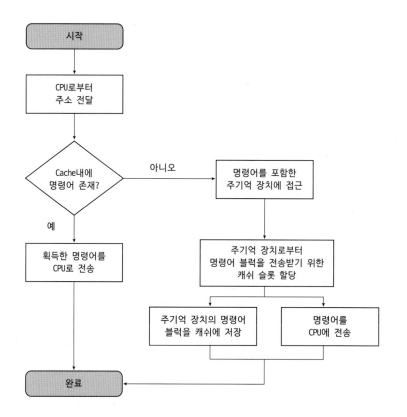

캐쉬 메모리를 이용해서 명령어를 Fetch하는 절차

CPU가 캐쉬 메모리에서 원하는 데이터를 찾은 경우를 적중(hit)하였다고 한다. 적중률(hit ratio)은 아래와 같이 표현할 수 있다. 캐쉬 메모리 사용시에는 아래의 캐쉬 적중률을 높일 수 있는 운영 알고리즘의 개발이 필수적이다.

캐쉬 메모리를 연관 사상 메모리(associative memory)라고 한다. 이는 캐쉬 메모리는 메인 메모리와 다르게 주소로 접근하는 것이 아니라, 메모리 내부의 데이터를 통해 검색하기 때문에 일종의 내용 기반 검색이라는 의미이다(예: 메인 메모리의 2426번지의 데이터가 현재 캐쉬 메모리에 들어있는지 여부를 검사해야하기 때문에, 메인 메모리의 주소값을 기반으로 검색하는 방법이다)

인간의 뇌는 컴퓨터의 메인 메모리와 같은 Random Access Memory일까? 인간의 뇌도 일종의 '연관 사상 메모리'라고 할 수 있다. 어떤 값을 입력하면 그와 관련된 정보가 출력되기 때문이다.

- 캐쉬 적중률(H) = 캐쉬 적중 횟수 / 전체 기억 장치 참조 횟수

- 평균 기억장치 액세스 시간(T_{access}):

  $T_{access} = H \times T_{cache} + (1 - H) \times (T_{memory} + T_{cache})$, 단, T_{cache}는 캐시 액세스 시간, T_{memory}은 주기억 장치 액세스 시간

메인 메모리에 비해서 캐시 메모리는 상대적으로 용량이 아주 작기 때문에 캐시 메모리의 내용은 필요할 때마다 교체되어야 하는데, 캐시 메모리의 교체(replacement) 알고리즘은 캐시 적중률에 많은 영향을 미치며 다양한 방법들이 있다.

이러한 방법은 가상 메모리(virtual memory)에서의 페이지 교체 알고리즘들과 유사하다. 가상 메모리는 보통 운영 체제 과목에서 소개된다.

- 최소 최근 사용(Least Recently Used: LRU) 알고리즘: 사용되지 않은 채로 가장 오래 있었던 블록을 교체하는 방식

- FIFO(First-In-First-Out) 알고리즘: 캐시에 적재된 가장 오래된 블록을 교체하는 방식

- 최소 사용 빈도(Least Frequently Used: LFU) 알고리즘: 참조되었던 횟수가 가장 적은 블록을 교체하는 방식

캐쉬 메모리를 사용하면서 캐쉬의 내용이 변경되었을 때, 그 내용을 주기억 장치에 갱신하는 시기와 방법을 결정해야한다. 기억 장치의 계층 구조에서 동일한 자료가 서로 다른 저장 장치에 존재하게 되므로 데이터의 일관성을 유지해야 하기 때문이다.

- Write-through: 모든 쓰기 동작들이 캐시로 뿐만 아니라 주기억 장치로도 동시에 수행되는 방식

  ▸ 장점: 캐시에 적재된 블록의 내용과 주기억 장치에 있는 그 블록의 내용이 항상 같다.

  ▸ 단점: 모든 쓰기 동작이 주기억 장치 쓰기를 포함하므로, 쓰기 시간이 길어진다.

- Write-back: 캐시에서 데이터가 변경되어도 주기억 장치에는 갱신되지 않는 방식. 블록을 교체할 때 캐시의 상태를 확인하여 필요시 주기억 장치에 갱신하는 동작이 선행되어야 하며, 그를 위하여 각 캐시 라인이 상태 비트(status bit)를 가지고 있어야 한다.

  ‣ 장점: 기억장치에 대한 쓰기 동작의 횟수가 최소화되고, 쓰기 시간이 짧아진다.

  ‣ 단점: 캐시의 내용과 주기억 장치의 해당 내용이 서로 다르다.

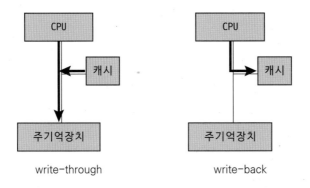

write-through   write-back

확인 코딩 1-9   캐쉬 메모리를 고려한 코딩

아래의 코드는 Windows10 운영 체제 상에서 Visual Studio Community 2015 버젼을 이용하여 작성, 실행하였다(이제까지 이 교재에서 사용했던 웹 상의 가상 머신 상에서는 사용할 수 있는 배열의 크기에 제한이 있기 때문이다).

아래의 코드는 커다란 2차원 배열을 생성하고, 이를 행-우선(row-major: 행별로 읽어가는 방식) 방식과 열-우선(column-major) 방식으로 사용할 때의 속도 비교를 하고 있다. 일반적으로 2차원 배열은 메인 메모리에 행-우선으로 저장되기 때문에, 배열의 크기가 클수록 캐쉬 메모리의 효과가 커져서, 행-우선 방식으로 2차원 배열을 사용할 때 그 효과는 더욱 커진다.

캐쉬 메모리를 고려한 코딩

```c
#include <stdio.h>
#include <time.h>
#define SIZE 10000
float data[SIZE][SIZE];

int main()
{

        int i, j;
        float sum;
        clock_t before;
        double result;

        for (i = 0; i<SIZE; i++)
                for (j = 0; j<SIZE; j++)
                        data[i][j] = i*j*clock();

        sum = 0.0;
        before = clock();

        // 행 우선 사용
        for (i = 0; i<SIZE; i++)
                for (j = 0; j<SIZE; j++)
                        sum += data[i][j];

        result = (double)(clock() - before) / CLOCKS_PER_SEC;
        printf("Processing Time : %7.5f\n", result);

        sum = 0.0;
        before = clock();

        // 열 우선 사용
        for (j = 0; j<SIZE; j++)
                for (i = 0; i<SIZE; i++)
                        sum += data[i][j];

        result = (double)(clock() - before) / CLOCKS_PER_SEC;
        printf("Processing Time : %7.5f", result);

        getchar();
        return 0;
}
```

결과

```
Processing Time : 0.35200
Processing Time : 0.74700
```

참고

웹 캐쉬

웹 캐쉬란 웹 상에서 클라이언트가 요청하는 html, 이미지, javascript 파일 등에 대하여, 첫 요청 시에 파일을 다운로드해서 특정 위치에 복사본을 저장하고, 이후 동일한 요청은 내부에 저장된 파일을 이용하여 속도를 향상하는 기법을 말한다.

웹 캐쉬는 아래의 3가지 정도가 있을 수 있다.

- 브라우저 캐쉬(browser caches)
- 프록시 캐쉬(proxy caches)
- 케이트웨이 캐쉬(gateway cache)

위에서 일반적인 사용자 측면에서는 브라우저 캐쉬에 관심을 둔다. 브라우저 캐쉬를 사용할 때는 캐쉬된 내용이 변경되거나 캐쉬의 만료 여부를 체크하는 HTTP 헤더 파일에 주의해야한다.

참고

디스크 캐쉬

디스크에는 입출력되는 데이터를 저장하는 작은 메모리를 갖고 있는데, 이를 디스크 캐시 또는 디스크 버퍼라고 한다. 디스크 캐시는 디스크의 데이터를 미리 읽어 두거나(연속된 섹터를 연이어 읽을 가능성이 많기 때문에), 상대적으로 속도가 빠른 CPU로 부터의 데이터 전달을 위한 버퍼 역할을 함으로써 전반적인 디스크 입출력 속도를 향상하는 것을 목적으로 한다.

6.5 입출력 장치(I/O Device)

입출력 장치는 아래와 같이 다양한 종류가 있으며 계속적으로 새로운 장비가 개발되고 있다. 키보드, 모니터, 디스크와 같은 전통적인 입출력 장치는 여전히 중요한 자리를 차지하고 있지만, 최근에는 더욱 편리한 컴퓨터 사용을 위해서 새로운 장비가 계속적으로 제시되고 있다. 아래에서는 기본적인 입출력 장비들을 간단히 살펴보고, 이외의 특별한 이슈들에 대해서 자이와 별개로 소프트웨어에서도 포트라는 개념이 있다. 이는 프로그램 사이에 정보를 교환할 때 사용하는 가상의 논리적 주소를 의미한다.

http 프로토콜을 사용할 때 http://250.32.12.10:8080 과 같이 주소의 마지막에 있는 8080과 같은 것이 포트 번호이다.

컴퓨터 포트는 일반적으로 둥근형 (PS/2 단자 등), 직사각형 (IEEE 1394 단자 등), 정사각형 (전화 모뎀), 사다리꼴 모양 (D-Sub등)과 같이 다양한 모양을 갖추고 있다. 또한 쉬운 식별을 위해서 고유의 색깔을 사용하기도 한다. 그렇기 때문에 대부분의 경우에는 색깔과 형태만 맞추어서 연결하면 원활하게 작동하는 것이 대부분이다.

세히 살펴보자.

포트(port)란 컴퓨터와 외부의 다른 장비를 연결할 수 있게 해주는 통로를 말하며, 직렬 포트(serial port)와 병렬 포트(parallel port)로 나눌 수 있다.

- **직렬 포트**: 한번에 하나의 신호를 전달할 수 있고, 보통 저속의 장치와 연결된다.

- **병렬 포트**: 여러 비트의 신호를 동시에 전달할 수 있고, 직렬 포트에 비해서 고속 인터페이스를 제공한다.

- USB(Universal Serial Bus: 범용 직렬 버스): 컴퓨터와 주변 기기를 연결하는 데 쓰이는 입출력 표준 가운데 하나로써, 기존의 일반적인 직렬, 병렬 포트의 많은 부분을 대체하고 있다. 처음에는 PC를 위해서 개발되었지만, 게임기 등에서도 많이 사용되고 있다.

6.5.1 입출력 장치

- 입력 장치: 외부의 데이터를 컴퓨터의 CPU나 주기억 장치로 입력할 때 사용하는 장비
  - ▸ 키보드
  - ▸ CD/ DVD/ Blue Ray 등의 광디스크
  - ▸ 하드 디스크
  - ▸ SSD(Solid State Disk)
  - ▸ USB 저장장치
  - ▸ 마우스
  - ▸ 카메라
  - ▸ 2D/ 3D 스캐너 등

- **출력 장치**: CPU나 주기억 장치의 데이터를 외부로 옮길 때 사용하는 장비

  ‣ 모니터(LCD, PDP 등)

  ‣ 프린터(잉크젯, 레이저, 플로터 등)

  ‣ 3D 프린터

  ‣ 하드 디스크

  ‣ CD/ DVD/ Blue Ray 등의 광디스크

  ‣ USB 저장장치

  ‣ 스피커 등

전통적인 입출력 장치는 키보드, 마우스, 디스크 등이다. 그러나 컴퓨터와 사용자 간의 인터랙션(HCI: Human Computer Interaction)이 중요해 짐에 따라서 새로운 I/O 장치들이 많이 소개되고 있다. ◥

> 이러한 부분을 연구하는 분야가 HCI(Human Computer Interaction)이다.

최근의 대표적인 입력 장치로 Microsoft사에서 게임 장비로 소개한 Kinect 카메라가 있다. 이 카메라는 적외선 카메라와 <u>RGB 카메라</u>를 통해 촬영된 영상에서 사용자를 찾아내고, 사용자의 제스처를 인식하는 기능을 제공함으로써, 조금 더 직관적인 컴퓨터의 사용을 가능하게 하고 있다. 아래의 왼쪽 그림이 Kinect 카메라의 외형을 보여주며, 오른쪽 그림은 이를 이용한 사용자의 제스처 인식 화면이다. 이러한 장비의 보급으로 점점 사용자 친화적인 인터랙션 기법들이 제안되고 있다.

> 일반적으로 우리가 사용하는 카메라이다.

아래는 스마트폰의 음성인식 소프트웨어의 실행 장면이다. 음성 인식 소프트웨어는 마이크를 통해 입력된 음성을 인식하는 소프트웨어인데, 최근에는 정확성이 많이 향상되어서 실제 스마트폰에서 많이 사용되고 있다.

컴퓨터에서 3차원 모델로 제작된 물체를 실제의 물체로 프린팅하는 3D 프린팅이 인기이다. 보통 RP(Rapid Prototyping)라고 하며, 시제품의 샘플을 제작하는 용도로 많이 사용된다.

아래의 그림은 플렉서블 디스플레이(flexible display)의 예제 그림이다. 딱딱한 모니터 대신 이제는 접을 수 있는 출력장치의 출현으로 보다 다양한 형태의 컴퓨터 생산을 눈앞에 두고 있다.

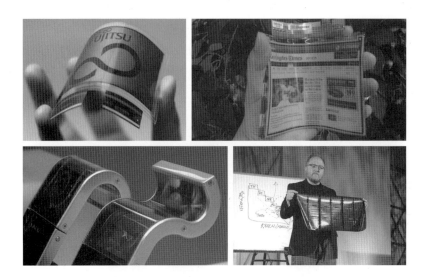

이러한 컴퓨터의 입출력 장치의 발전은 음성 인식과 음성 합성, 멀티 터치 기술, 영상 인식, 감성 공학, 테이블-탑-디스플레이와 센서 기술, 가상 세계와 현실을 혼합하여 구현하는 증강현실(AR: Augmented Reality)기술 등의 분야에서 많이 연구되고있다.

점점 발전하는 기술은 새로운 입력장치를 개발하고 적절한 인터랙션을 통해 사용자의 자유도와 경험을 긍정적으로 확장시키고 있다. 멀티터치 장치를 직접적으로 누르며 입력을 하고, 장갑이나 컨트롤러(Wii), 혹은 아무 컨트롤러 없이도 몸으로 제스처 입력을 할 수 있도록 한다. 즉, 인간의 직접적인 조작으로 인터랙션을 할 수 있게 되었다.

'Wearable computer' 기술은 인간과 가장 가까운 위치에서 언제 어디서나 인간과 상호 작용이 가능한 시스템을 의미하는 것으로써, IT, BT, NT, 섬유, 의류 등 여러 기술 분야가 협력하여 인간 중심의 기술을 구현한다. 컴퓨터는 제스쳐, 모션, 아이 트래킹, 헤드 트래킹 등을 통해 의도를 파악할 수 있다. 발광 의류, 레이저, LED를 통해 착용한 프로젝터의 영상 투사를 통하여 시각 정보를 제공하거나, 진동과 같은 신체와의 근접성을 활용하여 피부 자극으로 정보를 전달한다. 이 기술을 통해서 인간의 생체 신호를 통한 건강 체크, 감정, 행동, 의도 등을 파악하기가 용이하다.

감성 공학은 인간의 고유 느낌, 감성을 계량화하는 학문이다. 냄새, 소리, 빛, 색깔, 촉감, 진동이 어떤 감성으로 다가가느냐에 따라 다양해 질 수 있다. 감성 기술을 위해서 뇌세포와 컴퓨터 간의 직접적인 커뮤니케이션, 'brain computer interface(BCI)'를 연구하기도 한다.

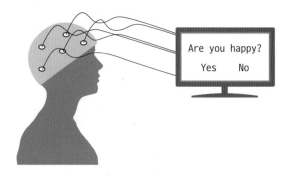

BCI 기반 인터페이스

6.5.2 입출력 장치의 제어 방식

속도가 빠른 CPU입장에서는 상대적으로 느린 입출력 장치를 기다리는 것은 비 효율적이다. 또한 다양한 입출력 장치들의 상황이나 조건을 고려해서 사용하기 위해서는 CPU가 해야 할 일이 너무 많을 수 있다.

이러한 이유 때문에 입출력 제어기(I/O controller)를 통해서 입출력 장치를 제어한다. 각각의 입출력 장치에 있는 제어기들은 인터페이스 역할을 담당하여 CPU에게서 명령을 받아 자신이 관리하는 입출력 장치를 조절하거나 데이터 버퍼링, 오류 검출 기능 등을 담당한다.

(1) CPU에 의한 입출력 제어

CPU에 의한 입출력 제어 방식은 입출력의 전체적인 과정을 CPU가 수행하는 방식을 말한다. 이 방식은 CPU가 입출력의 전체 과정을 통제하는 방식에 따라서 아래의 2가지 방식으로 나뉜다.

- 프로그램에 의한 방법(Programmed I/O): 현재 수행되는 프로그램이 I/O를 직접 수행하는 방식을 말하며, 이에 따라 입출력 장치의 준비 상태 체크, 데이터의 입출력 수행 등 모든 과정을 CPU가 담당한다. 이 방식은 CPU를 사용하는 해당 프로그램이 입출력 작업에 전적으로 투입되어 수행되고 있기 때문에, CPU는 입출력 동안 다른 작업을 수행하지 못하며, 이는 CPU의 효율을 떨어뜨리는 원인이 될 수 있다.

  프로그램에 의한 방법은 I/O의 완료 여부를 검사하기 위해서 CPU가 상태 플래그(flag)를 계속 조사하여 I/O가 완료되었으면 다음 자료 전송을 CPU가 직접 처리하는 방식이다.

앞의 Programmed I/O의
비효율성을 극복한 방법
이다.

- 인터럽트에 의한 방법(Interrupt-driven I/O): 프로그램 명령 중 입출력 명령이 있으면 CPU는 입출력 동작의 시작을 명령하고 다른 작업으로 전환한다. 입출력이 완료됨을 알리는 인터럽트가 발생하면, 관련 인터럽트 처리 루틴(interrupt service routine, interrupt handler)을 수행함으로써 CPU는 입출력 과정을 종료한다. 이와 같이 CPU는 상대적으로 느린 입출력 장치가 입출력 과정을 종료할 때까지 기다리지 않고 다른 작업으로 전환함으로써, CPU의 전체적인 효율성을 올릴 수 있는 장점이 있다. 이를 가능하게 해주는 것이 바로 '인터럽트'이다.

(2) DMA(Direct Memory Access) 방식

CPU에 의한 방식은 입출력 장치와 메모리 사이의 데이터 이동에 CPU가 개입하게 된다. 즉 모든 데이터는 CPU의 명령을 받아서 이동하게 되는데, DMA는 별도의 I/O 컨트롤러가 입출력 장치와 메인 메모리 사이의 데이터 통신을 수행하는 방식으로써, CPU의 효율성을 더욱 높일 수 있는 방법이다. I/O 컨트롤러는 CPU로부터 입출력의 모든 사항을 위임 받아서 수행하게 되는데, 이 방식은 하드 디스크와 같이 다른 I/O 장치보다 상대적으로 속도가 빠른 장치와 대량의 데이터를 입출력 할 때 사용하는 방식이다.

DMA 방식의 입출력 절차는 아래와 같다.

① 사용자 프로그램 또는 운영 체제가 데이터의 전송(입출력)을 요구한다.

② CPU는 DMA 제어기의 레지스터들에 아래의 정보를 전송한다.

- I/O 장치의 주소

- 데이터가 있는 주기억 장치의 시작 주소

- DMA 시작 명령

- 입출력하고자 하는 데이터의 양

③ DMA 제어기는 입출력 동작을 시작하며, 사이클 스틸(cycle steal) 방식을 이용하여 데이터를 전송한다. 그 동안 CPU는 다른 작업들을 수행한다.

④ 입출력 동작이 종료되면 DMA 제어기는 CPU를 인터럽트한다

CPU의 다음 사이클을 훔쳐서(steal) CPU가 실행하고 있던 프로그램을 잠시 대기시키고, DMA 제어기가 버스를 통해서 직접 주기억 장치와 데이터를 송수신 하는 방식이다. 이로 인해서 DMA 방식은 시스템 버스를 DMA가 너무 많이 사용할 수 있다는 문제점이 있다.

(3) 채널(channel)에 의한 I/O

I/O를 위한 특별한 명령어를 I/O프로세서에게 수행하도록 하여 CPU 관여 없이 입출력을 제 제어하는 전용 프로세서(IOP)를 사용하는 방식이다. DMA의 확장된 개념으로 볼 수 있는데, 채널 제어기는 채널 명령어로 작성된 채널 프로그램을 해독하고 실행하여 입출력 동작을 처리하는 방식으로써, DMA와 다르게 한 개의 인스트럭션에 의해 여러 개의 블록을 입출력할 수 있다.

(4) 기억 장치-사상 입출력(Memory-mapped I/O)

메모리 주소의 일정 범위를 지정하여 장치 레지스터에 매핑함으로써, 메인 메모리의 읽기/쓰기와 동일한 인스트럭션을 사용해서, 보다 편리한 입출력 장치 접근을 제공하는 방식이다. 할당된 주소에 대한 읽기와 쓰기는 장치 레지스터로 또는 장치 레지스터로부터 데이터를 전송하도록 한다. 메모리 맵 입출력 방식은 고속의 응답 시간을 갖는 장치(예, 비디오 제어기)에 적합하다.

아래와 같이 주소 영역의 일정 주소를 입출력 장치에 매핑하는 방식을 말한다.

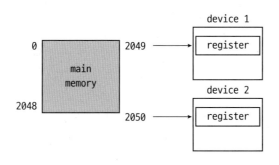

6.5.3 인터럽트

인터럽트란 CPU가 특정 기능을 수행하는 도중에 급하게 다른 일을 처리하고자 할 때 사용할 수 있는 기능이다. 대부분의 컴퓨터는 단일 CPU로써 한 순간에는 하나의 일 밖에 처리할 수 없다. 때문에 어떤 일을 수행하는 도중에 우선 순위가 급한 일을 처리할 필요가 있을 때 대처할 수 있는 방안이 필요하다.

예를 들면, 키보드의 키를 하나 누르면, 눌려진 키 코드 값이 키보드 버퍼에 입력된 후 CPU에게 인터럽트가 걸린다. 그럼 CPU는 현재 수행하던 작업에 대한 정보를 저장한 후 인터럽트 서비스 루틴(Interrupt Service Routine)을 수행한다(이 경우에는 키보드 버퍼에 있는 키 코드 값을 가져가는 일을 한다). 인터럽트 처리를 마친 후에는 이전에 수행하던 작업을 계속 진행한다.

즉, 인터럽트의 처리 과정을 간략하게 설명하면 다음과 같다.

- 기존의 작업을 수행하던 중, 인터럽트가 발생하면,
- 현재 컴퓨터가 수행하는 일을 중지하고 현재의 컴퓨터의 상태(CPU 내부의 레지스터, 메인 메모리 내용 등)를 보관한다.
- 해당하는 인터럽트를 처리해주기 위한 인터럽트 서비스 루틴(Interrupt Service Routine)을 수행한다.
- 인터럽트 처리 후 저장되었던 이전 작업의 상태를 복구하고 이전 작업 수행을 재개한다.

인터럽트는 다양한 종류가 있는데 일반적으로 사용되는 것은 다음과 같다.

- 외부 인터럽트: 입출력 장치, 타이밍 장치, 전원 등의 외부적인 요인에 의해서 발생하는 인터럽트

대부분의 컴퓨터가 동시에 여러 가지 일을 처리하는 것처럼 보이지만, 매우 빠른 속도로 시간을 잘게 쪼개서 일을 나누어서 수행한다. 이를 time-sharing(시-분할) 방식이라고 한다.

만약에 인터럽트라는 방식이 없다면, 키보드로부터 키 입력을 받으려면 어떻게 해야할 까?

CPU는 언제 키보드 입력이 들어올지 몰라 계속 키보드로부터의 입력 여부를 살펴봐야한다. 이 때문에 다른 일에는 신경도 쓸 수 없는 상황이다.

문 밖에 중요한 손님이 올지 몰라 안절부절하는 상황과 동일하다. 문에 초인종이 있다면 이야기가 달라질 수 있다. 초인종이 바로 인터럽트인 셈이다.

- ▸ 전원 이상 인터럽트: 정전이나 전원이 이상이 있는 경우

- ▸ 기계 고장 인터럽트: CPU 등의 기능적인 동작 오류가 발생한 경우

- ▸ 입출력 인터럽트(I/O Interrupt): 입출력의 종료 등의 이유로 CPU의 수행을 요청하는 인터럽트.

- 내부 인터럽트: 잘못된 명령이나 데이터를 사용할 때 발생하는 인터럽트

  - ▸ 0으로 나누는 경우

  - ▸ Overflow 또는 underflow가 발생한 경우

  - ▸ 부당한 기억 장소 참조와 같은 프로그램 상의 오류

  - ▸ 프로그램에서 명령어를 잘못 사용한 경우

  - ▸ 소프트웨어 인터럽트: CPU가 인스트럭션을 수행하는 도중에 일어나는 인터럽트를 말하는데, 주로 기계어 레벨에서 제공되지 않는 인스트럭션을 운영 체제의 시스템 콜(System Call)의 형태로 제공되는 인터럽트.

(1) 인터럽트 우선 순위

CPU가 하나인 상황에서 동시에 여러 개의 인터럽트가 발생하는 경우에는 우선 순위를 정해서 하나씩 처리해야 한다. 이를 인터럽트 우선 순위라고 한다. 인터럽트 우선 순위는 아래와 같다. 아래에서 확인할 수 있는 바와 같이 중요한(심각한) 인터럽트가 우선적으로 처리되어야 한다.

전원 공급이 이상 → CPU의 기계적인 오류 → 외부 신호에 의한 인터럽트 → 입출력 전송 요청 및 전송 완료, 전송 오류→ 프로그램 검사 인터럽트 → 수퍼바이저 호출(SVC 인터럽트)

인터럽트 우선 순위를 결정하는 방법은 소프트웨어적인 방법과 하드웨어적인 방법이 있다.

- 소프트웨어적인 방법: 폴링(Polling)

아래 그림처럼, CPU가 모든 제어기에 연결된 TEST I/O 선을 이용하여 인터럽트를 요청한 장치를 검사하는 방식이다.

즉 INTR(interrupt request) 선에 올린 요청 플래그를 차례로 검사해서, 이에 해당하는 인터럽트 서비스 루틴을 수행하는 소프트웨어적인 방식이다. 이 방식은 하드웨어를 추가할 필요가 없어 회로가 간단한 반면, 인터럽트를 조사하는 비용이 들어 반응 시간이 느리다는 단점이 있다.

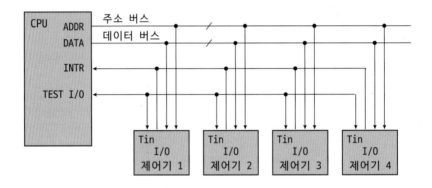

- 하드웨어적인 방법: Vectored Interrpupt(벡터 인터럽트)

인터럽트를 요청할 수 있는 장치에 버스를 직렬 또는 병렬로 연결하여, 인터럽트 요청 장치의 번호를 CPU에게 알리는 방식이다.

• 병렬 연결 방식: I/O 제어기마다 별도의 버스 선을 이용하여 INTR(interupt request), INTA(interrupt acknowledgment) 선을 이용해서 확인하는 방법이다. 이 방법은 인터럽트를 요청한 장치를 쉽게 찾을 수 있는 장점이 있지만, 하드웨어 구성이 복잡하며, CPU가 가지고 있는 인터럽트 포트 수에 의해서 연결할 수 있는 장치의 수가 제한된다는 단점이 있다.

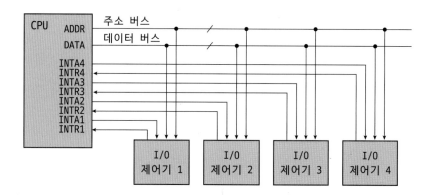

- 직렬 연결 방식(데이지 체인/Daisy Chain): 어디에 인터럽트가 발생하였는지 확인하는 회로를 직렬로 연결하는 하드웨어적인 방법으로써, 아래 그림과 같이 하나의 INTR, INTA 선에 장치들을 우선 순위에 따라 순서대로 연결하는 방식으로써, 하드웨어 구성이 상대적으로 간단하다. 단점으로는 CPU에 가까이 연결된 장치가 우선 처리되기 때문에 멀리 있는 장치는 인터럽트 요청이 지연되어 기근(starving)될 수 있다.

꽃 이름이다. 꽃들의 뿌리가 땅속에서 직렬로 연결된 것을 의미하는 용어로 사용하였다.

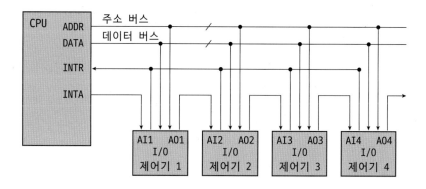

1. 중앙처리장치(CPU) 내부의 모듈 중에서, 내부 버스를 제외한 나머지 3개 모듈의 이름을 적으시오.

2. 다음 빈칸을 채우시오.

   - 파이프라이닝은 단일 작업(task)의 실행 시간을 줄이지는 않고, 전체 작업 부하(workload)의 (   )을 높인다.

   - 지금 당장 필요한 데이터뿐만 아니라 인접한 다량의 데이터들의 블록을 캐쉬로 복사하는 것은 지역성의 원칙 중 (   )을 활용하기 위한 것이다.

   - 입출력 매핑에서 메모리 주소 공간의 일부를 입출력 장치에 할당하고 메모리 주소로 입출력 장치를 구분하는 방식을 (   )라 한다.

   - 입출력 장치가 준비되었을 때 다른 작업을 하고 있는 프로세서에게 통지하기 위해 명령어 수행과 비동기적으로 발생되는 (   )를 사용한다.

   - (   )는 하나의 큰 디스크 대신 다수의 작은 디스크를 사용하여 입출력 병렬성으로 성능을 개선하고, 별도의 여유 디스크로 신용도를 높이는 방식이다.

3. 디스크에 대해서 다음을 설명하시오.

   - 탐색 시간

   - 회전 지연 시간

   - 데이터 전송 시간

4. DMA와 채널에 의한 입출력의 차이를 설명하시오.

5. 인터럽트를 처리하는 하드웨어적인 방법에서 병렬 연결 방식과 직렬 연결 방식의 장단점을 설명하시오.

기계어 프로그래밍을 통한
컴퓨터 구조 이해

CHAPTER 7

기계어 프로그래밍을 통한 컴퓨터 구조 이해

Abstract

이제부터는 컴퓨터가 인식할 수 있는 명령어 집합, 즉 기계어의 의미와 특성을 공부하고, 기계어 명령어의 실행 과정을 이해함으로써 컴퓨터의 구조를 공부하자. 컴퓨터 내부에서 실제로 어떻게 기계어 연산이 이루어지는지를 아는 것은 컴퓨터 구조를 소프트웨어 관점에서 바라 볼 수 있게 해준다.

아래의 티 셔츠에 새겨진 문장을 읽어보자. 이런 글을 속칭 '외계어'라고 한다. 지금부터 우리가 배울 어셈블리어와 기계어는 '외계어'가 아니다. 어렵지만 충분이 배울만 하고, 배우고 나면 남는 것이 많이 있을 것이다.

외계어 ?: if you can read this, you really need to get laid.

7장에서는 Pep/8이라는 가상 머신 상에서

- 기계어 프로그래밍과 어셈블리어 프로그래밍을 경험한다.

- 고급 언어의 많은 문법적인 구조가 어떻게 어셈블리어로 표현되는지를 배운다.

Pep/8 가상 머신에 대한 이해를 바탕으로, 일반적인 기계어 명령어의 구조도 배울 것이다.

7.1   가상 머신의 구조

아래는 일반적인 컴퓨터의 내부 구조를 간략하게 그린 그림이다. CPU, 주기억 장치, 입력 장치, 출력 장치, 이렇게 4개의 요소들은 버스(BUS)를 통해서 데이터를 전송한다.

왼쪽의 그림에서 '실선'은 데이터의 흐름을 '점선'은 제어 명령의 흐름을 표시한다.

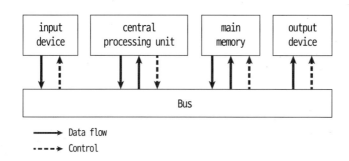

7.1.1 Pep/8 가상 머신

컴퓨터 내부에서의 기계어의 표현과 실행 과정을 살펴보기 위해서는, 우리가 사용할 컴퓨터의 구조를 알아야 한다. 왜냐하면 기계어는 하드웨어의 구조에 따라 달라지기 때문이다. 그렇지만 지금 실제로 사용하는 많은 종류의 컴퓨터들은 그 구조가 너무나 복잡해서 내부를 들여다 보기가 쉽지 않다.

본 교재에서는 실제의 컴퓨터 하드웨어를 사용하지 않고 구조가 간단한 가상 머신(virtual machine)을 사용한다. 컴퓨터 구조를 다룰 때 가상 머신을 사용하면 장단점이 있다.

가상 머신은 다양한 종류의 컴퓨터들에게 공통적인 내용 그리고 원리에 집중할 수 있도록 해준다. 즉, 각각의 컴퓨터들에게 독특하면서 세부적인 사항보다는 일반적인 컴퓨터 전반에 걸친 근본적인 내용에 더 많은 관심을 가질 수 있도록 해준다.

- 장점: 실제의 컴퓨터보다 가상 머신의 구조가 단순하기 때문에 컴퓨터 구조의 '원리'에 집중할 수 있다.

- 단점: 실제로 가상 머신을 배우더라도 실제적인 컴퓨터에의 활용이 어렵다.

가상 머신을 이용하여 CPU의 구조를 설명하면 구조가 간단해서 CPU의 핵심 기능에만 집중할 수 있는 장점이 있다. 반면에 실제의 컴퓨터와는 세부 사항에서 다른 점이 있을 수 있기 때문에 실제적인 분야에 활용할 때는 어려움이 있을 수 있다.

20018년 현재 Pep/9 버전까지 있지만, 이 교재는 Pep/8 버전으로 실행하였다.

지금부터는 우리가 이 교재에서 사용하는 가상 머신의 구조를 살펴보자. 우리가 사용할 가상 머신은 Pep/8이라는 가상 머신으로써, J. Stanley Warford가 집필한 "Computer Systems, Jones and Barlett Press"에서 소개된 가상 머신이다. 이 가상 머신은 이 교재를 포함해서 이미 여러 교재에서 소개/사용되고 있으며, 가상 머신의 구조적인 간단함 덕분에 기계어 레벨에서의 CPU 구조를 설명하기에 아주 효과적이다.

이 가상 머신 프로그램은 아래의 사이트에서 다운로드 할 수 있다. 각자 아래의 사이트에 접속해서 자신의 운영 체제에 적합한 가상 머신을 다운 받아보자.

이 교재에서 소개되는 많은 기계어, 어셈블리어 소스 코드는 이 가상 머신의 샘플 코드에서 인용하였다. 또한 이 가상 머신 그 자체는 C 언어로 작성되었으며 소스 파일도 공개되어 있기 때문에 프로그래밍에 관심 있는 사람은 소스를 수정하여서 본인 만의 가상 머신을 만들어 볼 수 있다.

http://computersystemsbook.com/

아래의 화면은 가상 머신을 다운 받아서 실행한 화면이다. 가상 머신의 사용법은 컴퓨터 프로그래밍을 접해본 사람이라면 몇가지 메뉴를 눌러보면 쉽게 알 수 있을 것이다. 가상 머신의 사용법 또한 위의 사이트에 잘 정리되어 있다.

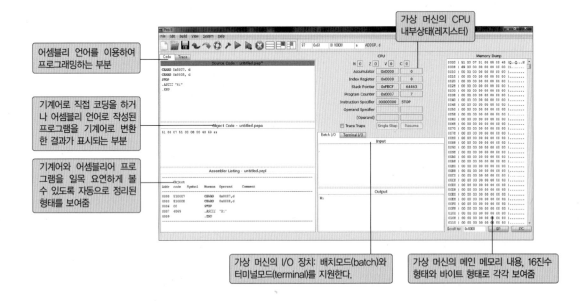

어셈블리 언어를 이용하여 프로그래밍하는 부분

기계어로 직접 코딩을 하거나 어셈블리 언어로 작성된 프로그램을 기계어로 변환한 결과가 표시되는 부분

기계어와 어셈블리어 프로그램을 일목 요연하게 볼 수 있도록 자동으로 정리된 형태를 보여줌

가상 머신의 CPU 내부상태(레지스터)

가상 머신의 I/O 장치: 배치모드(batch)와 터미널모드(terminal)를 지원한다.

가상 머신의 메인 메모리 내용, 16진수 형태와 바이트 형태로 각각 보여줌 기계어 프로그래밍을 이해하기 위해서는, CPU 내부의 기억 장소인 레지스터(registers)의 개수와 모양, 메인 메모리의 용량, 입출력 방법, 그리고 제공되는 기계어(instructions)를 살펴봐야 한다. ▶

7.1.2 레지스터

아래의 그림처럼 Pep/8 가상 머신은 6개의 레지스터를 사용한다. 아래 그림의 작은 네모는 각각 1비트를 의미한다. 즉, Pep/8 가상 머신의 대부분의 레지스터(status bits와 Instruction register를 제외하고)는 16비트(2 바이트)이다.

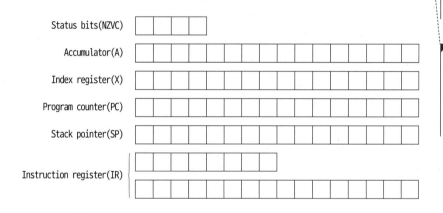

Pep/8 가상 머신의 레지스터

각 레지스터의 용도에 대해서 알아보자.

- Status Bits(상태 레지스터): 기계어 실행 결과로 발생하는 CPU 내부의 상태를 기억한다. NZVC 4비트로 구성된다. 예를 들어, 연산 결과 값이 음수이면 N(negative)이, 결과값이 '0'이면 Z(zero)가, 연산 결과로 오버 플로우가 발생하면 V(overflow)가, 연산 결과로 캐리가 발생하면 C(carrry) 비트가 1로 세팅되고, 그렇지 않은 경우는 0이 된다.

컴퓨터의 구조를 익히기 위한 목적은 여러 가지가 있을 수 있다.

- **컴퓨터의 설계, 제작 기술을 익히기 위해서**: 컴퓨터 내부의 다양한 부품들의 설계 방식, 동작 방식을 이해해야한다. 아주 깊은 전기, 전자 회로 등에 대한 사전 지식이 필요하다.
- **보다 효율적인 소프트웨어 프로그래밍을 위해 하드웨어 구조를 익히기 위해서**: 고급 언어를 이용해서 프로그래밍을 하더라도 하드웨어의 구조를 이해하고 있다면 보다 효율적인 프로그래밍이 가능하다(본 교재의 목표다).

레지스터는 CPU 내부에 위치한 작은 용량의 메모리이다. 보통 메인 메모리에서 가져온 데이터나 인스트럭션을 잠시 저장하기 위해서 사용된다.

이러한 상태 레지스터의 비트 값들은 분기 연산(Branch) 등의 다른 연산을 수행할 때 조건을 판단할 필요가 있는 경우에 판단 기준으로 활용된다. ◣

실제 사용 예제는 어셈블리어 프로그래밍에서 소개된다.

- Accumulator(누산기): 연산에 사용될 피연산자(operand)를 저장하는 용도로 주로 사용된다.

- Index Register, Program Counter, Stack Pointer: 메인 메모리 내의 데이터에 접근할 때 사용되는데, Program Counter는 명령어를 접근할 때, Index Register는 배열(array) 등의 연속된 데이터를 사용할 때, Stack Pointer는 런-타임 스택(run-time stack)을 접근할 때 주소를 계산하는 용도로 사용된다.

런-타임이라는 말은 프로그램 실행 중이라는 말이다. 즉, 프로그램이 실행 중에 사용하는 스택이라는 자료 구조이다. 보통 함수 호출 등에 사용된다.

- Instruction Register(명령어 레지스터): 메인 메모리로부터 가져온 명령어를 저장한다. 아래의 그림과 같이 3바이트로 구성된다. 1번째 바이트는 인스트럭션 지시자(Instruction Specifier)를 저장하고, 2, 3번째 바이트는 피연산자 지시자(Operand Specifier)를 저장한다. ◣

여기서는 각각에 대한 간략한 설명 만을 하였다. 자세한 설명은 뒤에 자세히 나온다.

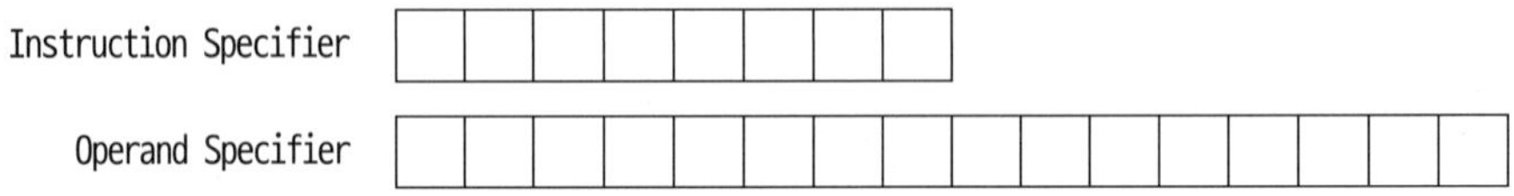

```
Instruction Specifier  [ | | | | | | | ]
  Operand Specifier    [ | | | | | | | | | | | | | | | ]
```

명령어 레지스터(Instruction register)

7.1.3 메인 메모리

현재 내가 사용하는 컴퓨터의 주기억 장치의 용량이 8 바이트(byte)인 아주 작은 컴퓨터라고 가정하자. 이 메모리를 바이트 단위로 접근해서 사용하려면, 아래의 그림과 같이 주소 비트가 3비트가 필요할 것이다.

주소	내용물
000	
001	
010	
011	
100	
101	
110	
111	

이를 일반화하면, 바이트 단위로 주소를 지정하고 주소 버스의 대역폭 (bandwidth, 비트수)이 n 비트라면, 총 2^n 바이트의 메모리를 사용할 수 있다는 의미이다. Pep/8 가상 머신의 메인 메모리(주 기억 장치, main memory)는 8비트(1 바이트) 단위로 어드레싱(addressing)할 수 있으며 총 64k 바이트로 구성된다. 즉, 바이트 단위로 주소를 할당하면, 메인 메모리의 주소 공간은 $0000_{(16)}$에서 $FFFF_{(16)}$번지까지로 구성된다. 주소가 16비트로 이루어진다는 것을 의미한다.

주소를 통해서 메모리에 접근하는 것을 말한다.

Pep/8은 실제로 메모리의 크기가 아주 작기는 하지만, 여기에 가상 머신의 운영 체제와 사용자 프로그램이 모두 로드되는데는 부족함이 없다.

7.1.4 입출력 장치

입력 장치는 키보드와 텍스트 파일 방식을 지원한다. 가상 머신 화면 상에서 '배치(Batch) I/O' 모드는 텍스트 파일을, '터미널 (Terminal) I/O' 모드는 키보드를 의미한다. 배치 모드는 프로그램을 실행하기 전에 미리 모든 입력을 해두는 방식이고, 터미널 방식은 실행 중 그때 그때 필요한 데이터를 키보드를 통해 입력하는 모드이다. 출력 장치 또한 텍스트 파일과 모니터 방식을 지원한다. 옆의 그림은 각 입출력 모드에 대한 화면을 보인다.

7.2 기계어(machine language)와 어셈블리 언어(assembly language)

아래의 왼쪽은 포크레인, 오른쪽은 호미다. 둘다 땅을 파는 도구인데, 서로 비교하면 어떤 특성이 있을까?

도구	생산성	학습의 난이도
포크레인	높다	배우기 어렵다
호미	낮다	배우기 쉽다.

기계어나 어셈블리어가 배우기 쉽다는 말의 의미는 언어를 배울 때 익혀야 하는 문법적인 요소가 적다는 말이다.

포크레인과 호미는 위와 같이 간략하게 비교할 수 있을 것이다. C, Java, Python 같은 고급 언어가 포크레인에 해당한다. 배우기는 어렵지만 프로그램 개발의 생산성이 높다. 기계어나 어셈블리어가 호미에 해당한다. 배우기는 쉽지만 프로그램 개발이 쉽지 않다.

7.2.1 고급 언어의 명령문의 기본적 구조

아래의 a = a + 1; 명령문은 변수 a의 값을 1 증가 시키려고 한다. 이 명령
어는 연산자와 피연산자들로 이루어져 있다. 실제로 고급 언어의 이 명령
어가 컴퓨터에서 실행되려면, 컴파일 과정에서 변환된 기계어는 아마도 아
래 우측과 같을 것이다. 즉, 고급 언어 한 문장은 기계어 여러 문장으로 변
환되어서 실행된다.

고급 언어의 연산자와 피연산자

고급 언어의 기계어 레벨에서의 동작 예시

지금부터 기계어와 어셈블리어를 배우려는 목표가 바로 이것이다. 고급 언
어로 작성한 프로그램이 어떻게 기계어로 변환되어 실행될지 어느 정도의
감을 잡는 것이 목표다.

7.2.2 기계어

이제부터 Pep/8 상에서 기계어 프로그래밍을 시작하자. 다운 받은 가상 머
신의 압축을 풀면 'pep8.exe' 파일이 있다. 이 파일이 가상 머신이다. 이 파
일을 실행하자.

(1) "Hi" 메시지 출력 프로그램

가상 머신 Pep/8 프로그램을 실행하자.

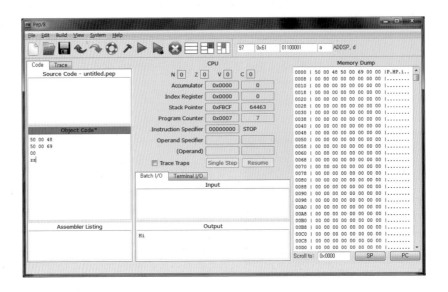

위의 Pep/8 가상 머신 프로그램의 몇가지 중요한 메뉴에 대해 알아보자.

아래의 그림처럼 [View] 메뉴는 화면 전환과 관련된 메뉴이다. 서브 메뉴를 눌러서 화면에 디스플레이되는 항목들을 조절해보자.

- [Code Only]: 프로그램 코드 화면만 화면에 출력.

- [Code/CPU]: 프로그램 코드와 CPU 레지스터를 화면에 출력.

- [Code/CPU/ Memory]: 프로그램 코드, CPU 레지스터, 메모리 모두를 화면에 출력.

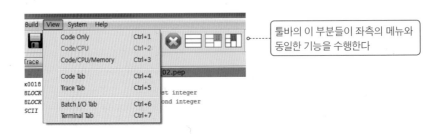

툴바의 이 부분들이 좌측의 메뉴와 동일한 기능을 수행한다

이제 전반적인 설명이 끝났다. 실전으로 넘어가자. 지금부터는 화면에 'Hi'라는 메시지를 출력하는 기계어 프로그램을 작성할 것이다.

1. 가상 머신 화면 좌측의 [object code] 부분에 아래의 기계어 프로그램을 입력해보자. 구체적인 설명은 뒤에서 하기로 하고, 일단 기계어 프로그램을 작성하고 실행해보자. 기계어는 실제로는 2진수로 프로그램을 작성하지만, 입력할 때 편의를 위해서 2진수로 작성한 후 이를 16진수로 변환하여 입력한다.

```
50 00 48
50 00 69
00
zz
```

2. 코딩을 마친 후, [Build] 메뉴에서 [Load] 메뉴를 선택하자.

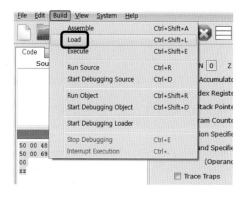

Load 명령 메뉴

3. 로드가 성공되면, 화면의 좌측 하단에 아래와 같이 "Load succeeded"라고 출력된다. 그렇지 않으면 'Load failed"라고 출력되는데, 오타나 빈 칸의 개수 등과 관련된 문제일 가능성이 많다. 또한 화면 가장 오른쪽의 [Memory Dump] 부분도 $0000_{(16)}$ 번지부터 위의 프로그램이 메인 메모리에 로드된 것을 확인할 수 있다.

기계어 코드를 입력할 때 몇가지 주의해야 하는 사항이 있다. 기계어 문법과는 상관없이, 지금 사용하는 가상 머신의 편집기에 따른 사항인데…

- 16진수 두 글자(즉, 한 바이트) 뒤에는 꼭 1칸만 띄어야한다.
- 모든 줄의 끝에는 빈 칸이 들어가면 안된다.
- 그리고 마지막은 꼭 zz를 입력해야한다.

이런 사항은, Pep/8 가상 머신의 프로그램 로더(loader)가 안정적이지 않기 때문이다(프로그램 로더는 운영 체제의 일부분으로써 실행할 프로그램을 메인 메모리로 올려주는 역할을 하는 프로그램이다).

숫자 48은 16진수로 문자 'H'를 위한 ASCII 값. 다음 줄의 숫자 69는 16진수로 문자 'i'을 위한 ASCII 값.

Load 메뉴는 작성한 프로그램을 가상 머신의 메인 메모리로 불러들이는 명령어. 즉 운영 체제의 로더(loader)를 수행하라는 명령이다.

로드 과정에서의 실패 이유로는 많은 경우에 프로그램의 끝에 zz를 입력하지 않아서 로드가 되지 않는 경우가 있다. 또한 각 줄의 끝에 빈칸이 있는 경우도 잘 체크하자.

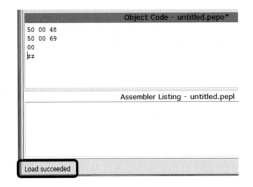

Load 성공 확인

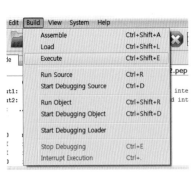

메인 메모리 덤프

4. 로드가 성공하면, [Build]–[Execute] 메뉴를 누르면, 화면 가운데 [Output] 창에 Hi가 출력된 것을 확인 할 수 있다.

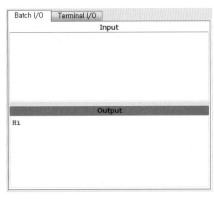

실행 명령   출력 결과

이제까지 아주 간단한 기계어 프로그램을 실행해보았다. 이제 이 기계어 코드가 어떻게 해석되는지 배워볼 시간이다.

(2) 기계어 해독

컴퓨터가 이해할 수 있는 명령어들을 명령어 집합(instruction set)이라고 한다. 컴퓨터의 종류에 따라 컴퓨터가 이해할 수 있는 기계어의 모양은 조금씩 다르지만, 아래에 일반적으로 많이 사용되는 명령어들을 소개한다. ▸

아래의 표는 일반적인 기계어 명령어의 종류를 나타내었다. 6장 중앙처리장치에서 배운 이론적인 내용들을 여기서 실제로 경험할 수 있는 기회다.

표 7.1 일반적인 기계어 명령어의 종류

산술 연산	add	2 레지스터(일반적으로) 간의 덧셈
	sub	2 레지스터(일반적으로) 간의 뺄셈
	mul	2 레지스터(일반적으로) 간의 곱셈
	div	2 레지스터(일반적으로) 간의 나눗셈
논리 연산	and	두 데이터의 비트 단위의 and 연산
	or	두 데이터의 비트 단위의 or 연산
	not	데이터의 비트 단위의 not 연산
데이터 전송 연산	load	메인 메모리의 데이터를 CPU 내부의 레지스터로 복사
	store	레지스터의 데이터를 메인 메모리로 복사
분기 연산	br	분기를 위해서 pc 값 변경
조건 비교 연산	cmp	특정 값들을 비교해서 조건을 결정함

위의 표는 일반적인 기계어 명령어들을 설명한 표이고, 아래는 Pep/8 가상 머신의 기계어(인스트럭션) 표이다. 아래 표의 인스트럭션을 이제 하나씩 설명하자. 아래의 음영으로 표시된 stop, character input, character output, add, load, store 인스트럭션은 이 교재에서 사용할 인스트럭션들이다. ▸

아래의 인스트럭션 표에서 음영으로 표시된 인스트럭션만 본 교재에서 기계어 인스트럭션으로 사용한다. 본 교재에서는 모든 기계어 명령어들을 익히는 것이 아니기 때문이다. 지금은 인스트럭션의 기능을 그냥 한번씩 읽어두자. 향후에 자세하게 소개된다.

표 7.2 Pep/8 가상 머신의 기계어 코드 표

Instr.Spec.	Operation
0000 0000	Stop execution
0000 0001	Return from trap
0000 0010	Move SP to A
0000 0011	Move NZVC flags to A
0000 010a	Branch unconditional
0000 011a	Branch if less than or equal to
0000 100a	Branch if less than
0000 101a	Branch if equal to
0000 110a	Branch if not equal to
0000 111a	Branch if greater than or equal to
0001 000a	Branch if greater than
0001 001a	Branch if V
0001 010a	Branch if C
0001 011a	Call subroutine
0001 100r	Bitwise invert r
0001 101r	Negate r
0001 110r	Arithmetic shift left r
0001 111r	Arithmetic shift right r
0010 000r	Rotate left r
0010 001r	Rotate right r
0010 01nn	Unary no operation trap
0010 1aaa	Nonunary no operation trap
0011 0aaa	Decimal input trap
0011 1aaa	Decimal output trap
0100 0aaa	String output trap
0100 1aaa	Character input
0101 0aaa	Character output
0101 1nnn	Return from call with n local bytes
0110 0aaa	Add to stack pointer (SP)
0110 1aaa	Subtract from stack pointer (SP)
0111 raaa	Add to r
1000 raaa	Subtract from r
1001 raaa	Bitwise AND to r
1010 raaa	Bitwise OR to r
1011 raaa	Compare r
1100 raaa	Load r from memory
1101 raaa	Load byte from memory
1110 raaa	Store r to memory
1111 raaa	Store byte r to memory

이제 앞에서 인스트럭션의 의미를 모른채 실행했던 'Hi'를 출력하는 프로그램을 자세히 분석해보자. 위의 프로그램을 2진수로 표현하면 다음과 같다. 아래 표에서 가장 왼쪽의 칼럼 '메모리 주소'는 실제로 기계어 프로그램이 메인 메모리에 로드되었을때의 메모리 주소를 의미한다. Pep/8에서는 사용자가 작성한 프로그램이 무조건 0번지부터 로딩된다. 따라서 0101 0000 0000 0000 0100 1000이라는 3바이트로 된 첫번째 명령어가 메인 메모리의 0,1,2번지에 위치해 있음을 알 수 있다.

메모리 주소	기계어(16진수) 표현	기계어(2진수) 프로그램
0000	50 00 48	0101 0000 0000 0000 0100 1000
0003	50 00 69	0101 0000 0000 0000 0110 1001
0006	00	0000 0000
	zz	

이제 우리가 CPU 내부의 CU(control unit)이라고 생각하고, 인스트럭션을 하나씩 분석해보자. 아래와 같이 첫번째 인스트럭션은 opcode, addressing mode, operand specifier 필드로 분할된다.

Opcode	어드레싱 모드 (addressing mode)	피연산자 지시자 (operand specifier)
01010	000	0000 0000 0100 1000

어떻게 위와 같이 분석할 수 있을까? 그 방법은 Pep/8 가상 머신의 코드 테이블에 답이 있다. 코드 표를 보면 아래와 같이 character output 명령어의 형식이 적혀있다. 01001이라는 opcode는 ASCII 문자 하나를 화면에 출력하는 명령어다.

0101 0aaa	Character output

- opcode가 01010 이라는 말은 character output이라는 명령어이고

- 01010: character output instruction. 앞 페이지의 〈인스트럭션 테이블〉을 참조하자. character output 명령어는 오퍼랜드 한 바이트를 화면에 출력하는 명령어
- 000: immediate addressing mode
- 0000 0000 0100 1000: 문자 'H'의 ASCII 값

위와 같이 어떤 특정 인스트럭션의 기능을 분석하는 작업을 인스트럭션 수행 사이클 중에서 2번째 단계인 인스트럭션 디코딩(instruction decoding)이라고 한다. 이렇게 해독하는 방법은 인스트럭션 테이블을 참조하면 된다. 실제로 CPU내부의 Control Unit(제어 유닛)이 하는 일이다.

- aaa라는 부분이 어드레싱 모드(addressing mode)를 의미하는데, 인스트럭션에서 어드레싱 모드가 000이라는 말은 '즉시 주소 지정 방식(immediate addressing mode)'로써 뒤따르는 피연산자 지시자(operand specifier)가 실제 연산이 수행되는 피연산자라는 의미이다. 따라서 위의 연산은 ASCII 값이 16진수로 0x48에 해당하는 문자 'H'를 출력하라는 말이 된다. ◥

'어드레싱 모드'란 피연산자 지시자를 해석하는 방법을 결정하는데, 인스트럭션에 따라서 aaa와 a, 즉, 3비트로 표현하는 인스트럭션도 있고 1비트로 표현하는 인스트럭션도 있다.

아래는 Pep/8 가상 머신에서 지원하는 8가지의 어드레싱 모드를 표로 나타내었다(Pep/8 가상 머신에서 제공하는 총 8개의 어드레싱 모드 중에서, 본 교재에서는 처음의 2개만 사용한다).

Immediate mode
오퍼랜드 지시자가 바로 오퍼랜드이다.

- immediate 모드(즉시 주소 지정 방식)는 operand = operand specifier 이다. ◥

Direct mode
오퍼랜드 지시자가 오퍼랜드가 있는 주소를 나타낸다.

- direct 모드(직접 주소 지정 방식)는 operand = memory[operand specifier] 이다.

문자 심볼은 향후에 어셈블리어를 사용할 때 사용한다. 기계어에서는 사용하지 않는다.

표 7.3 3비트 어드레싱 모드

Addressing Mode	aaa-field	Letters	Operand
Immediate	000	i	Operand Specifier
Direct	001	d	Mem (Operand Specifier)
Indirect	010	n	Mem (Mem (Operand Specifier))
Stack-relative	011	s	Mem (SP + Operand Specifier)
Stack-relative deferred	100	sf	Mem (Mem (SP + Operand Specifier))
Indexed	101	x	Mem (Operand Specifier + X)
Stack-indexed	110	sx	Mem (SP + Operand Specifier + X)
Stack-indexed deferred	111	sxf	Mem (Mem (SP + Operand Specifier) + X)

표 7.4   1비트 addressing mode

Addressing Mode	a-field	Letters	Operand
Immediate	0	i	Operand Specifier
Indexed	1	x	Mem (Operand Specifier + X)

이제 해당 프로그램의 두번째 인스트럭션을 분석해보자. 첫번째 인스트럭션과 유사하다.

opcode	addressing mode	operand specifier
01010 0	000	0000 0000 0110 1001

- 01010: character output instruction.
- 000: immediate addressing mode
- 0000 0000 0110 1001: 문자 'i'의 ASCII 값

세번째 인스트럭션은 1바이트 인스트럭션이다. 아래는 1바이트 명령어로써 stop 명령어이다. Stop 명령어는 프로그램 수행을 종료한다.

opcode
00000000

stop instruction
프로그램 수행을 종료한다.

즉, 위의 프로그램은 immediate addressing mode를 이용하여 'Hi'를 출력하는 프로그램이다. 위와 동일한 기능을 수행하는 direct addressing mode로 동작하는 프로그램을 작성해보자.

메모리 주소	기계어(16진수) 표현	기계어(2진수) 프로그램
0000	51 00 07	0101 0001 0000 0000 0000 0111
0003	51 00 08	0101 0001 0000 0000 0000 1000
0006	00	0000 0000
0007	48	0100 1000
0008	69	0101 1001
	zz	

16진수로 0007번지는 대문자 'H'의 ASCII 값이 저장된 곳의 주소이다.

0007번지에 출력할 문자의 ASCII 값이 저장되어 있다.

문자 'H'와 'i'의 ASCII 값. 바로 이전의 인스트럭션인 STOP 다음에 데이터를 선언함으로써 CPU가 데이터와 인스트럭션을 구분할 수 있도록 하였다.
즉, stop 인스트럭션이 프로그램의 코드 부분과 데이터 부분을 구분해주는 역할을 한다.

위의 프로그램에서 첫번째 인스트럭션을 설명해보자. 즉, 어드레싱 모드가 001로써 직접주소지정(direct addressing mode)이니까 피연산자 지시자 (operand specifier) 값인 0x0007 번지의 '내용' 1 바이트를 출력하라는 명령어인 셈이다.

opcode	direct addressing mode	Operand specifier
0101 0	001	0000 0000 0000 0111

> **참고**
>
> **이 프로그램에서 만약 stop 인스트럭션을 사용하지 않는다면 어떤 일이 발생할까?**
>
> 6장에서 배운 내용을 떠올려보자. CPU 내의 제어 장치는 하나의 인스트럭션을 수행한 후에 PC(프로그램 카운터 레지스터)가 가르키는 다음 인스트럭션을 가져온다. 만약 stop 인스트럭션이 없다면, 다음의 48이라는 값(실제로 이 값은 'H'의 ASCII 값이다) 을 인스트럭션이라고 생각하고, 이를 실행하려고 할것이다.
>
> 실제로 stop 인스트럭션인 00을 삭제하고, 다시 로딩한 후 실행하면 다음과 같은 오류창이 뜬다.
>
>
>
> 이와 같이 stop 인스트럭션은 프로그램의 종료를 알림과 동시에 프로그램의 코드 부분과 데이터 부분의 경계를 표시하는 역할을 한다.

앞의 'Hi'를 출력하는 프로그램을 조금 변경해서 "Hi!"를 출력해보자. 즉, 마지막에 '느낌표'를 출력하는 코드를 추가하자. '!'는 ASCII 코드가 16진수로 $21_{(16)}$이다. 그래서 아래와 같이 '!'를 출력하는 문장을 추가하고, '!'의 ASCII 코드값 16진수 $21_{(16)}$을 추가하였다.

그러나 이 프로그램은 아무것도 출력하지 않는다. 그 이유가 무엇일까?

메모리 주소	기계어(16진수) 표현	기계어(2진수) 프로그램
0000	51 00 07	0101 0001 0000 0000 0000 0111
0003	51 00 08	0101 0001 0000 0000 0000 1000
0006	51 00 09	0101 0001 0000 0000 0000 1001
0009	00	0000 0000
000A	48	0100 1000
000B	69	0101 1001
000C	21	0010 0001
	zz	

위의 표의 주소 부분을 보면, 코드가 추가됨에 따라서 기존의 데이터의 주소가 바뀌어버렸다. 따라서 아래와 같이 주소를 수정해야한다. 바로 이런 부분이 기계어를 사용할 때의 불편한 점이다.

메모리 주소	기계어(16진수) 표현	기계어(2진수) 프로그램
0000	51 00 0A	0101 0001 0000 0000 0000 1010
0003	51 00 0B	0101 0001 0000 0000 0000 1011
0006	51 00 0C	0101 0001 0000 0000 0000 1100
0009	00	0000 0000
000A	48	0100 1000
000B	69	0101 1001
000C	21	0010 0001
	zz	

(3) 입력, 출력 및 연산

Pep/8 가상 머신의 기계어 프로그래밍에 적응하기 위해서, 아래에 몇 가지 프로그램을 소개하자. 아래의 예제를 '인스트럭션 테이블'과 비교하면서 명령어를 해독해보자.

- '*'을 출력하는 프로그램: '*'에 해당하는 아스키 값인 0x2A 값을 charo 인스트럭션으로 direct 모드로 출력한다.

동일한 기능을 수행하는 immediate addressing mode로 동작하는 코드도 한번 각자 작성해보자.

character output 인스트럭션

stop 인스트럭션

'*'에 해당하는 ASCII 값

메모리 주소	기계어(16진수) 표현	기계어(2진수) 표현
0000	51 00 04	01010 001 00000000 00000100
0003	00	00000000
0004	2A	00101010

출력되지 않는다. 왜 그럴까?

기계어 레벨에서는 숫자 출력 인스트럭션이 없지만, Pep/8 어셈블리어 레벨에서는 숫자를 출력하는 DECO(decimal output)이라는 인스트럭션이 제공된다.

[참고] 아래의 명령어는 문자 1을 출력한다.
50 00 31
그러나, 옆의 프로그램은 연속적인 계산을 통해서 어떤 숫자가 확정될 경우를 가정해서 숫자를 문자로 변환해서 출력하는 것이다.

- 숫자 1을 출력하는 프로그램: 아래의 프로그램은 숫자 1을 출력하는 프로그램이다. 정상적으로 출력될까?

메모리 주소	기계어(16진수) 표현	기계어(2진수) 표현
0000	51 00 04	01010001 00000000 00000100
0003	00	00000000
0004	01	00000001

- 숫자 1을 출력하는 프로그램(수정본): 위의 프로그램을 수정해서 숫자 1을 출력하는 프로그램이 아래에 있다. 숫자 1을 출력하는 부분은 조금 복잡하다. 왜냐하면 Pep/8 가상 머신은 '숫자'를 출력하는 기계어 인스트럭션이 없기 때문이다. 기계어 명령어로는 문자만 출력할 수 있다. 따라서 1을 출력하려면 숫자 '1'을 문자 '1'로 변경해서 출력해야 한다.

숫자 '1'을 어떻게 문자 '1'로 변경할 수 있을까? ASCII 코드표를 잘 살펴보자. 문자 '1'의 ASCII 값이 얼마인지.

메모리 주소	기계어(16진수) 표현	기계어(2진수) 표현
0000	C1 00 0D	11000001 00000000 00001101
0003	70 00 30	01110000 00000000 00110000
0006	E1 00 0D	11100001 00000000 00001101
0009	51 00 0E	01010001 00000000 00001110
000C	00	00000000
000D	00 01	00000000 00000001

이 부분이 프로그램에서 사용하는 데이터 영역이다. 숫자 1이다.

위의 프로그램을 인스트럭션 하나씩 설명해보자. 이 코드는 상당히 복잡하다(이 정도의 코드를 이해하는 것이 본 교재의 목표다. 더 복잡한 내용은 다루지 않는다).

▸ 1번째 인스트럭션: 11000001 00000000 00001101

1100raaa: Load register r from memory 인스트럭션.

오퍼랜드를 r이 의미하는 레지스터로 로드하는 인스트럭션이다. r이 0이면 accumulator(A), 1이면 index(X) 레지스터(아래의 표 참조). 그러니까 이 명령어는 A 레지스터로 로드한다. 또한 어드레싱 모드 aaa가 001다. 따라서 direct addressing mode. 즉, 0x000D 번지로부터 가져온 '2바이트' 값을 A(accumulator, 누산기) 레지스터에 저장한다. Load 인스트럭션은 무조건 2바이트를 로딩하기 때문에, 현재 0x000D 번지에는 0x00가 있고, 0x000E 번지에 0x01이 있다. 이 코드가 수행을 마치면, 비로써 A 레지스터는 0x0001 값을 가진다.

표 7.5   r-field

r-field	Register
0	누산기(Accumulator), A
1	인덱스 레지스터(Index Register), X

▸ 2번째 인스트럭션: 01110000 00000000 00110000

0111raaa: Add to register r 인스트럭션. 덧셈 연산이다.

r이 0 이므로 A 레지스터에 더해 넣는다. aaa가 000 이므로 immediate addressing mode이기 때문에, 0x0030을 A 레지스터에 더한다. 0x0030은 문자 '0'의 아스키 코드값으로써, 이 값을 더하면 A레지스터에 들어 있는 숫자 1이 문자 1에 대한 아스키 값이 된다.�'' 이처럼 Pep/8 기계어에는 숫자를 출력하는 인스트럭션이 없기 때문에 숫자 1을 문자 1로 변환해서 출력해야 한다.

처음에는 조금 이해하기 힘들 수도 있다. "숫자 1"과 "문자 '1'의 ASCII 값"을 서로 비교해보자. 그 차이가 16진수로 0x0030이다.

▶ 3번째 인스트럭션: 11100001 00000000 00001101

1110raaa: Store register r to memory 인스트럭션.

A 레지스터에 들어 있는 문자 1에 대한 아스키 값이 0x000D 번지와 0x000E 번지에 저장한다. ◤ Store 연산도 2바이트 레지스터의 값을 모두 메모리에 저장한다.

A 레지스터는 2바이트이기 때문이다.

▶ 4번째 인스트럭션: 01010001 00000000 00001110

01010aaa: Character output 인스트럭션.

지금은 direct addressing mode이니까 0x000E 번지의 아스키 값에 해당하는 문자를 출력한다. ◤

[주의] charo 인스트럭션은 1 바이트를 출력한다. 0x000D 번지가 아니라 0x000E 번지임을 유의하자. charo 인스트럭션은 2바이트를 다루지 않고 1바이트를 출력하는 인스트럭션이기 때문이다.

참고

위의 프로그램은 10진수로 1자리 숫자만 출력할 수 있다. 위의 방식으로, 만약 32와 같은 2자리 이상의 10진수 숫자를 출력하려고 해보자. 출력되지 않을 것이다.

그럼 2자리 이상의 숫자는 어떻게 출력할 수 있을까? Python과 같은 고급 언어에서는 print(127) 과 같이 쉽게 출력할 수 있는데, 기계어에서는 전혀 그렇지 않다.

아마도 기계어를 이용해서 10진수 숫자를 자릿수에 상관없이 출력하려면, 기계어로 100 줄 이상의 프로그래밍이 필요할 것이다(참고: Computer Systems, 4th edition, Jones and Bartlett 출판사)

우리가 지금 사용하는 고급 언어를 이용한 프로그래밍은 컴파일러와 운영 체제의 도움으로 이렇게 편하게 프로그래밍을 할 수 있는 것이다.

- 2-3+6을 immediate 모드로 계산하는 프로그램: 아래의 프로그램은 조금 복잡할 수 있다. 2-3+6을 계산하기 위해서 subtract 인스트럭션이 있기는 하지만, add 인스트럭션만 사용하고 싶다면, 2-3+6은 2+(-3)+6으로 구현해도 된다. 아래의 코드는 add 인스트럭션을 사용한다.

메모리 주소	기계어(16진수) 표현	기계어(2진수) 표현
0000	C0 00 02	11000000 00000000 00000010
		숫자 2를 A 레지스터에 load
0003	70 FF FD	01110000 11111111 11111101
		숫자 -3을 A 레지스터에 add. 숫자 -3의 2의 보수 표현을 사용한다. 2장에서 배운 2의 보수 표현을 떠올려보자. 이 명령어의 하위 2바이트가 -3을 나타내는 2의 보수 표현이다.
0006	70 00 06	01110000 00000000 00000110
		숫자 6을 A 레지스터에 add
0009	70 00 30	01110000 00000000 00110000
		A 레지스터에 있는 계산 결과인 숫자 5를 문자 5로 변경하는 부분. 0x0030을 더한다.
000C	E1 00 20	11100001 00000000 00100000
		A 레지스터의 내용물을 메모리 0x0020번지에 store
000F	51 00 21	01010001 00000000 00100001
		0x0021번지의 내용물 1 바이트를 출력. store 인스트럭션은 레지스터 2바이트를 0x0020번지부터 저장한다. 즉, 그렇게 되면 여기서 연산 결과는 레지스터의 하위 바이트에 있기 때문에 0x0021번지에 저장된다.
0012	00	00000000
		stop 인스트럭션

주소가 16진수로 0010 번
지는 10진수로 16번지를
의미한다. 실제로 이 주소
는 프로그램의 끝 뒤로는
어떤 주소를 사용해도 무
방하다.

character input 인스트
럭션. 지금은 addressing
mode가 001이어서 direct
mode이다. 실제로 cha-
racter input 인스트럭션
은 코드 테이블을 살펴보
면 immediate addressing
mode가 지원되지 않는다.
이 말은, 키보드로부터 레
지스터로 바로 입력받을 수
없다는 말이다. 입력은 입
력 장치에서 메인 메모리
로 들어오는 것이 일반적
이다.

• 문자 입력 명령어: 이제 문자를 입력받아 보자. Char input 인스트럭션이다.

메모리 주소	기계어(16진수) 표현	기계어(2진수) 표현
0000	49 00 10	01001001 00000000 00010000
0003	51 00 10	01010001 00000000 00010000
0006	00	00000000

기계어 프로그램은 이 정도에서 마칠까 한다. 이 교재에서 우리는 기계어 프로그래밍을 배우고자 하는 것이 아니라, 이를 통해서 컴퓨터의 구조, 컴퓨터 내부의 작동 방식을 알고자 함이었으니, 이 정도면 목적은 달성한 것이라 생각된다.

 고찰

이쯤에서 왜 기계어를 배울 필요가 있는지 말하고 싶다.

우리가 쉽게 파이썬 등의 언어에서 사용하는 print( ) 함수, 또는 C 언어의 printf( ) 함수.

이 함수들이 얼마나 막강한지 알 수 있을 것이다. 이 함수를 기계어로 구현하려면 얼마나 힘들까?

그런데 그러한 많은 기능을 운영 체제나 컴파일러의 도움을 받아서 프로그래머를 편리하게 해주고 있다. 고급 언어의 많은 기능들에 대해서 감사해 하자.

7.2.3 어셈블리 언어

물론 어셈블리 언어가 단
순히 기계어와 1:1로 대응
하는 기능만 가지고 있는
것은 아니다. 최근에 사용
되는 어셈블리 언어는 고
급 언어에 육박할 정도로
고급 기능들이 많이 있다.

어셈블리 언어(어셈블리어, assembly language)는 기계어와 고급 언어의 중간에 위치한 언어인데, 많은 부분이 기계어를 그대로 닮았다. 즉, 2진수로 이루어진 기계어를 우리가 기억하기 쉬운 일반 영어 단어로 바꾸어 놓은 것이 어셈블리어의 기본 아이디어다.◥

어셈블리 언어의 인스트럭션은 크게 2가지로 나눈다:

mnemonic(니마닉)
기억을 돕는 연상 기호라는
의미

• mnemonic 인스트럭션: 기계어와 1:1 대응되는 인스트럭션으로써, 기계어의 2진수를 기억하기 좋은 영어 단어로 바꾸어 놓은 것이다.

- pseudo 인스트럭션: 프로그래밍의 편이를 위해 추가된 인스트럭션이다. 단어 뜻 그대로 실제의 인스트럭션은 아니지만, 어셈블리 언어의 프로그래밍의 편이성을 최대로 살려주는 중요한 기능을 한다. ▶

아래의 '문자 출력 인스트럭션' 예를 통해서 어셈블리어 인스트럭션의 형식을 자세히 살펴보자. 앞에서 배운 기계어에 비해서 조금은 더 읽기 편한 형식임을 알 수 있다.

2진수 표현:	0101 0000 0000 0000 0100 1000
16진수 표현:	50 00 48
어셈블리어 표현:	CHARO 0x0048, i

pseudo(발음: 수~도)

pseudo라는 단어의 뜻은 '유사한', '~에 준하는'이라는 뜻이다. 즉 실제의 인스트럭션이 아니라는 말로써 해당 인스트럭션은 기계어로 변환되는 것이 아니라는 말이다. 자세한 설명은 잠시 후에…

addressing mode가 000 이어서 immediate 모드.

숫자 앞에 접두어(prefix)로 0x를 붙이면 이는 16진수 표현임을 의미한다.

어셈블리어 인스트럭션은 아래의 표와 같이 3부분으로 나뉜다.

Mnemonic	피연산자 지시자 (operand specifier)	어드레싱 모드 비트 (addressing mode bit)
CHARO	0x0048	i

즉, 위의 인스트럭션은 addressing mode bit가 'i'이기 때문에 immediate mode로써 0x0048, 즉 ASCII 0x48값을 가지는 문자 'H'를 출력한다. 어셈블리어는 이처럼 기계어에 비해서 훨씬 읽기 쉬운 형태라는 것을 알 수 있다. ▶

아래의 인스트럭션의 의미는 0x009A라는 값을 A(accumulator) 레지스터로 로드하라는 말이다.

Pep/8 어셈블리어는 대소문자를 구분하지 않는다.

2진수 표현:	1100 0000 0000 0000 1001 1010
16진수 표현:	C0 00 9A
어셈블리어 표현:	LDA 0x009A, i

register field가 0이어서 A 레지스터를 의미, addressing mode가 000이어서 immediate 모드.

- LDA: Load A 레지스터. 여기서 A는 Accumulator 레지스터를 의미
- LDX: Load X 레지스터. 여기서 X는 index 레지스터를 의미(이 교재에서는 이 인스트럭션을 사용하지는 않는다).

(1) mnemonic 인스트럭션

아래는 Pep/8 가상 머신에서 제공하는 mnemonic 인스트럭션을 정리한 표다. 아래의 표의 각 칼럼의 의미는 다음과 같다.

- Instruction Specifier(인스트럭션 지시자): 명령어의 의미를 결정하는 부분이다. 기계어로 표시하였다.

- Mnemonic: 2진수로 이루어진 기계어에 대응하는 어셈블리 인스트럭션이다.

- Operation: 각 명령어의 의미(명령어가 수행하는 일)를 설명하는 부분이다.

- Addressing Mode: 피연산자(operand)의 위치를 결정하기 위한 부분으로써 각 인스트럭션마다 사용가능한 addressing mode를 나열하였다.

- Status Bits: 인스트럭션이 수행된 후 연산 결과에 따라 특정한 의미를 파악할 수 있게 설정되는 상태 비트 ◥

이런 설명만으로는 이해하기 쉽지 않다. 뒤 따르는 예제에서 도움을 받자.

총 39개의 인스트럭션이 있다. 이 모든 인스트럭션을 배우면 여러가지 내용을 프로그래밍할 수 있지만, 이 교재는 어셈블리어 프로그래밍을 잘 하자는 것이 목표가 아니기 때문에, 몇가지 기본적인 인스트럭션을 중심으로 살펴보도록 하자. 표에서 가장 기본적인 인스트럭션을 음영으로 표시하였고, 본 교재에서는 중요한 몇가지 인스트럭션만 사용한다.

표 7.6 Pep/8 가상 머신의 어셈블리 인스트럭션 표

unary instruction, 즉 operand specifier가 없음.

Instr.Spec.	Mnemonic	Operation	Addressing Modes	Status
0000 0000	STOP	Stop execution	U	
0000 0001	RETTR	Return from trap	U	
0000 0010	MOVSPA	Move SP to A	U	
0000 0011	MOVFLGA	Move NZVC flags to A	U	
0000 010a	BR	Branch unconditional	i, x	
0000 011a	BRLE	Branch if less than or equal to	i, x	
0000 100a	BRLT	Branch if less than	i, x	
0000 101a	BREQ	Branch if equal to	i, x	
0000 110a	BRNE	Branch if not equal to	i, x	
0000 111a	BRGE	Branch if greater than or equal to	i, x	
0001 000a	BRGT	Branch if greater than	i, x	
0001 001a	BRV	Branch if V	i, x	
0001 010a	BRC	Branch if C	i, x	
0001 011a	CALL	Call subroutine	i, x	
0001 100r	NOTr	Bitwise invert r	U	NZ
0001 101r	NEGr	Negate r	U	NZV
0001 110r	ASLr	Arithmetic shift left r	U	NZVC
0001 111r	ASRr	Arithmetic shift right r	U	NZC
0010 000r	ROLr	Rotate left r	U	C
0010 001r	RORr	Rotate right r	U	C
0010 01nn	NOPn	Unary no operation trap	U	
0010 1aaa	NOP	Nonunary no operation trap	i	
0011 0aaa	DECI	Decimal input trap	d, n, s, sf, x, sx, sxf	NZV
0011 1aaa	DECO	Decimal output trap	i, d, n, s, sf, x, sx, sxf	
0100 0aaa	STRO	String output trap	d, n, sf	
0100 1aaa	CHARI	Character input	d, n, s, sf, x, sx, sxf	
0101 0aaa	CHARO	Character output	i, d, n, s, sf, x, sx, sxf	
0101 1nnn	RETn	Return from call with n local bytes	i, d, n, s, sf, x, sx, sxf	
0110 0aaa	ADDSP	Add to stack pointer (SP)	i, d, n, s, sf, x, sx, sxf	NZVC
0110 1aaa	SUBSP	Subtract from stack pointer (SP)	i, d, n, s, sf, x, sx, sxf	NZVC
0111 raaa	ADDr	Add to r	i, d, n, s, sf, x, sx, sxf	NZVC
1000 raaa	SUBr	Subtract from r	i, d, n, s, sf, x, sx, sxf	NZVC
1001 raaa	ANDr	Bitwise AND to r	i, d, n, s, sf, x, sx, sxf	NZ
1010 raaa	ORr	Bitwise OR to r	i, d, n, s, sf, x, sx, sxf	NZ
1011 raaa	CPr	Compare r	i, d, n, s, sf, x, sx, sxf	NZVC
1100 raaa	LDr	Load r from memory	i, d, n, s, sf, x, sx, sxf	NZ
1101 raaa	LDBYTEr	Load byte from memory	i, d, n, s, sf, x, sx, sxf	NZ
1110 raaa	STr	Store r to memory	d, n, s, sf, x, sx, sxf	
1111 raaa	STBYTEr	Store byte r to memory	d, n, s, sf, x, sx, sxf	

instruction specifier
어떠한 인스트럭션인지 구분한다.

operand specifier
인스트럭션과 연관된 피연산자를 표시한다.

인스트럭션은 크게 2 종류가 있다.

• non-unary instruction: 아래와 같이 3 바이트로 이루어져 있으며 인스트럭션 지시자(instruction specifier) 1 바이트, 피연산자 지시자(operand specifier) 2 바이트로 구성된다.

Instruction Specifier   ☐☐☐☐☐☐☐☐
Operand Specifier   ☐☐☐☐☐☐☐☐☐☐☐☐☐☐☐☐

우리가 교재에서 사용하는 unary instruction은 2개밖에 없다.

• Stop: 프로그램 종료
• Negate: 2의 보수

• unary instruction: 1 바이트로만 구성된다. ◥

Instruction Specifier   ☐☐☐☐☐☐☐☐

8비트로 구성된 인스트럭션 지시자(instruction specifier)는 다시 3부분으로 나뉠 수 있다. 인스트럭션의 종류에 따라서 레지스터(register) 필드가 없을 수도 있고, 어드레싱 모드(addressing mode) 필드의 길이가 다를 수 (1개 또는 3개) 있다. ◥

인스트럭션의 여러 부분에 대한 설명은 후에 조금씩 설명된다. 이해되지 않더라도 일단은 넘어가자. 향후에 예제를 통해서 자세하게 설명한다.

Opcode				register	addressing mode	

인스트럭션 지시자(instruction specifier)

(2) pseudo 인스트럭션

Pseudo 인스트럭션을 Pep/8에서는 'dot command'라고도 한다. 명령어의 앞에 dot(.)이 있기 때문이다. 또한 어셈블러 디렉티브(assembler directive, 어셈블러 지시자)라고도 하는데, 이는 어셈블러에게 어떤 명령을 내리는 인스트럭션이기 때문이다. 이러한 pseudo 인스트럭션은 실제로 2진수 기계어로 변경되지 않고, 데이터 설정이나 어셈블러에게의 어떤 명령을 내리는 것이 주된 역할이다.

아래의 8개가 pseudo 인스트럭션이다(이 중에서 본 교재에서는 음영으로 표시된 4가지만 사용한다).

어셈블러
어셈블리어 코드를 기계어로 바꾸어주는 소프트웨어

C 언어에서 "#include"와 같은 문장을 컴파일러 디렉티브(compiler directive)라고 하는 것과 동일한 개념이다. 실제로 기계어로 변환되지 않고 컴파일러나 어셈블러에게 어떤 명령을 하는 인스트럭션이라는 의미다.

표 7.7 Pep/8 가상 머신의 pseudo 인스트럭션

Pseudo 인스트럭션	기능
.ADDRSS symbol	심볼의 주소를 2바이트로 선언
.ASCII "string"	ASCII 바이트의 문자열 선언
.BLOCK n	n개의 바이트 블록 선언
.BURN 0xFFFF	0xFFFF에서 ROM에 굽는 작업을 시작
.BYTE constant	1 바이트 선언
.END	어셈블러에게 끝을 알리는 심볼
.EQUATE constant	상수값 선언
.WORD constant	2바이트 선언

예를 들어보자. 아래의 프로그램은 "Hello" 라는 메시지를 출력하는 direct addressing mode 프로그램이다. 아래에서는 2개의 pseudo 인스트럭션을 사용하였다.

CHARO 인스트럭션은 문자 하나를 화면에 출력하는 명령어.

CHARO 0x0010, d 라는 명령어는 d(direct mode)이기 때문에 16진수 0x0010 즉, 16$_{(10)}$번지에 해당하는 곳의 한 바이트를 출력하게 된다(0x 표현은 16진수를 의미).

세미콜론 뒷 부분은 주석(comment)이다. 주석은 어셈블러가 무시하는 부분이다.

Stop
프로그램 수행을 중지하는 mnemonic instruction

.ASCII
뒤 따르는 큰 따옴표 사이의 문자열의 각 문자에 해당하는 아스키 값을 데이터로 사용할 수 있도록 해주는 pseudo instruction

.END
어셈블러에게 소스 프로그램의 끝을 알리는 pseudo instruction

```
CHARO   0x0010, d   ; Output 'H'
CHARO   0x0011, d   ; Output 'e'
CHARO   0x0012, d   ; Output 'l'
CHARO   0x0013, d   ; Output 'l'
CHARO   0x0014, d   ; Output 'o'
STOP
.ASCII   "Hello"
.END
```

"Hello"를 출력하는 어셈블리어 프로그램

위의 프로그램을 어셈블해서 얻을 수 있는 기계어 프로그램을 옆에서 확인해보자.

기계어 코드는 바로 "Execute"하면 되지만, 어셈블리어 코드는 "Assemble"해서 기계어 코드를 생성한 후, "Execute" 해야 한다.

- [Source Code] 부분에 어셈블리어 프로그램을 입력하고,

- 화면 상단 메뉴에서 [Build]-[Assemble] 메뉴를 선택하면,

- [Object Code] 창에서 변환된 기계어를 확인할 수 있고, 그와 동시에…

- 하단에 [Assembler Listing] 부분에 자동으로 깔끔하게 정돈된 프로그램 소스가 생성된다.

Assembler Listing을 보면 0x0010번지부터 5바이트가 연속적으로 "Hello"
의 각 글자에 대한 ASCII 값이 저장되어 있는 것을 확인할 수 있다. 이것이
.ASCII 인스트럭션의 기능이다.

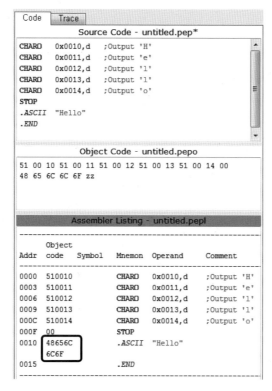

어셈블러 리스팅

아래는 위와 동일한 기능을 수행하는 조금 다른 모양의 프로그램이다. 아
래의 프로그램은 대부분 조금 전의 경우와 동일한데, 유일하게 다른 부분
은 i(immediate addressing mode)를 사용한다는 점이다.

```
CHARO  0x0048, i  ;Output 'H'
CHARO  0x0065, i  ;Output 'e'
CHARO  0x006C, i  ;Output 'l'
CHARO  0x006C, i  ;Output 'l'
CHARO  0x006F, i  ;Output 'o'
STOP
.END
```

위의 프로그램은 앞에서 언급한 immediate addressing mode를 사용하고 있다. 동일한 기능을 수행하는 프로그램이라고 할 때 immediate addressing mode를 사용하는 경우의 장점은 무엇일까? 가장 먼저 눈에 띄는 부분은 프로그램의 크기가 줄어든다는 점이다. 또 다른 장점은 direct addressing mode는 인스트럭션을 메인 메모리로부터 가져온 후, 또 피 연산자(operand)를 한번 더 메인 메모리로부터 가져와야하기 때문에, 하나의 인스트럭션을 수행하기 위해서 2번의 메모리 접근을 해야하기 때문에 수행 속도가 느려질 수 있다는 점이다.

지금부터는 어셈블리어 프로그램의 몇가지 편리한 기능을 소개하려고 한다. 기계어는 그 표현력의 한계상 프로그래밍이 아주 불편하지만, 어셈블리어는 잘만 사용하면 고급 언어와 유사한 기능이 아주 많다. 본 교재에서는 그 중 몇가지 간단한 내용을 주로 살펴보자.

(3) 일종의 변수 선언

여기서 '일종의' 이라고 말한 이유는 고급 언어에서의 변수에 해당하는 기능들을 어셈블리 언어에서 유사하게 구현할 수 있기 때문이다.

앞 부분에서 기계어 레벨에서 데이터를 선언하면서 인스트럭션의 길이가 달라짐에 따라 데이터 부분의 주소가 바뀌면서 불편했던 적이 있었다. 고급 언어의 변수(variable)에 해당하는 기능을 사용함으로써 이를 극복해보자.

고급 언어에서의 변수는 메인 메모리의 주소를 대신한다.

▪ .block 인스트럭션

여기서는 pseudo 인스트럭션 중에서 .BLOCK 인스트럭션을 사용한다. .BLOCK은 뒤에 오는 숫자만큼의 바이트의 메모리를 할당하고 이를 0으로 초기화한다. 예를 들어 ".BLOCK 1"이라고 하면 1바이트를 0으로 초기화한다.

C 언어에서의 전역 변수 선언과 유사하다. C 언어 컴파일러는 전역 변수(global variables)를 선언하면 자동으로 0으로 초기화한다.

아래의 프로그램은 숫자 1개를 입력받아서 그대로 화면에 출력한다. 데이터 입출력을 위한 공간으로 2바이트의 메모리를 잡고 이를 0으로 초기화하기 위해서 ".BLOCK" 인스트럭션을 사용한다.

Addr	Object Code	Mnemon	Operand	Comment
0000	310007	DECI	0x0007,d	;숫자 입력
0003	390007	DECO	0x0007,d	;입력받은 숫자 출력
0006	00	STOP		
0007	0000	.BLOCK	2	;숫자 입력을 위한 메모리 공간 할당
		.END		

위의 프로그램을 조금 수정해보자. .BLOCK을 이용하여 프로그램의 후반부에 데이터를 선언하면 프로그램의 줄 수가 달라짐에 따라 데이터의 주소가 바뀌는 단점이 있다. 그래서 아래와 같이 데이터를 앞부분에 선언하는 것으로 수정해보았다. 아래의 프로그램은 어떻게 될까? 물론 어셈블 과정은 무리없이 수행된다. 그렇지만 실행시키면 컴퓨터는 아무 일도 하지 않는다. 왜 그럴까?

Addr	Object Code	Mnemon	Operand	Comment
0000	0000	.BLOCK	2	;숫자 입력을 위한 메모리 공간 할당
0002	310000	DECI	0x0000,d	;숫자 입력
0005	390000	DECO	0x0000,d	;입력 받은 숫자 출력
0008	00	STOP		
		.END		

- br 인스트럭션

따라서 위의 프로그램은 아래와 같이 고쳐야한다.

아래의 코드에서 제일 앞의 BR 인스트럭션은 뒤의 오퍼랜드 지시자(operand specifier) 번지로 분기(branch, jump)하는 인스트럭션이다. 이렇게 하면 데이터를 프로그램의 앞부분에 선언할 수 있게 되고, 모든 데이터의 주소값이 인스트럭션의 길이 변동에 영향을 받지 않게 된다.

DECI

기계어에서는 제공되지 않는 인스트럭션이다. 숫자를 2바이트로 입력받는 mnemonic instruction. 이제부터는 숫자를 입력받을 수 있다. 한 자리 숫자뿐만 아니라, 여러 자리의 정수를 입력할 수 있다.
여기서는 입력받은 숫자를 0x0007~0x0008번지에 저장한다.
[참고] "어셈블리어에서만 제공되는 인스트럭션이다"라는 것은 "이 인스트럭션은 Pep/8 운영체제에서 "시스템 호출" 기능으로 제공되는 인스트럭션이다"라는 것을 의미한다"

DECO
2바이트로 구성된 숫자를 출력하는 mnemonic instruction

.BLOCK
뒤 따르는 숫자 만큼 바이트를 0으로 초기화한다. 여기서는 7~8번지를 0으로 초기화한다.

폰 노이만 구조에서도 설명하였지만, 메인 메모리에는 프로그램과 데이터가 동시에 적재될 수 있다. 프로그램 수행 중에는 CPU는 메인 메모리에서 가져온 데이터를 무조건 인스트럭션이라고 생각한다. 따라서 처음 가져온 인스트럭션은 00으로써 STOP으로 해석되기 때문이다.

BR 0x0005은 BR 0x0005, i와 동일하다. 암묵적으로 addressing mode를 지정하지 않으면 BR 인스트럭션은 immediate 모드라고 가정한다. 따라서 이 인스트럭션 다음에는 0005번지의 인스트럭션이 수행된다.

Addr	Object Code	Mnemon	Operand	Comment
0000	040005	BR	0x0005	
0003	0000	.BLOCK	2	
0005	310003	DECI	0x0003,d	
0008	390003	DECO	0x0003,d	
000B	00	STOP		
000C		.END		

.ASCII
문자열을 선언하는 pseudo instruction이다. C 언어에서는 문자열을 선언하면 자동으로 NULL 문자가 문자열 마지막에 삽입되지만, 여기서는 명시적으로 \x00를 삽입해서 STRO 문자열 출력 명령어가 문자열의 끝을 파악할 수 있도록 하였다. 문자열 마지막의 '\x00'은 ASCII 0번 문자(NULL 문자)이다.

.ASCII에 의해서 선언된 문자열의 문자 하나 하나에 대한 ASCII 값들

STRO
operand가 가지고 있는 주소부터 NULL 문자(ASCII 값 0인 문자)가 나올 때 까지 문자들을 연속적으로 출력한다. 여기서는 direct addressing mode로 7번지부터 문자열을 출력

문자 1개를 표시할 때는 작은 따옴표로 표현.

LDA
오퍼랜드를 A 레지스터로 로드. 여기서는 메모리의 0x0003번지로부터 2바이트(1번째 입력된 숫자)를 A에 로드.

ADDA
오퍼랜드(여기서는 2번째 입력된 숫자)를 A 레지스터에 더하기

STA
A 레지스터의 값을 오퍼랜드에 저장. 여기서는 입력받은 2 수의 합이 3번지, 4번지에 저장된다.

아래에 또 다른 예제를 살펴보자. 아래의 프로그램은 2개의 숫자를 입력받아서 그 합을 출력하는 프로그램이다.

Addr	Object Code	Mnemon	Operand	Comment
0000	040018	BR	0x0018	;첫번째 인스트럭션으로 BR
0003	0000	.BLOCK	2	;1번째 숫자 저장 공간
0005	0000	.BLOCK	2	;2번째 숫자 저장 공간
0007	50726F	.ASCII		
	677261	"Program begins: \x00"		
	6D2062			
	656769			
	6E733A			
	2000			
		;		
0018	410007	STRO	0x0007, d	;"Program begins" 출력
001B	310003	DECI	0x0003, d	;1번째 숫자 입력
001E	310005	DECI	0x0005, d	;2번째 숫자 입력
0021	390003	DECO	0x0003, d	;1번째 숫자 출력
0024	50002B	CHARO	'+' , i	
0027	390005	DECO	0x0005, d	;2번째 숫자 입력
002A	50003D	CHARO	'=', i	
002D	C10003	LDA	0x0003, d	;A := the number
0030	710005	ADDA	0x0005, d	;Add 1 to it
0033	E10003	STA	0x0003, d	;Store the sum
0036	390003	DECO	0x0003, d	;sum 출력
0039	00	STOP		
		.END		

위의 어셈블리어 프로그램을

- [Source Code] 부분에 입력하고,

- [Build]에서 [Assemble]-[Load]-[Execute]를 순서대로 선택을 하거나, [Build]-[Run Source]를 선택하면 프로그램이 실행되고,

- 숫자를 2개 빈 칸으로 구분하여 입력하면 결과가 출력된다. 입력 모드를 Batch I/O 모드로 해두고 입력을 미리 해두지 않으면 아래와 같이 DECI 인스트럭션을 수행하는 과정에서 에러가 발생하게 된다.

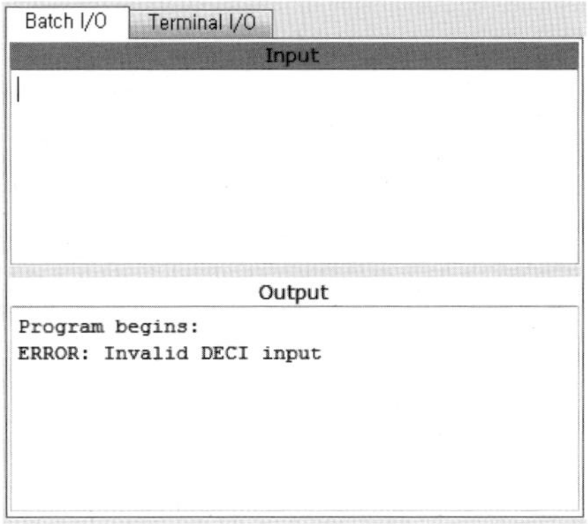

Batch 모드에서 미리 입력을 해두지 않은 결과

Batch 모드에서 미리 2와 10을 입력해 두었다면, 아래와 같은 결과를 얻을 수 있다. 왜냐하면 위의 그림과 같이 지금은 Batch 모드로 창을 열었기 때문이다.

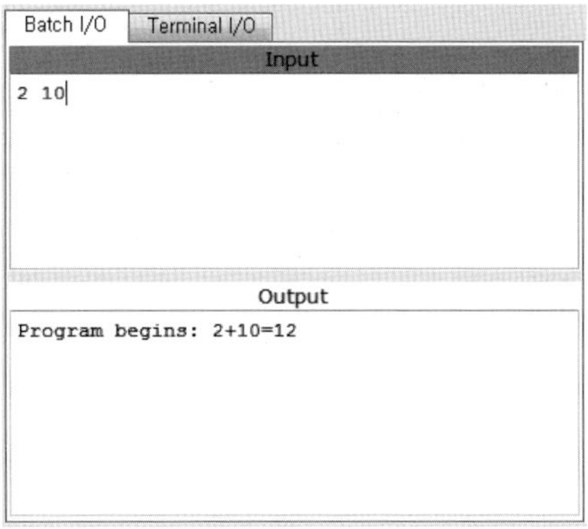

Batch 모드에서 미리 입력해 둔 결과

위의 프로그램은 기계어에 비해서 작성하거나 읽기 쉬운 장점이 있다. 그렇지만 출력 메시지가 길어지거나 입력 데이터의 개수가 달라지면, 이를 참조하는 주소 부분을 일일이 수정해야하는 단점이 여전히 남아 있다.

▪ 심볼 사용

이러한 단점은 아래의 프로그램에서와 같이 심볼(symbol)을 사용함으로써 극복할 수 있다. 심볼을 사용함으로써 C 언어에서의 변수(variables)와 같이 일일이 주소를 기억할 필요없이 메모리의 해당하는 주소를 참조할 수 있다. 아래의 코드에서 변경된 부분은 심볼뿐이다.

.BLOCK

이 pseudo instruction이 일종의 변수 선언을 위한 것이다. 이 예제에서는 해당하는 위치에 2바이트의 메모리 영역을 할당하고 이를 0으로 초기화한다. 그리고 그 앞에 있는 input1 이라는 심볼 선언으로 인해서, 향후로는 input1이라는 심볼을 사용할 수 있다. 이 심볼은 심볼 테이블에 어셈블러에 의해서 자동으로 보관된다.
'심볼 선언'은 콜론(:) 문자가 필요하다.

msg라는 심볼은 심볼 테이블의 값이 0x0007이다. 따라서 이 인스트럭션은 STRO 0x0007, d 라는 의미이다.

Addr	Object Code	Symbol	Mnemon	Operand	Comment
0000	040018		BR	0x0018	
0003	0000	input1:	.BLOCK	2	
0005	0000	input2:	.BLOCK	2	
0007	50726F	msg:	.ASCII	"Program begins: \x00"	
	677261				
	6D2062				
	656769				
	6E733A				
	2000				
	;				
0018	410007	STRO	msg , d		
001B	310003	DECI	input1, d		
001E	310005	DECI	input2, d		
0021	390003	DECO	input1, d		
0024	50002B	CHARO	'+', i		
0027	390005	DECO	input2, d		
002A	50003D	CHARO	'=', i		
002D	C10003	LDA	input1, d		
0030	710005	ADDA	input2, d		
0033	E10003	STA	input1, d		
00.6	390005	DECO	input2, d		
0039	00	STOP			
003A		.END			

위 코드는 심볼을 사용한다는 점만 유일하게 다른 부분이다. 이러한 심볼은 어셈블 과정에서 어셈블러에 의해서 '심볼 테이블(symbol table)'에 저장된다. 심볼 테이블의 값은 각 심볼이 선언된 곳의 주소값이 저장된다. 이러한 심볼 값은 어셈블 과정에서 해당 심볼에 대체(replace) 된다. 즉, "STRO msg, d" 라는 인스트럭션은 어셈블 과정에서 "STRO 0x0007, d"라고 변환되고, 이것이 기계어로 번역되게 된다.

심볼 테이블(Symbol table) ○

Symbol	Value	Symbol	Value
input1	0003	input2	0005
msg	0007		

> **심볼 테이블**
> 컴파일러나 어셈블러가 컴파일 또는 어셈블 과정에 심볼 또는 변수들의 주소값 등을 저장하는 테이블. 고급 언어에서 사용하는 변수들도 컴파일 과정 중에 심볼 테이블에 의해서 주소 값으로 변경된다.

이와 같이 고급 언어에서의 변수에 해당하는 기능도 어느 정도는 어셈블리 언어 레벨에서 제공되는 것을 알 수 있었다. 물론 여전히 상대적으로 불편함이 있기는 하지만 이를 통해서 실제로 고급 언어에서의 변수라는 기능이 어떻게 기계어 레벨에서 구현되는지 유추할 수 있었을 것이다.

(4) **심화** 다른 많은 고급 언어에서의 기능들… ▶

이 외에도 지역 변수와 전역 변수, if문과 if-else문의 구현, switch 문의 구현, for 반복문, while 반복문, do-while 반복문의 구현, 함수 호출, 동적 메모리 할당 등, C 언어와 같은 고급 언어가 가지고 있는 다양한 명령어들이 실제 어셈블리 언어에서 어떻게 구현되는 것인지를 안다면 향후 프로그래밍에 조금 더 효율성을 얻을 수 있을 것이다.

> 이 부분에서는 어셈블리 언어의 고급 기능들을 소개하고 있다. 이 부분은 각자의 일정과 흥미도에 맞추어서 공부하자. 조금 어려울 수 있다.
> 이 부분의 샘플 코드들은 Pep/8 가상 머신 프로그램의 example 메뉴에서 찾아볼 수 있다.

- 지역 변수와 전역 변수

아래의 C 코드는 지역 변수와 전역 변수를 같이 사용하고 있다. C 언어를 배우면서 지역 변수는 스택(stack)에 저장된다는 것을 배웠을 것이다. 지역 변수가 저장되는 스택은 어떻게 어셈블리 언어로 표현되는지 잘 살펴보자.

```c
#include <stdio.h>

int bonus;

int main () {
  int score;

  scanf("%d", &score);
  scanf("%d", &bonus);

  score = score + bonus;

  printf("%d", score);
  return 0;
}
```

지역 변수와 전역 변수 예: C 프로그램

아래의 코드는 새로운 개념이 많이 소개되기 때문에 이해하기 어려울 수 있다. 차근 차근 이해해보자. 아래 코드를 전역 변수와 지역 변수를 어떻게 사용하는지에 초점을 맞추고 읽어보자. 지역 변수는 스택에 저장된다. 따라서 main( ) 함수가 시작할 때 스택을 할당하고, 함수가 종료될 때 스택 공간을 해제해야한다.

Addr	Object Code	Symbol	Mnemon	Operand	Comment
0000	040005		BR	main	
0003	0000	bonus:	.BLOCK	2	;전역 변수
		score:	.EQUATE	0	;지역 변수
		;			
0005	680002	main:	SUBSP	2,i	;int score; 지역 변수 스택에 할당
0008	330000		DECI	score,s	;scanf("%d", &score);
000B	310003		DECI	bonus,d	;scanf("%d", &bonus)
000E	C30000		LDA	score,s	;score = score + bonus
0011	710003		ADDA	bonus,d	
0014	E30000		STA	score,s	
0017	3B0000		DECO	score,s	;printf("%d", score);
001A	600002		ADDSP	2,i	;지역 변수 공간 해제
001D	00		STOP		
001E			.END		

Symbol table

Symbol	Value	Symbol	Value
bonus	0003	main	0005
score	0000		

지역 변수와 전역 변수 예: PEP/8 프로그램

전역 변수는 ".block"에 의해서 선언된다.

".equate"
상수를 선언하는 pseudo instruction이다. C 언어에서의 #define과 유사하다. 이제부터 score라는 심볼은 0 값을 가진다. ".equate"에 의해 선언된 심볼도 심볼 테이블에 저장된다. 이때는 심볼이 선언된 곳의 주소값이 아니라 ".equate"에 의해 할당된 값을 저장한다.

subsp
SP(stack pointer)라는 레지스터는 프로그램 실행 중의 스택의 Top을 가르키는 레지스터이다. Subsp는 SP 레지스터 값을 빼는 인스트럭션. 여기서는 2를 빼서 지역 변수 score를 위한 2 바이트 공간을 확보하였다.

어드레싱 모드 중에 s 모드는 스택 상대 주소(stack relative)이다. 기계어 부분에서는 소개되지 않았던 어드레싱 모드이다. 스택 상대 주소란 SP 레지스터에서 얼마나 떨어져있는 위치인지를 표현하는 방식으로써, 지역 변수는 스택에 저장되기 때문에 스택 상대 주소를 사용하는 것이 일반적이다. 예제 코드의 뒤 따르는 인스트럭션에서 사용되는 어드레싱 모드에 유의해서 코드를 살펴보자.
- 전역 변수 bonus는 direct mode
- 지역 변수 score는 stack-relative mode

할당 받은 2바이트 스택 공간을 해제하기 위해서 "addsp 2,i" 인스트럭션으로 SP 레지스터 값을 복구한다. SP 레지스터 값을 변경함으로써 스택의 크기를 조절하고, 이에 따라 스택 상대 주소를 쓰는 방법 등을 이해해야한다.

- 조건문(선택문)

고급 언어의 프로그래밍에서 제어문(control statement)이라고 하면 프로그램의 실행 흐름을 제어하는 명령어를 말하는 것으로 선택문(조건문)과 반복문 등을 말한다.

• if 문

먼저 선택문(조건문)을 한번 살펴보자. 아래의 C 프로그램은 입력 받은 숫자를 양수로 변환해서 출력하는 프로그램이다. 이를 위해서는 입력된 값이 양수인지 음수인지를 판별하고, 음수이면 양수로 변환하는 부분이 필요하다.

```
#include <stdio.h>

int number;

int main ()
{
    scanf("%d", &number);
    if (number < 0) {
        number = -number;
    }
    printf("%d", number);
    return 0;
}
```

if (number<0) 이라는 부분은 "number라는 변수의 값이 0보다 작으면…"이라는 조건을 체크하는 부분이어서 조건문이라고 한다.

Pep/8 어셈블리어를 이용해서 동일한 기능을 수행하는 프로그램을 작성해보자. 아래와 같이 LDA와 BRGE 인스트럭션을 이용해서 if 문을 구현할 수 있다.

이제까지 사용했던 BR 인스트럭션은 무조건 분기문(unconditional branch)이다. 즉, 조건에 상관없이 분기한다. Pep/8 가상 머신에서 제공하는 9개의 Branch 인스트럭션 중 나머지 8개는 특정한 조건을 체크해서 이를 만족하는 경우만 분기하는 조건 분기(conditional branch) 인스트럭션이다.

조건 분기문과 무조건 분기문의 차이

이중 하나인 BRGE라는 인스트럭션을 설명해보자. BRGE는 "Branch if Greater than or Equal to(크거나 같다)"라는 의미이다. '크거나 같다'라는 의미는 당연히 비교 대상으로 2개가 필요한다, 이 의미는 "이전(previous) 연산 결과가 0보다 크거나 같으면…"이라는 의미이다. 그럼, 이전 연산 결과가 0보다 큰지 작은지 어떻게 알 수 있을까? 여기에서 상태 비트(status bits)가 사용된다. 이전 연산 결과가 0보다 크거나 같다는 의미는, 음수가 아니다라는 의미로써, 이전 연산 결과로 설정된 status bits(NZVC) 중 N(Negative Bit)=0 이라는 의미이다.

이 부분에서 상태 비트에 대한 설명을 보강할 필요가 있다. 상태 비트는 기계어 연산의 결과로 발생하는 CPU 내부의 상태를 기억하며 NZVC 4비트로 구성된다. 예를 들어, 연산 결과 값이 음수이면 N(negative)이, 결과값이 '0'이면 Z(zero)가, 연산 결과로 오버 플로우가 발생하면 V(overflow)가, 연산 결과로 캐리가 발생하면 C(carrry) 비트가 1로 세팅되고, 그렇지 않은 경우는 0이 된다. 위의 예제에서는 이전 연산 결과로 N(negative bits)=0이 되면 이전 연산 결과가 '0보다 크거나 같다'라는 의미가 되는 셈이다.

아래의 코드를 Comment(코멘트, 주석) 부분의 C 코드와 비교하면서 읽어보자.

Addr	Object Code	Symbol	Mnemon	Operand	Comment
0000	040005		BR	main	
0003	0000	number:	.BLOCK	2	;전역 변수
		;			
0005	310003	main:	DECI	number, d	;scanf("%d", &number)
0008	C10003	if:	LDA	number, d	;if (number < 0)
000B	0E0015		BRGE	endIf	
000E	C10003		LDA	number, d	;number = -number
0011	1A		NEGA		
0012	E10003		STA	number, d	
0015	390003	endIf:	DECO	number, d	;printf("%d", number)
0018	00		STOP		
0019			.END		

Symbol table

Symbol	Value	Symbol	Value
endIf	0015	if	0008
main	0005	number	0003

논리회로와 하드웨어 구조 부분에서 배운 상태 레지스터를 생각해보자. 모든 기계어는 수행을 완료하면 상태 레지스터(status bits)의 값을 설정한다. 이 값들은 분기 연산(Branch) 등의 연산을 수행할 때 조건을 판단할 필요가있는 경우에 판단 기준으로 활용된다.

DECI

입력 받은 숫자를 number 번지, 즉, 0x0003번지에 저장

LDA

number 번지, 즉, 0x0003 번지부터 2바이트 값을 A 레지스터로 로드

이 프로그램의 핵심적인 부분이다. "BRGE endIf"는 이전 연산 결과가 0보다 크거나 같으면(GE: Greater than or Equal to) endIf로 Branch하라는 의미이다. 이전 연산결과가 무엇일까? 이전 연산이 LDA 이니까 결과값은 A 레지스터의 값이다. 이것이 0보다 크면 브랜치하라는 의미.

If 문의 body

컴파일러 최적화(optimization)

참고

[질문] 위 코드에서 주소가 000E 번지의 LDA 인스트럭션을 생략하면 프로그램의 동작이 어떻게 될까?

[답변] 아무 변화 없다. 실제로 2줄 위에 동일한 인스트럭션이 존재해서, 이 줄을 생략하더라도 프로그램의 동작은 동일하다.

고급 언어의 컴파일러는 최적화(optimization) 기능을 제공한다. 똑똑한 컴파일러는 이러한 불필요한 코드를 제거한 후 실행 속도와 메모리 면에서 효율적인 기계어를 만들어준다.

Pep/8에서는 1개의 무조건(unconditional) 분기(BR)와 8개의 조건 (conditional) 분기 인스트럭션이 있다. 아래에 분기 명령어의 기능을 요약 하였다.

표 7.8 분기 인스트럭션

Op-code	Mnemonic	Operation	Status
0000 010a	BR	Branch unconditional	i, x
0000 011a	BRLE	Branch if less than or equal to	i, x
0000 100a	BRLT	Branch if less than	i, x
0000 101a	BREQ	Branch if equal to	i, x
0000 110a	BRNE	Branch if not equal to	i, x
0000 111a	BRGE	Branch if greater than or equal to	i, x
0001 000a	BRGT	Branch if greater than	i, x
0001 001a	BRV	Branch if V	i, x
0001 010a	BRC	Branch if C	i, x

위에서 조건 분기 인스트럭션들은 아래의 의미를 가진다. 아래에서 N, Z, V, C는 상태 비트(status bits)이다. 즉, "N=1 or Z=1"이라는 말은 이전 인 스트럭션의 결과값이 음수이거나 0인 경우를 의미한다. 즉, 직관적으로 생 각하면 이전 연산 결과가 0보다 작거나 같은(Less than or Equal to Zero) 를 의미한다.

표 7.9 분기 인스트럭션의 의미

BRLE	N=1 or Z=1	→	PC ← Operand
BRLT	N=1	→	PC ← Operand
BREQ	Z=1	→	PC ← Operand
BRNE	Z=0	→	PC ← Operand
BRGE	N=0	→	PC ← Operand
BRGT	N=0 and Z=0	→	PC ← Operand
BRV	V=1	→	PC ← Operand
BRC	C=1		PC ← Operand

• if··· else ··· 문

아래는 if··· else··· 문이다. If 문과 크게 다르지는 않지만 else 부분을 위한 분기문이 하나 더 추가된다. 이 코드는 입력받은 숫자가 음수인지 아닌지에 따라 메시지를 출력하고 있다.

```c
#include <stdio.h>

int number;

int main() {
        scanf("%d", &number);

        if (number >= 0) {
                printf("Positive or Zero");
        }
        else {
                printf("Negative");
        }
        return 0;
}
```

조건문 if··· else····예: C 프로그램

Addr	Object Code	Symbol	Mnemon	Operand	Comment
0000	040005		BR	main	
0003	0000	number;	.BLOCK	2	;전역 변수
0005	310003	main	DECI	number,d	;scanf("%d", &number);
0008	C10003	if:	LDA	number,d	;if (number >= 0)
000B	080014		BRLT	else	
000E	410018		STRO	msg1,d	;printf("Positive or Zero")
0011	040017		BR	endIf	
0014	410029	else:	STRO	msg2,d	;printf("Negative")
0017	00	endIf:	STOP		
0018	506F73	msg1:	ASCII	"Positive or Zero\x00"	
	697469				
	766520				
	6F7220				
	5A6572				
	6F00				
0029	4E6567	msg2:	.ASCII	"Negative\ x00"	
	617469				
	766500				
0032			.END		

If 문의 body ▶

else 문의 body ▶

Symbol table

Symbol	Value	Symbol	Value
else	0014	endIf	0017
if	0008	main	0005
msg1	0018	msg2	0029
number	0003		

조건문 if… else….예: PEP/8 프로그램

▪ 반복문

C 언어의 반복문은 여러 종류가 있지만 while 문에 대해서 공부해보자. 아래는 사용자가 '*'를 입력할 때까지 계속적으로 문자(character)를 입력받고 이를 출력(echo)하는 프로그램이다.

```
#include <stdio.h>

char ch;

int main() {
        scanf("%c", &ch);

        while( ch != '*' ) {
                printf("%c", ch);
                scanf("%c", &ch);
        }
        return 0;
}
```

반복문 while예: C 프로그램

아래의 코드를 보면 실제로 while문이 if 문과 유사하다는 것을 알 수 있다.

Addr	Object Code	Symbol	Mnemon	Operand	Comment
0000	040004		BR	main	
0003	00	ch:	.BLOCK	1	;전역 변수
		;			
0004	490003	main:	CHARI	ch,d	;scanf("%c", &ch);
0007	C00000		LDA	0x0000,i	
000A	D10003	while:	LDBYTEA	ch,d	;while(ch != '*')
000D	B0002A		CPA	'*',i	
0010	0A001C		BREQ	endwhile	
0013	510003		CHARO	ch,d	;printf("%c", ch)
0016	490003		CHARI	ch,d	
0019	04000A		BR	while	
001C	00	endwhile:	STOP		
001D			.END		

Symbol table

Symbol	Value	Symbol	Value
ch	0003	endwhile	001C
main	0004	while	000A

LDBYTEA 인스트럭션은 LDA와 조금 다르게 1 바이트(byte)만 A 레지스터로 로드한다. 문자(character)를 로딩할 때 자주 사용된다.

CPA 인스트럭션은 A 레지스터의 값과 오러랜드의 값을 비교하는 명령어이다. 실제로는 A 레지스터 값과 오퍼랜드의 값을 뺄셈한다. 보통 바로 다음에 조건 분기문(여기서는 BREQ)과 함께 사용된다.

반복문 while 예: PEP/8 프로그램

이외에도 함수의 파라미터 전달과 반환값 처리, 배열과 같은 자료구조의 구현, 동적 메모리 할당 등 다양한 내용에 대한 부분들이 소개될 수 있다. 필요하다면 Pep/8 가상 머신의 예제 코드들을 살펴보자.

▪ 실제의 어셈블리 언어 프로그램을 살펴보자.

실제의 컴퓨터에서 수행되는 기계어나 어셈블리어 프로그램은 Pep/8 가상 머신에 비해서 훨씬 복잡하다. 따라서 실제의 어셈블리어를 이용해서 프로그래밍을 하는 것 보다, 고급 언어로 작성된 프로그램이 컴파일 되어서 나온 PC에서의 어셈블리어 코드를 한번 살펴보는 것으로 마무리 하려고 한다.

아래의 어셈블리어 코드는 Visual Studio 2015 프로그램에서 [디버그]—[창]—[디스어셈블리] 메뉴를 클릭해서 살펴본 것이다.

아래의 표에서 C 언어의 문장들이 어떻게 어셈블리어로 변환되는지 살펴보자.

이 부분은 함수 호출과 관련된 스택 관련 작업이다. 고급 언어를 이용한 프로그래밍을 배운 독자는 함수를 호출할 때 파라미터의 전송과 지역 변수와 반환 주소 등을 스택에 보관하기 위해서 스택 메모리를 할당받는다는 것을 알 수 있다.

실제의 어셈블리어 코드에서도 변수의 값을 수정하기 위해서 3 단계로 나뉘어져 수행되는 것을 확인할 수 있다.

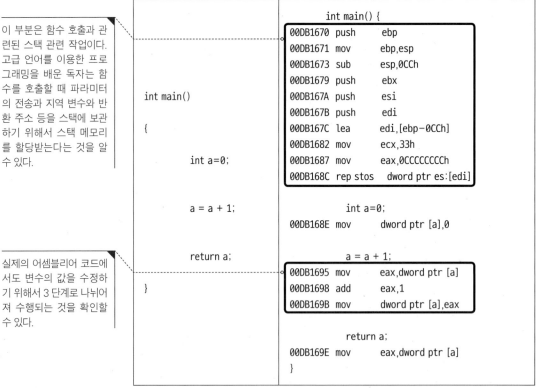

int main() {
00DB1670 push   ebp
00DB1671 mov   ebp,esp
00DB1673 sub   esp,0CCh
00DB1679 push   ebx
00DB167A push   esi
00DB167B push   edi
00DB167C lea   edi,[ebp-0CCh]
00DB1682 mov   ecx,33h
00DB1687 mov   eax,0CCCCCCCCh
00DB168C rep stos dword ptr es:[edi]

```
int main()

{

        int a=0;


        a = a + 1;


        return a;

}
```

```
        int a=0;
00DB168E mov       dword ptr [a],0

        a = a + 1;
00DB1695 mov       eax,dword ptr [a]
00DB1698 add       eax,1
00DB169B mov       dword ptr [a],eax

        return a;
00DB169E mov       eax,dword ptr [a]
}
```

더 심도 깊은 내용은 Pep/8 프로그램의 [Help]와 http://computersystems book.com/ 사이트의 정보를 적극 활용하자. Pep/8 프로그램의 [Help] 메뉴에는 Pep/8을 만든 저자의 서적에서 소개한 많은 다양한 어셈블리 프로그램 소스들이 있다. 관심있는 사람은 하나하나 찾아보자. 참고 서적은 아래와 같다.

- J. Stanley Warford, Computer Systems, Fourth Edition, Johns and Barlett 출판사: Pep/8 가상 머신을 제작한 저자의 책.

- Nell Dale, John Lewis, Computer Science Illuminated, Second Edition, Johns and Barlett 출판사(이 책은 국내에 번역본도 출간되었다).

이 가상 머신은 C 언어로 작성되었으며 소스도 공개되어 있기 때문에 프로그래밍에 관심있는 사람은 소스를 수정하여서 본인만의 가상 머신을 만들어 볼 수도 있다.

7.3 명령어 집합

이제까지는 간단한 Pep/8 가상 머신을 이용해서 컴퓨터의 구조와 기계어를 배웠다. 이를 바탕으로 이제 일반적인 컴퓨터 상에서의 기계어 형식에 대한 공부를 할 것이다.

기계어 명령어의 설계는 실제 하드웨어 구조에 영향을 주는 중요한 사항으로써, 아래와 같은 사항을 고려해야한다.

- **명령어의 종류와 형식**: 명령어의 개수, 종류, 형식(명령어의 길이, 피연산자 지시자의 개수와 길이 등)을 결정한다.

- **주소 지정 방식**: 명령어가 사용할 데이터(피연산자)의 위치를 표현하기 위한 방법을 결정한다.

Pep/8에서의 immediate, direct addressing 모드와 같은 것을 말한다.

7.3.1 명령어의 구성

하나의 명령어는 보통 아래와 같이 구성된다.

연산자 코드 (operation code)	모드 (mode)	피연산자 지시자 (operand specifier)

- 연산자 코드: 수행할 연산자의 종류를 나타내며 보통 op-code(operation code)라고 부른다.

- 모드: 피연산자 지시자에 의한 피연산자의 유효 주소를 결정하는 모드를 결정한다.

- 피연산자 지시자: 피연산자에 대한 정보를 표시하는 부분으로써, 메인 메모리의 주소, 레지스터 번호, 또는 사용할 데이터 등을 표시한다.

7.3.2 연산자 코드(op-code)

컴퓨터가 이해할 수 있는 기계어 명령의 집합을 명령어 집합(instruction set)이라고 한다. 컴퓨터의 종류에 따라 컴퓨터가 이해할 수 있는 기계어의 모양은 조금씩 다르지만, 아래에 일반적으로 많이 사용되는 명령어들을 소개한다. 기계어 명령어들을 아래의 4 그룹으로 구분하였다. ◥

일반적인 아래의 명령어와 Pep/8 가상 머신의 명령어를 비교해보자(앞에서 소개한 표보다 조금 더 자세하게 정리된 표이다).

add, sub와 같이 피연산자를 2개 필요한 연산자를 이항 연산자(binary instruction), not, complement, shift, rotate 등과 같이 하나의 피연산자를 필요로 하는 것을 단항 연산자(unary instruction)라고 한다.

		add	두 데이터의 간의 덧셈
연산 기능	산술 연산	sub	두 데이터의 간의 뺄셈
		mul	두 데이터의 간의 곱셈
		div	두 데이터의 간의 나눗셈
		arithmetic shift	산술 쉬프트
	논리 연산	and	두 데이터의 비트 단위의 and 연산
		or	두 데이터의 비트 단위의 or 연산
		not	데이터의 비트 단위의 not 연산
		xor	두 데이터의 비트 단위의 xor 연산
		logical shift	논리 쉬프트
		logical rotate	논리 로테이트
		complement	보수 연산
데이터 전송 기능		load	메인 메모리의 데이터를 CPU 내부의 레지스터로 복사
		store	레지스터의 데이터를 메인 메모리로 복사
		push	스택에 자료를 저장하는 명령어
		pop	스택에서 자료를 꺼내는 명령어
제어 기능	분기 연산	br	분기를 위해서 pc 값 변경
	조건 비교 연산	cmp	특정 값들을 비교해서 조건을 결정함
	함수 호출	call	함수 호출
	함수 복귀	return	함수에서 복귀
입출력 기능		input	입력 장치에서 메인 메모리로 입력하는 명령어
		output	메인 메모리에서 출력 장치로 출력하는 명령어

7.3.3 명령어의 형식

명령어 형식에서 가장 큰 영향을 미치는 요소는 '주소 필드의 수', 즉 몇 개의 주소를 사용하는가 하는 점이다. '주소 필드의 개수'에 따라서 컴퓨터의 CPU 구조가 결정되는데, '단일 누산기 구조', '범용 레지스터 구조', '스택 구조' 등이 있다.

(1) 0-주소 명령 형식(스택 구조)

아래와 같이 연산자 코드(op-code)만 존재하고 주소가 없는 형식이다.

연산자 코드

예를 들면 아래와 같이 연산자 코드만 있는 형식을 말한다. 그렇다면 "어떻게 피연산자를 표현할까?"라는 것이 궁금할 것이다.

add

0-주소 명령 형식은 피 연산자를 특정하지 않고 있다. 이 형식은 피 연산자를 스택(stack)에 보관하는데 스택 포인터 레지스터(stack pointer register)가 가르키고 있는 주소인 스택의 탑(stack top)에서 피연산자의 사용 및 저장이 이루어진다. 피연산자를 저장할 때 PUSH, 꺼낼 때 POP을 사용한다. 그래서 0-주소 형식을 스택 머신(stack machine)이라고 한다.

이 방식은 스택에 기억된 데이터를 사용하기 때문에 인스트럭션 수행 시간이 짧고 피 연산자를 표현할 필요가 없기 때문에 인스트럭션의 길이가 짧다는 장점이 있다.

예를 들어서 아래의 수식을 계산하는 명령어를 0-주소 명령 형식의 어셈블리 코드로 변경해보자.

D = A + B * C

위의 명령문은 아래와 같은 기계어로 변환되어서 수행되게 된다.

PUSH A
PUSH B
PUSH C
MUL
ADD
POP D

자바 가상 머신이 스택 머신으로 구현된다. 8장에서 자바 가상 머신이 소개된다.

위의 명령어가 수행되면서 스택은 아래와 같이 변하게 된다.

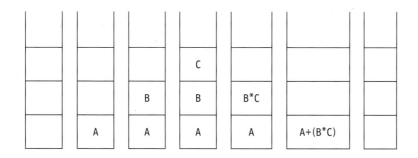

(2) 1-주소 명령 형식(단일 누산기 구조)

1-주소 명령 형식은 피연산자를 지정하는 주소 영역이 1개인 명령어이다.

연산자 코드	주소

이 경우에 이항 연산자(binary operation code)인 경우에 피연산자 두 개 중 하나만 명령어에 표현하고 나머지 하나는 누산기(AC)를 사용하는 방식 이다. 동작 방식은 주기억 장치 내의 데이터(주소에서 표현한 번지에 있는 데이터)와 AC 내의 데이터로 연산이 이루어지며, 연산 결과는 AC에 저장 된다.

$$D = A + B * C$$

위의 연산을 위한 코드를 적어보자.

```
LOAD    B       # AC ← B
MUL     C       # AC ← AC * C
ADD     A       # AC ← AC + A
STORE   D       # D ← AC
```

LOAD는 메인 메모리에서 레지스터로 로드 STORE는 레지스터에서 메인 메모리로 저장

뒤의 내용은 일종의 주석 (comment)이다. 주석에서 의 AC는 누산기(accumu-lator) 레지스터를 의미한다.

(3) 2-주소 명령 형식(범용 레지스터 구조)

연산자 코드	주소1	주소2

피연산자 두 개의 주소를 모두 표현하고 연산 결과를 그 중 한 곳에 저장한다. 여러 개의 범용 레지스터를 가진 컴퓨터에서 가장 일반적으로 사용되는 명령어 형식이다. 따라서 동작 특성상 한 곳의 내용이 연산 결과 저장으로 소멸된다. 일반적으로 연산의 결과는 주소1에 저장되므로 주소1에 있던 원래의 자료가 변경된다.

$$D = A + B * C$$

위의 연산을 위한 코드를 적어보자.

레지스터

```
LOAD    R1, B       # R1 ← B
MUL     R1, C       # R1 ← R1 * C
ADD     R1, A       # R1 ← R1 + A
STORE   R1, D       # D ←  R1
```

(4) 3-주소 명령 형식

연산자 코드	주소1(결과)	주소2	주소3

피연산자를 위한 두 개의 주소와 연산 결과를 저장하기 위한 결과 주소를 표현한다. 이 방법은 하나의 인스트럭션을 수행하기 위해서 피연산자를 최소한 3번 접근해야 하기 때문에 수행 기간이 길어서 특수 목적 이외에는 잘 사용하지 않는다.

$$D = A + B * C$$

위의 연산을 위한 코드를 적어보자.

```
MUL    R1, B, C        # R1 ← B * C
ADD    D, R1, A        # D ← R1 + A
```

(5) 명령어 형식 총 정리

이제까지 4가지 명령어 형식을 배웠다. 몇가지 예제에 대해서 이 4가지 방식을 모아서 비교해보자.

$$X = (A+B)*(C+D)$$

0 주소 명령		1 주소 명령		2 주소 명령			3 주소 명령		
PUSH	A	LOAD	A	LOAD	R1,	A	ADD	R1, A	B
PUSH	B	ADD	B	ADD	R1,	B	ADD	R2, C	D
ADD		STORE	T	LOAD	R2,	C	MUL	X,	R1, R2
PUSH	C	LOAD	C	ADD	R2,	D			
PUSH	D	ADD	D	MUL	R1,	R2			
ADD		MUL	T	STORE	R1,	X			
MUL		STORE	X						
POP	X								

$$Z = (B+C)*A$$

0 주소 명령		1 주소 명령		2 주소 명령			3 주소 명령		
PUSH	B	LOAD	B	LOAD	R1,	B	ADD	R1, B,	C
PUSH	C	ADD	C	ADD	R1,	C	MUL	Z, A,	R1
ADD		MUL	A	MUL	R1,	A			
PUSH	A	STORE	Z	STORE	R1,	Z			
MUL									
POP	Z								

7.3.4 피연산자의 주소 지정 방식

주소 지정 방식(addressing mode)이란 프로그램이 수행되는 동안 사용될 데이터(피연산자)의 위치를 지정하는 방법을 말한다.▶ 즉, 명령어의 피연산

> 고급 언어를 사용하여 프로그래밍을 하는 경우와는 다르게, 기계어나 어셈블리어를 사용하는 경우는 피연산자의 위치를 지정하는 다양한 방법이 필요하다. '주소 지정 방식'은 이에 대한 이야기이다.

자 지시자(operand specifier)를 통해서 피연산자를 지정하는 방법에 대한 이야기다.

op-code	operand specifier

명령어 구조

프로그래밍을 할 때 빠르게 피연산자를 접근하고, 융통성 있는 프로그래밍을 지원하고, 주소 지정에 가능하면 적은 수의 비트를 사용할 수 있도록 다양한 주소 지정 방식을 제공해야 하는데, 아래와 같은 주소 지정 방식이 있다. ◥

앞으로 다양한 종류의 방식이 소개될 것이다. 각 방법의 의미를 잘 생각해보자. 피연산자의 주소 지정 방식은 앞에서 배운 '명령어의 형식'과 관련지어 생각해야한다.

- 묵시적(implied)

- 즉시적(immediate)

- 직접(direct)

- 간접(indirect)

- 레지스터(register)

- 레지스터 간접(register indirect)

- 계산에 의한 방식(displacement)

  ‣ 상대 주소(relative mode)

  ‣ 베이스 레지스터(base register mode)

  ‣ 인덱스 레지스터(index register mode)

(1) 묵시적(implied addressing)

'0-주소 명령 형식'에서와 같이 피연산자로 명시하지 않아도 묵시적으로 지정된 주소를 사용하는 방식이다. 스택 머신이 대표적인 묵시적 주소 지정 기법이다.

⑵ 즉시 주소 지정 방식(immediate addressing)

피연산자 지시자의 값이 피연산자가 된다. 즉, 피연산자가 명령어에 포함되는 형식이다. 아래의 예제는 AC 레지스터에 숫자 5를 더하는 명령어이다. 이때 피연산자 중 하나인 숫자 5가 명령어에 포함되어 있는 방식을 '즉시 주소 지정 방식'이라고 한다.

ex) ADD AC, 5

이 방식은 피연산자가 명령어에 포함되어 있어서, 명령어의 실행 속도가 빠르다(별도로 피연산자를 로딩할 필요가 없기 때문에)는 장점과, 피연산자의 표현이 명령어의 길이에 영향을 받으므로 표현할 수 있는 데이터 값의 크기에 제한이 있다는 단점이 있다.

⑶ 직접 주소 지정 방식(direct addressing)

명령어에 연산자의 주소가 들어간다. 즉, 명령어의 피연산자 지시자가 피연산자의 주소를 의미하는 방법이다. 따라서 피연산자를 사용하기 위해서 한번의 메인 메모리 접근이 필요하다.

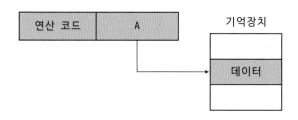

ex) ADD AC, address(operand)

주소 부분에 실제로 사용할 데이터가 위치한 주소를 적기 때문에, 사용할 수 있는 메모리의 양은 피연산자 지시자의 길이에 제약을 받는다. 예를 들어, 메인 메모리가 2^n 워드인 시스템이라면 주소를 표현하기 위해서 n 비트의 주소 공간이 필요하다. 즉, 2^n 워드의 메인 메모리를 다 사용하려면 피연산자 지시자 부분이 n비트여야 한다는 것이다.

(4) 간접 주소 지정 방식(Indirect addressing)

명령어의 주소 필드가 실제 피연산자의 주소 값을 가지는 곳의 주소를 가진다. 즉, 피연산자를 가르키는 "주소의 주소"를 의미한다.

이 방식은 명령어에 나타낼 주소가 명령어 내에서 데이터를 지정하기 위해 할당된 비트 수로 나타낼 수 없을 때 사용하는 방식이다. 즉, 직접 주소 지정 방식의 단점을 해결할 수 있는 방법이다. 그렇지만 피연산자를 사용하기 위해서 2번의 메인 메모리 접근이 필요해서 상대적으로 속도가 느리다.

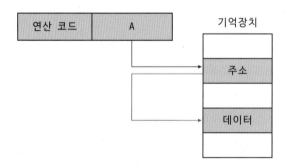

ex. ADD AC address(address(Operand)).

(5) 레지스터 주소 지정 방식(register addressing)

직접 주소 지정 방식과 유사하게 주소 부분에 레지스터 번호를 사용하는 방식을 레지스터 모드(register mode)라고 한다. 레지스터 방식은 명령어에서의 주소 필드가 작아도 되고, 메인 메모리 접근이 없어서 속도가 매우 빠르다는 점이다. 단점은 레지스터 개수에 제한이 있다.

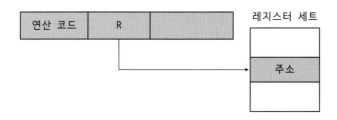

⑹ 레지스터 간접 주소 지정 방식(register indirect addressing)

간접 주소 지정 방식과 유사한데, 명령어의 주소 필드는 레지스터를 가르키고, 레지스터는 메인 메모리에 있는 피연산자의 주소값을 가지는 방식으로써, 사용할 수 있는 넓은 메인 메모리 주소 공간을 가지면서도 한 번의 메인 메모리 접근만 하기 때문에 속도가 빠르다는 장점이 있다.

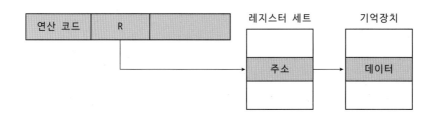

⑺ 변위 주소 지정 방식(displacement addressing)

'변위(displacement)'란 의미는 어떤 주소를 기준으로 주소를 매기는 방식이다. 즉, 최종 주소를 결정하기 위해서 기준값과 변위값을 같이 사용하는데, 기준값으로는 사용하는 레지스터의 종류에 따라서 3가지 방법이 있다.

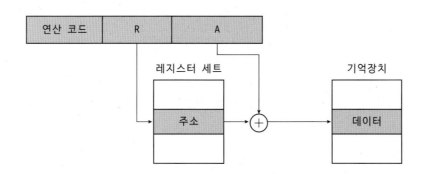

- 상대 주소 지정 방식(relative addressing mode): 프로그램 카운터 레지스터 사용

- 인덱스 주소 지정 방식(indexed addressing mode): 인덱스 레지스터 사용

- 베이스 레지스터 주소 지정 방식(base register addressing mode): 베이스 레지스터 사용

■ 상대 주소 지정(relative addressing)

기준 주소로 PC(program counter) 레지스터 값을 사용한다. 즉, 최종 유효 주소는 명령어의 주소를 기준으로 한 상대적인 변위이다. 지역성 때문에 현재 실행되는 명령어와 인접한 명령들이 주로 실행하면 주소 비트를 절약할 수 있다.

■ 베이스-레지스터 주소 지정(base-register addressing)

베이스 레지스터가 기준 주소를 가지고 있고, 주소 필드는 그 주소로부터의 변위 값을 가진다.

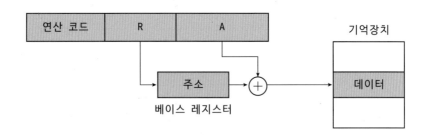

■ 인덱스 주소 지정(indexed addressing)

인덱스 레지스터의 내용과 변위를 더하여 최종 유효 주소를 결정하는 방식이다. 인덱스 레지스터는 인덱스(index) 값을 저장하는 특수 레지스터로써, 배열(array)와 같은 연속된 연산에 좋다.

1. 다음 문장의 빈 칸을 채우시오: "Pep/8 가상 머신에서 immediate addressing mode는 operand specifier가 (   )이며, direct addressing mode는 operand specifier가 (   )이다"

2. Pep/8 가상머신의 인스트럭션를 이용한 프로그램의 일부분이다.

   1) 아래의 프로그램에서 1번째 인스트럭션을 수행한 후의 Accumulator 레지스터의 값을 2의 보수 표현임을 감안하여 10진수로 표현하시오.

   (   )

   2) 모든 프로그램 수행 결과로 최종적으로 화면에 출력되는 것을 쓰시오.

   (   )

주소	기계어 (16진수)	기계어(2진수)
0000	C0 FF FE	1100 0000 1111 1111 1111 1110
0000	70 00 05	0111 0000 0000 0000 0000 0101
0003	70 00 30	0111 0000 0000 0000 0011 0000
0006	E1 00 10	1110 0001 0000 0000 0001 0000
0009	51 00 11	0101 0001 0000 0000 0001 0001
000C	00 00 00	0000 0000 0000 0000 0000 0000

3. 아래는 PEP/8 가상 머신의 주 기억 장치의 덤프(dump) 화면이다. 이 프로그램을 실행하였을 때, 출력 결과는 무엇인가?

```
                       Memory  Dump
0000 |  51  00  07  51  00  08  00  61
0008 |  62  00  00  00  00  00  00  00
0010 |  00  00  00  00  00  00  00  00
0018 |  00  00  00  00  00  00  00  00
0020 |  00  00  00  00  00  00  00  00
```

4. PEP/8 가상 머신은 Status Register가 NZVC 4비트로 구성되어 있다. 아래의 4비트 덧셈기가 덧셈 연산을 수행한 후, Status Register의 NZVC 4비트를 setting(1로 만듦) 또는 reset(0으로 만듦)하는 회로를, 아래의 회로에 추가하려 한다. 아래의 회로에 게이트들을 추가하여 그리시오. 사용할 수 있는 게이트는 AND, OR, NOT, XOR 게이트입니다.

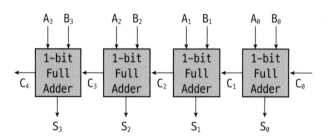

5. 아래를 프로그래밍 하시오.

　문제 1　

대문자 'A' ~ 'Z' 중 한 문자를 입력받아서 소문자로 출력하는 기계어 프로그램과 어셈블리어 프로그램을 작성하시오.

① 대문자 'A' ~ 'Z' 중 한 문자를 입력받아서(char input)

② 그 문자를 레지스터로 로드한 후(load)

③ 소문자가 되게 아스키 코드값을 수정하고

④ 그 문자를 메인 메모리에 저장한 후(store)

⑤ 메모리의 문자를 출력한다.(char out)

⑥ 예) A을 입력하면 a을 출력,

　　　B…………..b를……..,

　　　…

　　　Z …………..z을 출력하는 프로그램.

문제 2

대문자 'A' ~ 'Z" 중 2 문자를 입력받아서, 각 문자의 다음 문자를 출력하는 기계어 프로그램과 어셈블리어 프로그램을 작성하시오.

① 대문자 'A' ~ 'Z" 중 2 문자를 입력받아서(char input)

② 각 문자를 레지스터로 로드한 후(load)

③ 다음 문자가 되게 아스키 코드값을 수정하고

④ 각 문자를 메인 메모리에 저장한 후(store)

⑤ 메모리의 문자를 출력한다.(char out)

⑥ 예) A을 입력하면 B을 출력,

　　　B…………..C를……,

　　　…

　　　Z …………?을 출력하는 프로그램

6. 다음의 기계어 코드를 Pep/8 어셈블리코드와 C++코드로 각각 변경하여 작성하시오. 단 기계어 코드는 Pep/8 머신 상에서 순차적으로 수행되며 STOP 인스트럭션이 나타나기 전에는 모두 data가 아닌 instruction으로 간주한다.

```
F0 00 51 E0 00 0A F8 03 70 E0 00 0A E0 00 7D 00
```

7. Immediate addressing mode가 direct addressing mode에 비해 가지는 단점을 구체적인 예를 들어서 설명하시오.

연습문제

8. 컴퓨터의 하드웨어가 동일하면 기계어도 동일하다고 하였다. 그러면 동일한 하드웨어 컴퓨터에서 다른 운영 체제들을 사용한다고 가정해보자. 즉 PC-1 에서는 윈도우 운영 체제를, PC-2에서는 Linux 운영 체제를 사용한다고 가정할 때, PC-1에서 C라는 고급 언어를 사용하여 만든 프로그램을 기계어로 컴파일한 것을 PC-2에서 실행할 수 있을까? ◥

없다! 그 이유는 무엇일까?

9. 요즘은 대부분의 프로그래밍 작업에서 고급 언어를 사용한다. 고급 언어와 비교해서 어셈블리언어 또는 기계어를 이용한 프로그래밍의 장단점은 어떤 것이 있을까? 또한 현재에도 어셈블리 언어를 사용하는 분야가 있는지 조사해보자.

10. C와 같은 고급 언어에서도 'in-line 어셈블리어'라고 해서, 고속으로 수행되어야 하는 부분은 어셈블리어로 프로그래밍하기도 한다. 이러한 기능을 in-line 어셈블리어라고 하는데, 필요하다면 사용법을 익혀보자.

11. 본 교재에서 사용하는 Pep/8 프로그램은 GNU의 GPL 라이센서를 따른다. Free Software Foundation(자유 소프트웨어 연합)은 GNU 프로젝트의 기금을 대는 비영리 단체이며, GPL은 General Public License라는 소프트웨어 저작권 규정이다. 이것이 무엇인지 조사해보자. 그리고 GNU에서 개발한 제품과 마이크로소프트나 다른 회사에서 개발한 제품의 라이선스 규정을 비교해보자.

12. 본 교재에서 소개한 Pep/8 가상 머신의 기계어나 어셈블리어 인스트럭션 말고 실제 여러분이 지금 사용하고 있는 PC에서 실제 어셈블리어 프로그래밍을 공부해보자.

13. Pep/8 가상 머신의 어셈블리어 언어로 조금 더 복잡한 프로그램을 작성해보자. 예를 들면 sorting 프로그램을 한번 작성해보면 어셈블리어를 이용한 프로그래밍의 많은 것을 배울 수 있을 것이다.

PART

3

또 다른 컴퓨터들…

또 다른 컴퓨터들…

Abstract

지금까지의 이야기는 컴퓨터 구조의 가장 기본이 되는 이론적인 내용들이다. 이제부터는 조금 다른 관점에서의 컴퓨터 구조를 이야기하려고 한다. 지금부터 하는 이야기는 소프트웨어 중심에서의 컴퓨터 구조인 셈이다.

이 내용을 이 책에 담을지 여부를 두고 많은 고민이 있었다. 엄청난 속도로 변하고 있는 컴퓨터 사용 환경에서 이제 더 이상 하드웨어적인 컴퓨터 구조 이외에 다른 이야기를 하고 싶었기 때문이다.

실제 우리가 매일 접하는 개인용 컴퓨터 이외에 다양한 형태의 컴퓨터들이 존재한다. Part 3에서는 이들을 하나씩 살펴보자.

1. 가상 머신: 다양한 종류의 가상 머신을 소개한다.
   - NOX: 안드로이드 가상 머신. PC에서 안드로이드 앱을 사용해보자.
   - Virtual Box: 일반적인 가상 머신 사용 환경. Windows 운영 체제에서 리눅스를 사용해보자.
   - 자바 가상 머신: 자바 언어로 작성한 프로그램이 실행되는 가상 머신. 자바 언어에 대해 조금 더 깊은 이해를 할 수 있다.

2. 병렬 컴퓨터
   - 멀티 프로세서/ 멀티 코어: openMP 라이브러리를 이용해서 멀티 코어 프로그래밍을 해보자.

3. 클라우드 컴퓨팅
   - Google Cloud Platform(GCP)에서 제공되는 다양한 기능을 사용해보자.
   - Cloud9: 소프트웨어 개발을 위해서 다양한 플랫폼이 필요한 경우에 사용해보자.

CHAPTER **8**

가상머신
(Virtual Machines)

가상머신(Virtual Machines)

Abstract

컴퓨터 하드웨어의 스펙 경쟁이 어느 정도 한계에 달하고, 하드웨어의 중요성에 비해서 소프트웨어나 서비스, 콘텐츠가 더욱 중요해짐에 따라서, 소프트웨어의 개발 환경도 변하고 있다.

특히 한번의 프로그래밍으로 다양한 기종의 컴퓨터와 다양한 운영 체제 상에서 실행 가능한 프로그래밍 개발 환경의 요구가 가상 머신의 등장을 촉진하고 있다.

가상 머신은 최근에 가상화(virtualization)라는 이름으로 각광받고 있다. 가상화 기술은 가깝게는 다양한 운영 체제(OS)에서 프로그램을 개발하고 테스트를 해야할 경우에 활용할 수 있는데, 서로 다른 OS에서 작동하는 프로그램을 개발할 때, 가상 머신을 이용하여 각 OS별로 운영 체제 이미지를 올려서 가상 머신 상에서 프로그램을 테스트할 수 있다. 즉, 현재 많이 사용되는 VirtureBox, VMWare, VirturePC와 같은 가상화 프로그램을 이용하면 다양한 운영 체제를 돌릴 수 있기 때문에, 가상화 솔루션 비용 만으로 프로그램 개발을 할 수 있으므로 많은 비용 절감 효과가 있다. ◤

요즘 많이 사용하는, CD 이미지를 가상 드라이브로 만들어서 구동시켜주는 데몬툴(Daemon)과 같은 가상 CD 프로그램도 가상화의 일종으로 볼 수 있다.

가상 머신을 이용하면 시스템 자원들에 대해 완전한 보호가 이루어지므로 높은 수준의 보안을 제공할 수 있다는 장점도 있다.

8장에서는 아래의 내용을 배운다. 이를 통해서 독자들이 가상 머신에 더 많은 관심을 가질 수 있기를 바란다.

• PC에서 안드로이드 앱을 사용할 수 있도록 해주는 가상 머신 NOX

• 하나의 컴퓨터에 다양한 운영 체제를 설치할 수 있도록 해주는 VirtualBox

• 자바 가상 머신

8.1 NOX: 안드로이드 가상 머신

녹스(NOX)는 PC에서 수행되는 안드로이드 앱플레이어다. 지금부터 PC에 NOX를 설치한 후, 이 위에서 안드로이드 앱을 사용해보자.

1. 녹스 앱플레이어를 설치하기 위해 아래 공식 사이트로 가서, [다운로드]를 클릭하자.

    https://kr.bignox.com/

2. 다운로드한 파일을 실행하면 자동으로 설치 화면을 열어준다.

    a. '빠른 설치'를 누르면 바로 설치한다.

    b. '사용자 지정'은 설치 폴더나 기타 설치 옵션을 변경할 수 있다.

3. 이제 녹스 앱플레이어가 설치된다.

4. 녹스 앱플레이어 설치가 완료되면, 녹스 앱플레이어를 실행하자. 아래는 녹스 앱플레이어의 첫 시작 화면이다.

5. 이제부터는 안드로이드 기기라고 생각하고 사용하면 된다. 즉, PC 상에서 안드로이드 가상 머신을 설치한 것이다. 앱을 다운로드하려면 구글 플레이 스토어를 사용하기 위해서 Google 계정을 추가해야한다. 그리고 마음껏 PC에서 안드로이드 앱을 사용해보자.

8.2 VirtualBox

NOX를 사용하면서 가상 머신의 개념과 장점을 파악했을 것이다. 이제는 조금 더 일반적인 가상 머신을 사용해보자. 아래와 같은 상황을 가정해보자.

- Question: 지금 윈도우 운영 체제를 사용하고 있는데, 리눅스(Linux) 머신을 사용하고 싶다. 어떻게 하면 될까?

- Answer: 새로운 컴퓨터를 사서 리눅스 운영 체제를 설치하면 된다. 그러나 비용이 문제라면, 윈도우가 설치된 컴퓨터에 가상화 소프트웨어를 설치하고, 그 위에 리눅스 운영 체제를 설치하면 된다.

우리가 지금 배울 VirtualBox가 이때 필요한 가상화 소프트웨어다.

일반적으로 기본 운영 체제(Operating System: OS)를 호스트(host) OS라고 하고, 호스트 OS 위에 설치되는 가상 OS를 게스트(guest) OS라고 한다. 다음 그림과 같이 하나의 물리적인 하드웨어 위에 호스트 OS가 있고 이 호스트 OS위에 여러 게스트 OS를 올릴 수 있으며 하드웨어의 성능에 따라 동시에 여러 OS를 운영할 수도 있다.

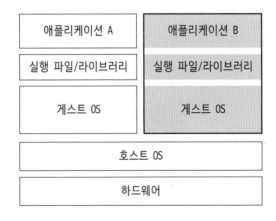

가상 머신의 일반적인 구조

많은 가상 머신이 있지만 여기서는 VirtualBox(버추얼 박스) 소프트웨어를 소개하자. VirtualBox는 오라클(Oracle)사에서 제공하는 오픈 소스로써 자유롭게 이용할 수 있다. 또한 다른 가상 머신보다 용량이 작고 설치가 간단하며 호스트 OS의 대부분의 주변 기기를 쉽게 이용할 수 있다는 장점이 있고, 현존하는 거의 대부분의 OS를 게스트 OS로 지원이 가능하다는 장점이 있다.

지금부터 VirtualBox를 설치해보자.

• VirtualBox는 오라클사가 제공하는 VirtualBox 홈페이지에서 최신 버전을 다운로드 받을 수 있다. 다음 URL로 접속하자.

버츄얼박스 공식 홈페이지: https://www.virtualbox.org

• 다운로드 버튼을 클릭하고, 자신의 운영 체제에 적합한 파일을 다운 받고 설치하자. 본 교재에서는 Windows 운영체제 상에서 설치하였다.

• **VirtualBox 5.1.22 platform packages**. The binaries are released under the terms of the GPL version 2.
  o ⤷Windows hosts
  o ⤷OS X hosts
  o Linux distributions
  o ⤷Solaris hosts

• 설치 과정 중에는 대부분 [Next] 버튼을 클릭하면 된다. 몇 단계를 거쳐서 가상 머신을 설치 완료하고 사용할 수 있다.

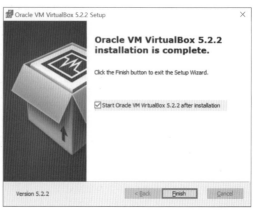

가상화 소프트웨어인 VirtualBox 설치를 완료했다면, VirtualBox 상에서
리눅스 운영 체제를 설치해보자.

- 아래 화면에서 시작한다. 아래 화면은 VirtualBox 시작 화면이다.

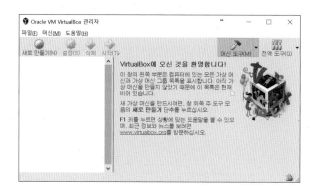

- 우분투(Ubuntu) 운영 체제를 설치해보자. 우분투는 리눅스 커널을 기반으
  로 한 리눅스 배포판 중 하나다. 우분투 설치 파일을 우분투 사이트(http://
  www.ubuntu.com)에서 다운로드하자. 우분투 사이트의 메뉴 중에 다운
  로드(Download) 메뉴을 클릭해서 다운로드 페이지로 이동한다(다운로
  드 주소는 http://www.ubuntu.com/download). 우리는 'Ubuntu Desk-
  top'을 다운로드 한다.

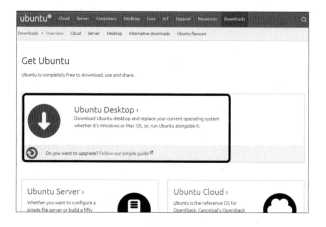

1. 우분투 운영 체제 설치 파일은 용량이 상당히 커서 다운로드 시간이 많이 필요하다.

   다운로드가 완료되면 원하는 폴더에 파일을 옮기도록 하자. 저자는 C:\Program Files\Oracle\VirtualBox 폴더로 옮겼다. 향후에 이 파일을 VirtualBox에서 사용할 것이다.

2. 우분투 가상 머신을 만들어보자. 지금부터가 본격적인 시작이다. VirtualBox로 돌아와서 [새로 만들기] 클릭. 우분투는 리눅스 계열이기 때문에 Linux를 선택한다.

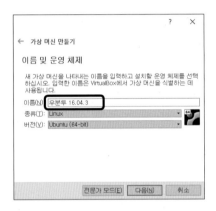

3. 본인의 컴퓨터의 메인 메모리 용량에 따라 가상 머신의 메모리를 적당하게 설정하자. 저자는 2048Mbyte로 설정하였다.

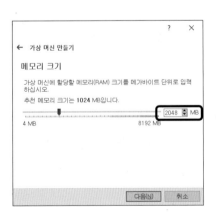

4. 가상 하드 드라이브를 만들고, VDI(VirtualBox 디스크 이미지)를 선택한다(아래 그림 참고).

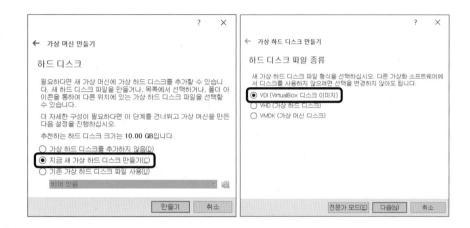

5. 가상 머신 환경이 완료되면 아래 화면이 나올 것이다. 상단의 [시작] 버튼을 클릭하자. 이제 우분투 운영 체제를 설치하는 것이다.

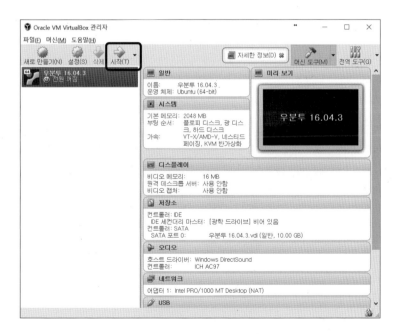

6. [시동 디스크 선택] 화면이 뜬다. 폴더 아이콘을 클릭해서 좀 전에 받아둔 우분투 설치 파일을 찾아주면 된다.

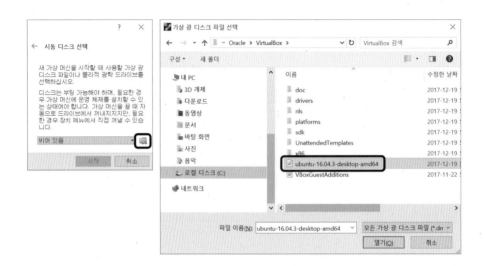

7. 이제 우분투 운영 체제의 설치 작업이 진행될것이다. [Install Ubuntu] 버튼을 클릭해서 설치하자. 지금부터의 설치 작업은 메시지를 스스로 읽으면서 해보자. 설치 작업은 아주 시간이 오래 걸린다 (20~30분 정도).

8. 설치 작업이 끝나면, 우분투를 시작(부팅)해보자. Control+Alt+T를 누르면 쉘 창을 띄울 수 있다. 이제부터 리눅스를 사용할 수 있다.

8.3 자바 가상 머신

1995년에 Sun Microsystems사에 의해 소개되어 널리 사용되는 객체 지향 언어인 자바 언어는 프로그래밍 언어 명세와 대규모의 응용 프로그래밍 인터페이스(API) 외에 Java 가상 기계에 대한 명세를 제공한다.

자바 언어의 컴파일러는 자바 소스 프로그램을 컴파일 할 때, 하드웨어 상에서 수행 가능한 기계어를 생성하지 않고 '자바 바이트 코드(Java Byte Code)'를 생성한다. 이 자바 바이트 코드는 자바 가상 머신(Java Virtual Machine: JVM) 상에서 수행된다.

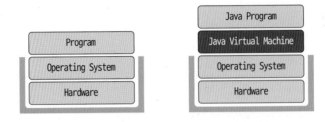

일반적인 프로그램과 자바 프로그램의 실행 구조

이러한 자바 가상 머신의 규칙을 지킨다면 자바 프로그램은 컴퓨터나 운영 체제의 종류에 상관없이 동작할 수 있는 장점이 있다. 즉, 사용하는 컴퓨터가 Windows 운영 체제 계열의 PC이든 Mac이든 상관없이 자바 가상 머신만 설치되어 있으면, 모든 자바 프로그램이 수행된다는 말이다.

> 이와 유사하게 '웹 페이지'나 '웹 앱(web app)'등의 웹 기반 프로그램 또한 웹 브라우저를 가상 머신으로 수행되는 소프트웨어라고 정의할 수 있다.

(1) 자바 가상 머신 구조

자바로 작성된 프로그램(*.java)은 아래와 같이 자바 컴파일러에 의해서 자바 바이트 코드 파일인 *.class 파일로 변환되어서, 자바 가상 머신(Java Virtual Machine: JVM)상에서 실행된다.

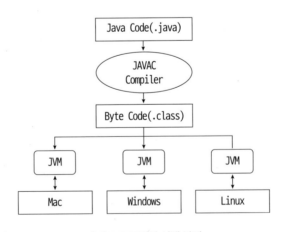

자바 프로그램의 실행 과정

자바 바이트 코드가 실행되는 JVM을 조금 더 자세하게 살펴보자.

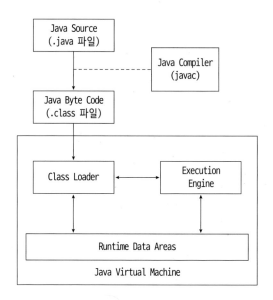

- 클래스 로더(class loader): Java 인터프리터에 의해 수행될 수 있도록 Java 프로그램과 Java API의 class 파일을 로드한다

- Java 실행 엔진(Java execution engine, 인터프리터): 클래스 파일이 검증을 통과하면 Java 코드를 수행한다. 바이트 코드를 한 번에 하나씩 해석하는 소프트웨어 인터프리터이거나, 또는 호스트 컴퓨터를 위해 아키텍처 중립적인 바이트코드를 고유의 기계 언어로 변환하는 just-in-time(JIT) 컴파일러일 수도 있다.

- 런타임 데이터 영역(runtime data areas): 프로그램 실행 중에 사용되는 스택(stack)이나 힙(heap) 등의 데이터 저장 영역을 말한다.

(2) 바이트코드 명령어(opcode)

이제부터 자바 바이트코드를 살펴보자. 자바 바이트코드는 JVM이 실행하는 명령어 집합이다. 한 바이트에는 256개의 값이 있듯이 바이트 코드에는 256개 가량의 opcode들이 존재한다. 각각의 명령어들은 넓게 다음과 같이 분류할 수 있다.

모든 명령어의 리스트는 구글에서 "Java bytecode instruction listings"로 검색해서 나오는 위키피디아의 페이지에서 찾아볼 수 있다.

- 읽기/쓰기 (e.g. aload_0, istore)

- 산술/논리 연산 (e.g. iadd, fcmpl)

- 타입 변환 (e.g. i2b, d2i)

- 객체 생성 및 조작 (new, putfield)

- 오퍼랜드 스택 관리 (e.g. swap, dup2)

- 제어 (e.g. ifeq, goto)

- 함수 호출 및 반환 (e.g. invokespecial, areturn)

자바 바이트 코드 명령어들은 피연산자(operand)의 자료형(type)을 나타내는 접두사(prefix) 또는 접미사(suffix)를 가지고 있다. 아래는 각 접두사/접미사가 나타내는 피연산자 타입이다. 예를 들면, 'iadd' 라는 명령어는 '정수 덧셈 연산자'을 의미한다.

접두사/접미사	피연산자 타입
i	integer
l	long
s	short
b	byte
c	character
f	float
d	double
a	reference

(3) 바이트코드 시작하기

7장에서 배운 '스택 머신(0-주소 명령 형식)'을 떠올려보자. JVM은 스택 기반 머신이다. 각 스레드는 JVM 스택을 가지고 이 스택에는 프레임(frame)들이 저장된다. 프레임은 생성자 또는 함수가 실행될 때 생성되는 것으로 아래 그림과 같이 지역 변수 배열과 피연산자 스택 그리고 상수 풀에 대한 참조로 구성되어 있다.

아래 그림의 상단에서 볼 수 있는 '지역 변수 배열'에는 객체에 대한 참조 (this), 메소드의 인자, 그리고 지역 변수들이 0번 위치부터 차례대로 들어 간다. 즉, JVM은 다양한 종류의 값들(상수 값, 지역 변수, 전역 변수 등)이 배열에 들어 있고, 이 값들을 '피연산자 스택'에서 연산하는 구조다.

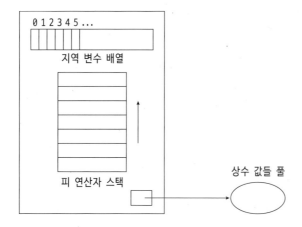

실제로 자바의 바이트코드를 상세하게 설명하기는 쉽지 않다. 형식만 봐서는 이해하기 쉽지 않으니까, 예제를 통해 살펴보자. 아래는 아주 간단한 자바 코드다.

```
public class Add{
        public static void main(String [] args){
                int a = 0;
                a = a + 1;
        }
}
```

이 코드를 Add.java라는 이름으로 저장하고, 컴파일하여 바이트코드를 직접 살펴보자.

```
javac Add.java
```

컴파일되어 나온 Add.class 파일을 통해 바이트코드를 확인해보자. 기본 자바 클래스 파일 디스어셈블러(disassembler) 프로그램인 javap를 실행시키면 다음과 같은 바이트코드가 생성된다.

```
javap -c Add.class
```

main( ) 함수 내부에서 지역변수 a의 값을 1 증가 시키는 코드라는 점을 기억하고 아래의 바이트 코드를 살펴보자. 처음 보는 형식이라서 낯설지만 옆의 설명을 하나씩 읽어보자.

```
public class Add {

  public Add();

    Code:

      0: aload_0

      1: invokespecial #1          // Method java/lang/Object."<init>"

      4: return


  public static void main(java.lang.String[ ]);

    Code:

      0: iconst_0




      1: istore_1






      2: iload_1





      3: iconst_1






      4: iadd






      5: istore_1

      6: return

}
```

클래스 Add와 관련된 부분

main( ) 함수

여기서부터 main( ) 함수의 시작이다.
int a = 0; 이라는 명령어를 실행하기 위한 코드이다. integer 값 상수 배열에서 0번째(즉, 정수값 0)를 스택에 push

istore 명령어는 integer 값을 지역 변수 배열에 저장한다. 스택에서 integer 값을 pop해서 1번째 지역 변수(변수 a)에 저장한다. 여기까지가 변수 a의 값을 0으로 초기화하는 부분이다.

a=a+1;을 위한 코드이다. iload 명령어는 integer 값을 스택에 push한다. 여기서는 지역 변수 1번(변수 a)을 스택에 push

상수 값 1을 스택에 push

스택의 가장 상단의 2개의 값을 더한다. 스택 머신이기 때문에 iadd 연산은 정수값 2개를 더해서 그 결과를 스택에 push한다.

Integer 값을 스택에서 pop해서 1번째 지역 변수 a에 저장한다.

자바 바이트 코드

각 명령어에 대한 자세한 내용은 앞서 언급했던 위키피디아의 명령어 리스트를 보면 쉽게 찾아볼 수 있다. 여기까지 바이트코드에 대한 기본적인 내용을 알아보았다. 이제 어떤 코드의 동작 방식이 궁금하다면 명령어 리스트를 참고해가며 직접 바이트코드를 분석해 볼 수 있을 것이다. 좀 더 깊은 내용을 알고 싶다면 JVM 스펙을 살펴보는 것을 추천한다.

CHAPTER **9**

병렬 컴퓨터
(parallel computer)

병렬 컴퓨터(parallel computer)

(**Abstract**)

병렬 컴퓨터란 동시에 2개 이상의 프로세서가 동작하는 컴퓨터를 말한다. 지금의 PC는 대부분 듀얼 (dual, 2) 코어이거나 쿼드(quad, 4) 코어 CPU를 사용하는데, 멀티 코어 CPU도 일종의 병렬 컴퓨터 라고 부를 수 있다.

9장에서는 병렬 컴퓨터에 대한 개괄적인 소개로 시작해서, OpenMP를 이용한 멀티 코어 프로그래 밍을 실습한다.

9.1 단일 프로세서/멀티 프로세서

초집적화가 진행되면서 발열로 인하여 더 이상 CPU의 소형화가 어렵고, 고가의 수퍼컴을 별도로 제작하는 것보다 기존의 컴퓨터를 병렬로 운용함으로써 가격 절감을 이룰 수 있다. 이러한 병렬 컴퓨팅은 그 규모에 따라서 크게 2가지로 나누어 설명할 수 있다.

- 소규모 멀티코어(multi-core) 환경: 대부분의 개인용 컴퓨터가 멀티 코어 CPU를 사용하고 있고, GPGPU, CUDA, OpenMP 등의 소프트웨어 개발 환경이 지원 됨에 따라 과거에 비해 훨씬 쉽게 병렬 프로그래밍이 가능하다.

- 대규모 병렬 컴퓨팅 환경: 다수의 CPU나 컴퓨터 등을 연결해서 구현된 시스템으로써 클러스터(Cluster)나 그리드 컴퓨팅(Grid Computing) 등이 있다.

VLSI(Very Large Scale Integrated Circuit)는 트랜지스터의 기능을 수행하는 반도체 기반 회로의 집적도와 관련된 용어인데, 무어(Moore)의 법칙에 따라 1977년부터 꾸준히 18~24개월 마다 트랜지스터의 집적도가 2배로 증가했었다.

그러나 최근에는 상용 마이크로 프로세서의 냉각 문제로 인하여 더 이상 회로의 집적도를 높이기 어려운 상황으로 변해가고 있다. 회로의 집적도가 높아질수록 발열이 심해지기 때문이다. 이러한 상황에서 여러 개의 '코어(core)'를 집적한 마이크로 프로세서를 사용하는데, 이를 '멀티코어 마이크로 프로세서'라고 한다(듀얼코어는 2개, 쿼드코어는 4개의 코어).

멀티코어(multicore)

하나의 CPU 안에 다수의 '핵심 연산 장치'를 구성하는 것을 말한다.

GPGPU(General Purpose Graphic Processing Unit)

고성능 그래픽 카드를 이용한 병렬 컴퓨팅 환경을 말한다. 그래픽 연산과 같은 병렬 연산에 효과적인 그래픽 카드를 과학 계산 등의 분야에 많이 활용하고 있다.

CUDA(Compute Unified Device Architecture)

GPGPU를 이용한 NVIDIA 사에서 제공하는 병렬 컴퓨팅 아키텍처.

멀티 CPU   멀티 코어

아래의 그림과 같이 각각의 코어는 CPU의 핵심 부분과 각각의 캐시(L1 레벨)를 가지고 이들은 하단의 L2 캐시를 공유한다.

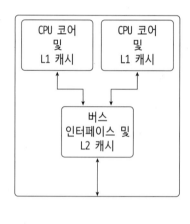

듀얼 코어 CPU

이에 따라서 프로그래밍 작업도 많은 변화를 필요로 하고 있다. 예전에는 하드웨어 속도의 발전에 따라서 소프트웨어의 성능도 자동으로 향상되었는데, 멀티 코어 프로세서 상황에서는 이에 맞는 병렬 프로그래밍 개념의 사용이 필요하게 되었다.

멀티 코어 프로그래밍을 지원하는 환경으로 OpenMP, 인텔의 Parallel Studio 등이 있다.

즉, 단일한 CPU 또는 단일 코어(single core) 상황에서의 프로그래밍 환경과는 대조적으로 다중 CPU 또는 다중 코어의 상황을 고려해서 프로그래밍해야 최근의 하드웨어 자원을 최대한 활용할 수 있다.◥

아래의 그림은 윈도우 운영체제에서 CPU 사용 현황을 보여주는 화면이다.
코어가 4개가 있는 컴퓨터 화면이다.

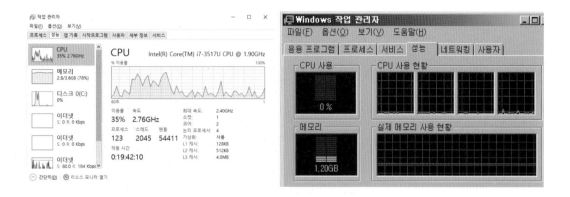

다수의 CPU나 컴퓨터 등을 결합해서 구현된 시스템을 클러스터(Cluster)와
그리드 컴퓨팅(Grid Computing) 등이 있다. 클러스터와 그리드 컴퓨팅은
완벽히 보완적이다. 많은 그리드들은 그들이 관리하는 리소스들 사이에서
클러스터를 결합한다.

- 클러스터(cluster): 근거리 네트워크(LAN)을 통해 연결된 컴퓨터들이 하나
  의 대형 멀티 프로세서로 동작을 하는 시스템

- 그리드(grid): 이종의(heterogeneous) 리소스들로 구성되며 광역 네트워크
  기반의 동적인 구조이다.

PC 클러스터

그리드 컴퓨팅(grid computing)이란 네트워크에 연결된 다수의 컴퓨터에 데이터를 전송하여 연산하게 한 다음 이를 서버에서 취합하여 전체 연산을 수행하는 기술이다. 그리드 컴퓨팅의 대표적인 예가 아래와 같이 스크린 세이버를 이용한 외계 신호의 분석이다.

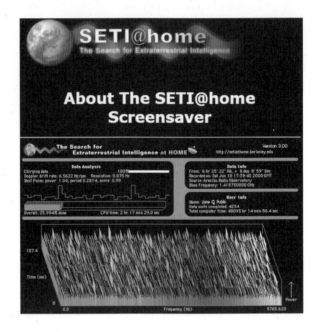

SETI 프로젝트

참고

인공 지능 바둑 프로그램인 AlphaGo에는 어떤 컴퓨팅 환경이 사용되었을까?

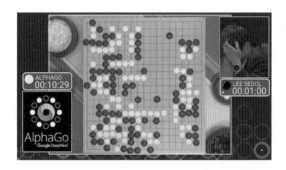

아래의 표가 AlphaGo에 사용된 컴퓨터 환경을 보인다. 여러 종류가 있는데, 가장 성능이 좋은 가장 아랫줄을 보면 CPU가 1920개 GPU가 280개 사용된 클러스터 시스템이다.

Configuration	Search threads	No. of CPU	No. of GPU	Elo rating
Single	40	48	1	2,181
Single	40	48	2	2,738
Single	40	48	4	2,850
Single	40	48	8	2,890
Distributed	12	428	64	2,937
Distributed	24	764	112	3,079
Distributed	40	1,202	176	3,140
Distributed	64	1,920	280	3,168

2017년 AlphaGo Master는 조금 다른 하드웨어 스펙을 가지고 있다. 이전 버전의 AlphaGo에 비해서 하드웨어 비중을 아주 낮추었음에도 불구하고 더 뛰어난 실력을 보이고 있다.

AlphaGo Master	One TPU , single machine	about 4,750	60:0 against professional players

TPU
구글에서 만든 인공지능 전용 프로세서로써 Tensor Processing Unit의 줄임말이다.

9.2 병렬 컴퓨터 종류

프로세서들이 처리하는 명령어와 데이터 스트림(stream)의 수에 따라 병렬 컴퓨터의 종류를 분류할 수 있다.

- 명령어 스트림(instruction stream): 프로세서에 의해 실행되기 위하여 순서대로 나열된 명령어 코드들의 집합

- 데이터 스트림(data stream): 명령어들을 실행하는 데 필요한 순서대로 나열된 데이터들의 집합

병렬 구조는 프로그램의 실행 속도를 증가 시키기 위한 방법으로 여러 개의 명령어 스트림과 데이터 스트림을 처리하는 방식에 따라서 아래와 같이 나눌 수 있다. 이는 구조적 특징에 따른 병렬 컴퓨터 분류 방식인 'Flynn의 분류'에 따른 것이다.

- SISD(Single Instruction Single Data): 한번에 한 개씩의 명령어와 데이터를 순서대로 처리하는 단일 프로세서 시스템. 일반적인 개인용 컴퓨터의 CPU는 대부분 SISD(Single Instruction Single Data)라고 할 수 있다.

- IS: Instruction Stream
- DS: Data Stream
- CU: Control Unit
- PU: Processing Unit
- MM: Memory Module

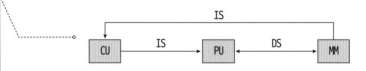

- SIMD(Single Instruction Multiple Data): 모든 프로세서가 같은 프로그램(명령어, instruction)을 수행하며, 각 프로세서가 병렬적으로 다른 데이터를 처리하는 구조이다.

다음 그림과 같이 배열 프로세서(array processor)를 이용해서 여러 개의 프로세싱 유닛(Processing Unit: PU)들로 구성되고, PU들은 모두 하나의 제어 유닛에 의해 통제되면서, 모든 PU들은 하나의 명령어 스트림(동일한 명령

어)을 실행한다. 따라서 여러 개의 데이터 스트림을 동시에 처리할 수 있다.

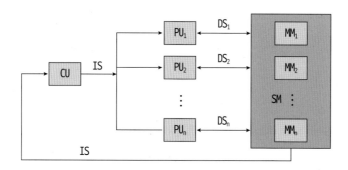

일반적으로 배열과 같은 벡터 데이터 연산에 유용하게 사용된다. 예를 들면, 2개의 1차원 배열의 요소들을 각각 더하는 프로그램이라고 할 때, 각 배열의 요소들이 모두 동시에 다른 프로세서들에 의해서 더해지는 방법을 말한다.

- MISD(Multiple Instruction Single Data): 다수의 프로세서들이 서로 다른 명령어들을 실행하지만, 처리하는 데이터 스트림은 한 개이다. 비현실적이므로 실제 구현된 경우는 없다.

- MIMD(Multiple Instruction Multiple Data): 각 프로세서가 서로 다른 프로그램을 수행하면서 또 다른 데이터를 처리하는 구조이다. 모든 프로그램이 협력하여 큰, 통합적 목적을 이루도록하는 가장 복잡한 구조다.

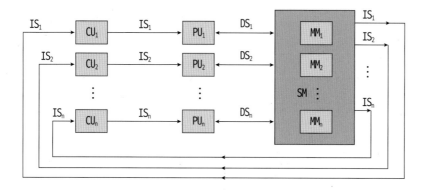

9.3   OpenMP를 이용한 병렬 프로그래밍

요즘 PC들은 대부분 4개의 코어가 있는 CPU들을 장착하고 있다. 그렇지만 실제로 프로그래밍을 할 때 단일 프로세서에 기반한 기존의 프로그래밍 기법을 사용하면 물리적으로 4개의 코어가 있어도 그 프로그램은 하나의 코어만 사용하게 된다. 요즘은 대량의 멀티미디어 데이터를 실시간으로 다루는 분야가 많기 때문에 멀티 코어의 특성을 살릴 수 있는 프로그래밍 기법이 필요하다.

OpenMP(Open Multiprocessing)은 Fortran, C, C++ 등의 프로그래밍 언어에서 공유 메모리 기법의 멀티프로세싱 프로그래밍 환경을 제공해주는 API 로써 쉽게 멀티 쓰레딩을 구현할 수 있게 해준다.

OpenMP는 1997년에 Fortran 언어로 작성된 API를 발표함으로써 개발됐으며, 대부분의 하드웨어 제작사들이 OpenMP를 지원하기 때문에 지금은 사실상의 표준이라고 할 수 있다. 지금은 Fortran과 C/C++ 언어를 지원하는데, OpenMP는 '지시자' 기반으로 구성되어 있어서 병렬적(parallel)으로 실행될 코드 영역을 지시자로 표시해주면 OpenMP가 이들을 멀티 쓰레드로 구동할 수 있도록 변환해준다. 이와 같이 OpenMP는 기존의 소스 코드를 많이 수정하지 않고 멀티 쓰레드 프로그래밍을 쉽게 할 수 있는 도구이다.

그러면 간단한 "Hello world" 예제를 OpenMP 멀티 쓰레드 프로그램으로 만들어 보자. 우선 아래의 프로그램은 C 언어를 이용한 단일 쓰레드(single thread) 프로그램이다.

병렬 컴퓨터를 만드는 방법은 크게 아래의 2가지 방법이 있다.

- 공유 메모리(shared memory)
- 메시지 패싱(message passing)

쓰레드(thread)
일련의 연속적으로 실행되는 인스트럭션.

멀티 쓰레딩(multi-threading)
마스터 쓰레드가 다수의 슬레이브 쓰레드를 실행해서 병행(concurrent) 처리하는 방법

C 언어에서의 전처리기(pre-processor) 명령어와 유사하다.

공식 사이트
http://openmp.org/

프로그래밍: 단일 스프레드 프로그램 예제

```c
#include <stdio.h>

int main()
{
    printf("Hello world\n");
    return 0;
}
```

출력 결과

```
Hello world
```

여기에 OpenMP 지시어를 추가하여 멀티 쓰레드 프로그램으로 바꾸려면 아래와 같이 하면 된다. 이 프로그램의 출력 결과는 아래와 같다. 기본적으로 OpenMP는 물리적인 프로세서의 개수만큼 자동으로 쓰레드를 만들기 때문이다(이 경우는 쿼드 코어를 사용하는 경우로써 4개의 쓰레드가 동작한다). ▶

지금부터의 C 코드는 Windows 10 운영 체제에서 Visual Studio 2015 Community 버전에서 테스트 하였다. 웹 컴파일러에서는 보통 단일 코어를 제공하기 때문에 테스트할 수 없다.

 프로그래밍: 다중 쓰레드 프로그램 예제 #1: 가장 단순한 경우

```c
#include <stdio.h>
#include <omp.h>

int main()
{
    #pragma omp parallel
    {
        printf("Hello world\n");
    }
    getchar();
    return 0;
}
```

OpenMP를 사용하기 위한 헤더 파일 omp.h 포함

#pragma omp parallel
OpenMP의 지시자이다. 뒤 따르는 블록을 병렬 처리하라는 명령문.

출력 결과

```
Hello world
Hello world
Hello world
Hello world
```

이를 조금 바꿔보자. 원하는 개수 만큼의 쓰레드를 생성할 수 있는데, 아래는 2개의 쓰레드를 생성함으로써 2개의 문장을 출력하게 된다.

 프로그래밍: 다중 쓰레드 프로그램 예제 #2: 쓰레드 개수 설정

```c
#include <stdio.h>
#include <omp.h>


int main()
{
    omp_set_num_threads(2);
    #pragma omp parallel
    {
        printf("Hello world\n");
    }
    getchar();

    return 0;
}
```

omp_set_num_threads(int) 함수

쓰레드를 int 개 생성하라는 말이다.

 출력 결과

```
Hello world
Hello world
```

지금까지는 같은 동작을 여러 개의 코어에서 실행하는 예제라서 효용성이 실감나지 않을 것이다. 이제 OpenMP를 이용한 간단하지만 실질적인 병렬 프로그래밍을 해보자.

아래의 코드는 C 언어의 for 반복문을 병렬 처리한다. 즉, for 반복문 내부의 동작을 순서대로 나누어서 4개의 쓰레드가 for 반복문을 병렬 처리하는 코드다.

프로그래밍: 다중 쓰레드 프로그램 예제 #3: for 반복문 병렬 수행

```c
#include <stdio.h>
#include <omp.h>

int main()
{
    int i;

    #pragma omp parallel for
    for(i=0; i<8; i++)
    {
        printf("Thread: %d-Index: %d Hello world\n", omp_get_thread_num() , i);
    }

    getchar();
    return 0;
}
```

for 반복문을 위한 OpenMP 지시자. for 문의 반복 횟수를 사용 가능한 프로세서의 개수에 따라서 분할 수행되도록 해준다. 뒤이어 나오는 for 루프를 병렬적으로 처리하겠다는 OpenMP 명령어로 전처리기 명령어 "#pragma omp parallel for"를 사용한다. 병렬적으로 for 루프를 처리하는 과정은 OpenMP가 알아서 관리해 준다. 따라서 우리는 for 루프를 어떻게 병렬적으로 처리할 것인가에 대해서는 신경쓸 필요가 없다.

쓰레드 번호를 구하는 함수

출력 결과

```
Thread: 0-Index: 0 Hello world
Thread: 0-Index: 1 Hello world
Thread: 1-Index: 2 Hello world
Thread: 3-Index: 6 Hello world
Thread: 3-Index: 7 Hello world
Thread: 2-Index: 4 Hello world
Thread: 1-Index: 3 Hello world
Thread: 2-Index: 5 Hello world
```

4개의 쓰레드가 for 문의 1/4씩을 맡아서 병렬 수행한 결과이다.

쓰레드 0번이 출력한 문장

위와 같이 전체 코드를 병렬로 수행할 필요없이, 프로그램 실행 시에 고속의 동작이 필요한 부분들 만을 OpenMP를 이용해서 멀티 쓰레드로 수행한다면 전체적인 프로그램의 수행 속도를 향상할 수 있다.

9.3.1 OpenMP 개발 환경 구축

OpenMP를 사용하는 언어나 컴파일러에 따라 개발 환경 구축 방법은 조금씩 다를 수 있다. 본 교재에서는 Windows 10 운영 체제에서 Microsoft Visual Studio C++ 2015 Community 버전을 사용하는 경우를 예로 든다.

아래와 같이 OpenMP를 이용하여 병렬 프로그래밍을 하기 위해서는 간단한 프로젝트 설정을 해주어야 한다. ◥

본인이 사용하는 환경에서의 설치 방법을 알고싶으면 인터넷에서 각자 검색해보자.

1. '솔루션 탐색창'에서 원하는 프로젝트에서 마우스 오른쪽 버튼을 클릭한다.

2. [속성(Property)]을 클릭한다.

3. [구성 속성(configuration Properties)]―[C/C++ 언어] 선택

4. [OpenMP 지원]을 "예"로 변경

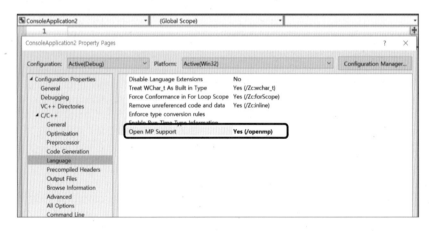

Microsoft Visual Studio C++ 2015에서 OpenMP 사용 환경 설정 방법

위와 같이 설정하고, 평소의 방법과 동일하게 코드를 컴파일하고 실행하면 openMP의 기능을 사용할 수 있다. 생각보다 너무 간단하다.

9.3.2 OpenMP를 이용한 실제 예제

교재의 앞 부분 캐쉬 메모리 부분에서 2차원 배열을 다루는 코드를 활용해 보았다. 2차원 배열을 사용하는 경우를 OpenMP를 이용하여 병렬 프로그래밍을 했을 때와 하지 않았을 때의 연산 시간을 비교해보자. Visual Studio 2015 환경에서 C 언어를 이용하여 구현하였다.

 프로그래밍: 2차원 배열 사용 프로그램

```c
#include <stdio.h>
#include <omp.h>
#include <time.h>
#define SIZE 10000
float data[SIZE][SIZE];

int main()
{
        int i, j;
        float sum;
        clock_t before;
        double result;

        //openMP 사용함
        sum = 0.0;
        before = clock();
        #pragma omp parallel for
        for (i = 0; i<SIZE; i++)
                for (j = 0; j<SIZE; j++)
                        data[i][j] = i*j*clock();

        #pragma omp parallel for
        for (i = 0; i<SIZE; i++)
                for (j = 0; j<SIZE; j++)
                        sum += data[i][j];

        result = (double)(clock() - before) / CLOCKS_PER_SEC;
        printf("with openMP : %7.5f\n", result);
```

```
//openMP 사용하지 않음
sum = 0.0;
before = clock();
for (i = 0; i<SIZE; i++)
        for (j = 0; j<SIZE; j++)
                data[i][j] = i*j*clock();

for (i = 0; i<SIZE; i++)
        for (j = 0; j<SIZE; j++)
                sum += data[i][j];

result = (double)(clock() - before) / CLOCKS_PER_SEC;
printf("without openMP : %7.5f\n", result);

getchar();
return 0;
}
```

출력 결과

openMP를 사용하는 경우
2배 정도 빨라진 것을 확
인할 수 있다.

with openMP : 5.40200
without openMP : 9.96100

CHAPTER **10**

클라우드 컴퓨팅
(Cloud Computing)

클라우드 컴퓨팅(Cloud Computing)

Abstract

1980년대 후반 개인용 컴퓨터가 보편화 되기 전에는 메인 프레임에 연결된 단말기 형태의 컴퓨터가 주된 형태였다. 즉, 하나의 컴퓨터 본체에 여러 개의 모니터를 연결해서 동시에 여러 명이 사용하는 방식이었다.

이 시대에는 컴퓨터의 가격이 고가였고, 개인적인 용도보다는 은행, 기업 등의 업무용이 대부분이라서 단말기 형태의 컴퓨터가 일반적이었지만, 80년대 후반부터 컴퓨터의 가격이 저렴해지고 개인용 컴퓨터에 대한 요구로 점차 독립적인(stand-alone) 형태의 개인용 컴퓨터(Personal Computer)가 보편화되었다. 이렇듯 1980년대 후반부터 2010년대 초반까지는 개인용 컴퓨터의 전성 시대라고 할 수 있다.

이러한 개인용 컴퓨터는 개인에게 특화된 기능을 제공할 수 있도록 최적화할 수 있지만, 유지, 보수 면에서 많은 부작용이 발생하고 있다. 이는 컴퓨터에서 발생할 수 있는 많은 문제(특별하게는 바이러스, 네트웍 등의 보안 문제 등)들이 개인이 일일이 감당할 수 없을 정도로 복잡, 다변화 되어가고 있기 때문이다. 최근에 일어나는 다양한 개인용 PC의 해킹 사건들은 대부분 간단한 보안 프로그램의 설치로 예방이 가능한 경우가 많았다. 그렇지만 이러한 내용을 모두 일반 사용자들이 그때 그때 대비하기에는 어려운 상황이다.

이에 따라 씬 클라이언트(thin client)를 이용한 클라우드 컴퓨팅(Cloud Computing)이 대안으로 떠오르고 있는데, 이는 기본적인 연산과 저장 능력을 구름(cloud) 너머의 서버가 제공하고, 사용자 컴퓨터는 네트웍을 통한 기본적인 입출력 기능만을 담당하는 개념이다. 인터넷 상에서 중요한 연산(처리)이나 정보의 저장은 대부분 클라우드 컴퓨팅 서버에서 수행하면서, 연결된 개인용 컴퓨터는 단말기의 역할을 주로 하는 것을 의미하는 방법으로써, 그림과 같이 구름 속에서 다양한 서버들이 여러 서비스(연산, 저장 등)을 제공하며, 각 사용자는 이들의 기능을 네트웍을 통해서 사용하는 형태이다.

'단말기(terminal)'는 가장 기본적인 입출력 장치(모니터, 키보드 등)와 저성능의 프로세서를 장착한 컴퓨터로써, 대부분의 연산은 대형 컴퓨터에서 수행되며, 단말기는 입출력 기능을 주로 수행하는 것을 말한다.

예전의 단말기(terminal)와 유사한 개념이다. 단말기는 모니터와 키보드로만 구성되지만, thin client는 소량의 메인 메모리와 CPU 등을 가지고 있는 독자적인 컴퓨터라는 점이 다른 점이다.

즉, 개인용 컴퓨터가 보편화 되면서 30년 정도 세월이 흐른 후, 다시 예전의 단말기 형태로 복귀하는 듯한 느낌이 든다.

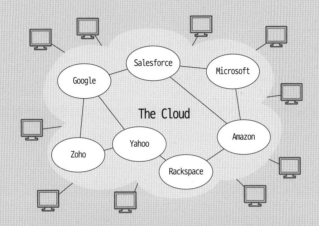

클라우드 컴퓨팅(cloud computing) 서비스 예제 from wiki

최근의 예로, 구글의 크롬 운영 체제(OS)를 탑재한 '크롬북(Chromebook)'은 개인용 컴퓨터로써, 각종 소프트웨어와 데이터를 모두 메인서버(클라우드) 시스템에 저장해 놓고 필요할 때마다 가져다 쓰는 방식이다. 따라서 소프트웨어의 업그레이드, 시스템의 업데이트, 백신 관리 등 모든 소프트웨어의 관리를 클라우드가 대신 해줌으로써 사용자의 부담을 획기적으로 절감할 수 있는 시스템이다.

이와 같이 향후에는 개인용 컴퓨터의 대부분이 이러한 클라우드 컴퓨팅 기반의 환경으로 전환되리라는 전망이 우세하다.

10.1 클라우드 컴퓨팅 주요 기술

클라우드 컴퓨팅의 종류를 크게 3가지 종류로 나누어서 설명해보자.

- IaaS(Infrastructure as a Service): CPU나 네트워크 회선, 저장 공간 등의 컴퓨팅 자원을 사용자가 별도의 설치나 관리, 조정 없이, OS 및 특정 애플리케이션 등을 실행시킬 수 있는 서비스이다.
  - ▸ 아마존의 Cloudfront와 SimpleDB
  - ▸ 마이크로소프트의 LiveMesh 등

- PaaS(Platform as a Service): 사용자가 프로그래밍을 하려고 할 경우 수 많은 애플리케이션을 설치하고 환경을 구성하여야 하는데 해당 부분에 대한 서비스를 제공하여 사용자가 쉽게 프로그래밍 언어 및 도구를 이용하여 애플리케이션을 개발하고 배포할 수 있도록 도와주는 서비스이다.
  - ▸ 마이크로소프트의 Azure
  - ▸ 아마존의 AWS
  - ▸ 구글의 Google Cloud platform
  - ▸ Cloud9의 개발 플랫폼 등

- SaaS(Software as a Service): 가장 많이 이용되고 있는 서비스로 사용자의 별도의 관리나 조정 없이, 애플리케이션을 제공받는 서비스로 PC 뿐만 아니라 네트워크 컴퓨터, 모바일 등 다양한 환경에서 네트워크를 통해 접속 가능하게 하는 응용 소프트웨어 서비스 환경이다.
  - ▸ Google Drive
  - ▸ 마이크로소프트의 office Live
  - ▸ IBM의 Lotus
  - ▸ 우리가 일반적으로 사용하는 이메일 서비스나 카페, 블로그 등

10.2 Google Drive 서비스(SaaS)

많은 클라우드 서비스가 있지만 여기서는 간단하게 구글의 클라우드 서비스를 소개하자.

웹 브라우저를 통해서 drive.google.com으로 접속하면 구글의 Drive 서비스를 사용할 수 있다. 그러면 아래의 화면처럼 Document(워드 문서), Presentation(발표 자료), Spreadsheet(데이터 입력, 검색, 관리 소프트웨어), Form(온라인 설문조사), Drawing(그림 파일) 등 아주 다양한 서류 양식을 사용할 수 있고, 클라우드의 가장 큰 특징으로써 다양한 공유 모드 설정을 통해서 협업 시스템을 구축할 수 있다. 이러한 구글의 Drive 클라우드 서비스는 협업을 필요로 하는 다양한 분야에 적용한다면 효율성의 향상을 기대할 수 있다.

https://drive.google.com

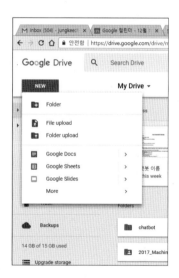

다양한 종류의 문서를 생성, 편집할 수 있는데, 아래는 그 중에서 차례로 워드 프로세서 문서, 프리젠테이션 파일, 스프레트시트, 설문조사 파일의 예를 보인다.

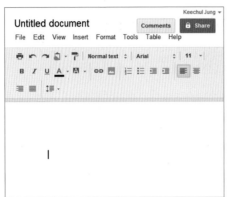

document

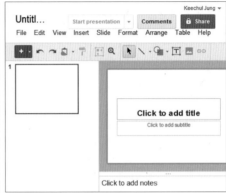

presentation

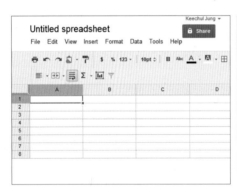

spreadsheet

form

구글이 제공하는 sites.google.com을 접속하면 아래와 같은 화면에서 아주 편리하게 자신의 웹사이트를 구축할 수도 있다. 이러한 구글의 사이트 기능은 위의 Drive 서비스와 연결하면 협업으로 사이트를 운영할 수 있다. 간단한 클릭 만으로도. ◥

https://sites.google.com

또한 Google의 Analytics는 간단한 클릭만으로 본인의 사이트의 활동, 사용 내역을 다양한 지표를 이용해서 분석할 수 있는 기능도 제공하고 있다.

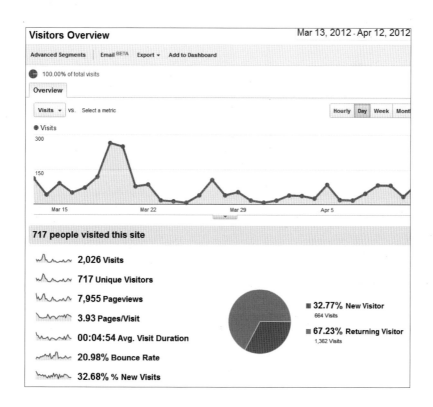

10.3 Google Compute Engine(PaaS)

Google, Amazon, Microsoft 등 대형 IT 업체들은 자신들의 기술과 서비스를 바탕으로 Google Cloud Platform, Amazon AWS, Microsoft Azure 서비스들을 제공하고 있다. 앱 서비스, 음성 또는 영상 인식, AI 사용 또는 IoT 같은 센서 데이터의 수집 및 분석을 위해서 이제 이런 클라우드 서비스의 사용은 필수적이다.

Google은 Google Cloud Platform 이름으로 여러 기능과 서비스들을 통합하여 Compute, Storage and Database, Networking, Big Data, Machine Learning 등의 제품들을 제공하고 있다.

이 책에서는 "Compute"라는 이름으로 제공되는 가상 머신 중에서 "Compute Engine"라는 서비스를 사용해보자.

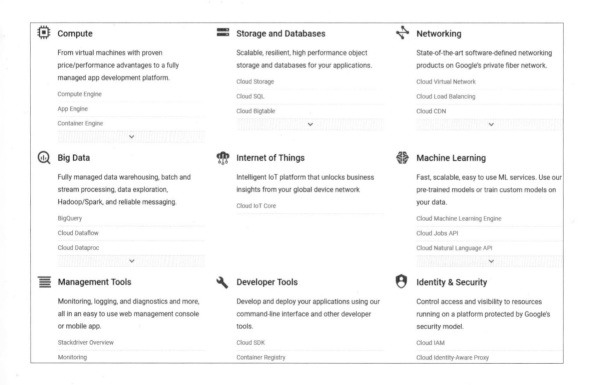

Google의 가상 머신 서비스인 Compute 서비스의 모든 제품들은 사용 시간 또는 트래픽 당 과금을 하고 있다. 예를 들면 vCPU 1개, 3.75GB 메모리, 10G 디스크의 가상 컴퓨터를 24시간 동안 1달간 사용하면 약 2만 8천원 정도의 비용이 들어간다. 시간당 비용을 따지면 약 43원 정도이다. 비용은 vCPU 개수, 메모리 및 하드 디스크의 크기에 따라 다를 수 있고, 가입 프로모션으로 무료 크레딧 $300를 지급한다. 지금부터 Google의 가상 머신 서비스인 Compute 서비스를 사용해보자.

1. Google Cloud Platform 가입: Google Cloud Platform의 웹 페이지 주소는 https://cloud.google.com/ 이다. 구글 계정이 있다면 바로 무료로 사용할 수 있으며, 특별히 계정을 업그레이드 하지 않는다면 결제가 자동으로 이뤄지지 않는다. 무료 사용을 한글로 안내하고 있어서 쉽게 가입할 수 있다. 가입을 완료한 화면에서 하단의 [GO TO CONSOLE]를 클릭.

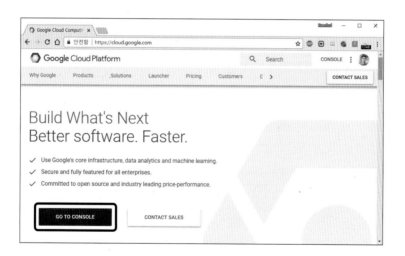

2. 대시 보드(dash board) 상단의 메뉴 클릭.

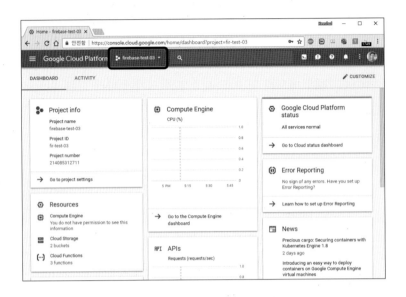

3. 프로젝트 생성: Google Cloud Platform은 '프로젝트' 단위로 가상 컴퓨터와 서비스들을 관리하기 때문에 우선 프로젝트를 만들어야 한다. 우측 상단의 '+' 프로젝트 생성 버튼을 눌러서 생성할 수 있다. 적당한 프로젝트 이름을 입력하고 [Create] 버튼 클릭.

4. Compute Engine 인스턴스 생성(가상 컴퓨터): 화면의 'Compute Engine'을 선택하면 Compute Engine 인스턴스를 생성할 수 있다. 비용 (Billing)과 관련된 절차를 진행해야한다. 이후에 약간의 시간이 걸린다.

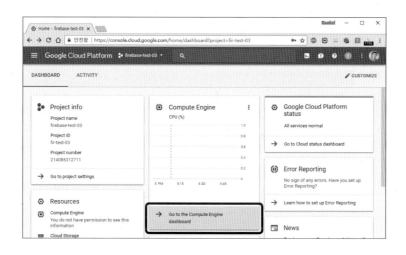

5. 이제 VM 인스턴스를 만들 차례다. 단계별로 생성 절차가 나오니까 큰 어려움 없이 생성이 가능할 것이다. VM 인스턴스를 조건에 맞춰 만들 수 있는데, 모두 비용과 연결되어 있기 때문에 최초에 어떤 서비스를 할지, 어떻게 운영할지를 계획을 수립 후 만들 필요가 있다. 다양한 옵션을 선택할 수 있다.

- Zone: 서버가 설치될 위치

- Machine type: CPU의 개수와 속도

- Boot disk: 운영 체제 종류

이외에도 다양한 옵션을 설정할 수 있다. 각 설정에 따른 비용을 화면에서 확인할 수 있다.

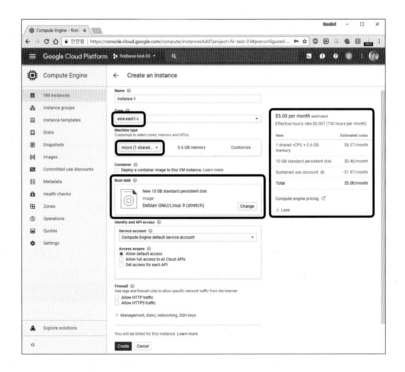

6. Compute Engine 인스턴스 실행 및 SSH 로그인: VM 인스턴스가 생
    성되면, 화면에서 실행을 원하는 VM을 선택하자. 그런 후에 상단의
    '시작' 버튼을 눌러 실행할 수 있다. 종료 버튼을 누르면 언제나 가상
    머신 실행을 종료할 수 있다.

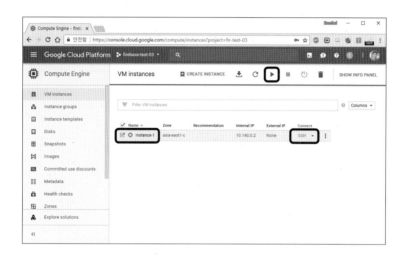

7. VM 인스턴스가 실행되면 사용 현황을 그래프를 통해 확인할 수 있
    다. 그리고 오른쪽의 'SSH' 버튼을 누르면 해당 VM에 SSH 로그인 할
    수 있다. SSH 로그인이 되면 설치된 OS인 Linux에 연결되어 서비스
    를 개발할 수 있는 환경이 된다.

참고

아마존 웹 서비스(Amazon Web Service: AWS)와 Microsoft Azure Service

구글의 클라우드 플랫폼 서비스와 유사하게 Amazon과 Microsoft도 유사한 서비스를 운영하고 있다. AWS는 클라우드 플랫폼 중 가장 오래되고 사용자가 많아, 안정적인 서비스로 알려져 있다. AWS는 가상 서버 및 RDBMS 스토리지 까지 다양한 서비스를 제공한다.

AWS 서비스 종류

EC2 (Amazon Elastic Compute Cloud)	가상 서버
EBS (Amazon Elastic Block Store)	가상 디스크
S3 (Amazon Simple Storage Service)	인터넷 스토리지
AMI (Amazon Machine Image)	서버 이미지
ELB (Elastic Load Balancing)	가상 로드 밸런서
Route 53 (Amazon Route 53)	DNS 서비스
CloudeWatch (Amazon CloudWatch)	시스템 감시
CloudFront (Amazon CloudFront)	콘텐츠 배포
DynamoDB (Amazon DynamoDB)	KVS
RDS (Amazon Relational Database Service)	RDBMS
ElasticCache (Amazon ElasticCache)	인메모리 캐시
SQS (Amazon Simple Queue Service)	큐잉
CloudFormation (Amazon CloudFormation)	스택 디플로이먼트

 App Service
모든 플랫폼 또는 장치에 웹 및 모바일 앱을 최대 10개까지 빠르게 빌드하고 호스트할 수 있습니다.

 Machine Learning
기계 학습 실험을 만들어 지금 클라우드에서 고급 분석 빌드를 시작하세요.

 Azure Active Directory
사용자당 앱 최대 10개에 대해 디렉터리 개체 및 Single Sign-On을 최대 500,000개까지 지원합니다.

 IoT Hub
하루 최대 3,000개의 무료 메시지를 받을 수 있으므로 IoT 장치를 최대 10개까지 모니터링하고 제어할 수 있습니다.

 Notification Hubs
매칠 무료로 최대 100만 개의 푸시 알림을 보내고 100만 명의 사용자에게 동시에 브로드캐스트하거나 개별 사용자에게 맞게 조정할 수 있습니다.

 모바일 고객 관리
데이터 기반 사용자 참여 플랫폼에서 매칠 무료로 제공되는 100명의 월간 사용자를 통해 모바일 앱 사용 및 수익을 극대화하세요.

 Virtual Network
클라우드에서 최대 50개의 무료 가상 네트워크가 포함된 개인 네트워크를 만들 수 있습니다.

 Log Analytics
매칠 최대 500MB의 작동 데이터를 IT 작업에 대한 실질적인 통찰력으로 전환해 보세요.

Microsoft의 Azure 서비스

10.4 개발자를 위한 가상 머신: 클라우드9(PaaS)

구글의 클라우드 플랫폼 상에서 가상 머신을 설치하고 사용해도 되지만, 프로그램 개발자를 위한 가상 머신 서비스도 있다. 클라우드 방식으로 독립된 가상 머신에 개발 환경을 탑재해서 제공해주는 서비스로써 웹 상에서 코딩을 하고, 협업으로도 코딩을 할 수 있는 cound9이라는 서비스이다.

> 아래에도 비슷한 서비스를 제공한다.
> https://www.goorm.io

1. https://c9.io 에 접속해서 회원 가입한다. 무료 계정은 제한은 있지만 대부분의 기능을 사용할 수 있다. 아래에서 "Get started with AWS Cloud9"을 클릭하면,

2. AWS 계정을 만드는 과정부터 차근차근 단계를 거치면 가입할 수 있다. AWS는 가입하면 12개월 동안 무료로 사용할 수 있다. 그러나 가입 시에 신용카드 번호를 입력하기를 요구하는데, 자동으로 과금이 될 수 있다. 이를 위해서는 budget(예산) 관리 메뉴에서 과금이 되면 알람이 오도록 설정하는 것이 안전하다.

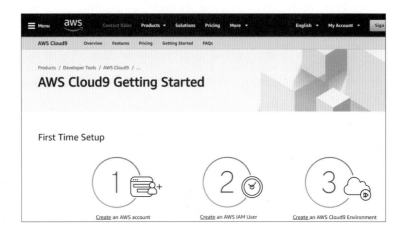

3. 가입이 완료되면 "Create environment"를 클릭해서 가상 머신을 생성한다. 이후의 절차는 나오는 메뉴에 따라서 진행하면 된다. 우측 상단의 region(지역)을 한국과 가까운 곳으로 설정하자.

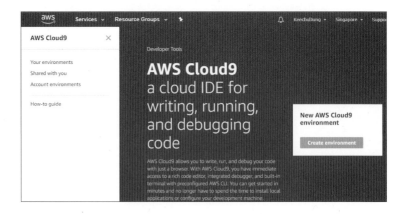

가상 머신을 생성하기 위해서 약간의 시간이 흐른 후에 아래와 같이
개발 환경(IDE)가 제공되고, 여기서 개발할 수 있다. 아래에서 다양
한 언어로의 개발이 가능하다. 아래와 같이 다양한 언어와 개발 환
경에서 개발할 수 있다.

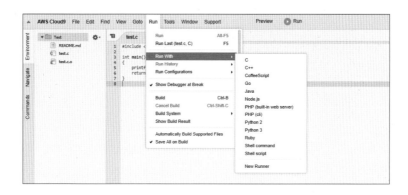

INDEX